Tim Nießner

Die geheimen Tricks der 1,0er-Schüler

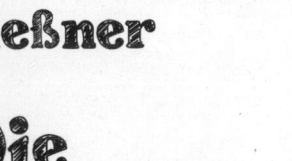

Tim Nießner

Die geheimen Tricks der 1,0er-Schüler

Wie du in der Schule richtig durchstartest

mvgverlag

Bibliografische Information der Deutschen Nationalbibliothek

Die Deutsche Nationalbibliothek verzeichnet diese Publikation in der Deutschen Nationalbibliografie. Detaillierte bibliografische Daten sind im Internet über http://dnb.d-nb.de abrufbar.

Für Fragen und Anregungen:

info@mvg-verlag.de

5. Auflage 2020

© 2020 by mvg Verlag, ein Imprint der Münchner Verlagsgruppe GmbH, Nymphenburger Straße 86
D-80636 München
Tel.: 089 651285-0
Fax: 089 652096

Lektorat: Julia Jochim
Umschlaggestaltung: Pamela Machleidt
Umschlagabbildungen: shutterstock/Olga Donskaya
Satz: Satzwerk Huber, Germering
Druck: CPI books GmbH, Leck
Printed in Germany

ISBN Print 978-3-7474-0168-2
ISBN E-Book (PDF) 978-3-96121-536-2
ISBN E-Book (EPUB, Mobi) 978-3-96121-537-9

—— Weitere Informationen zum Verlag finden Sie unter ——

www.mvg-verlag.de

Beachten Sie auch unsere weiteren Verlage unter www.m-vg.de

Inhalt

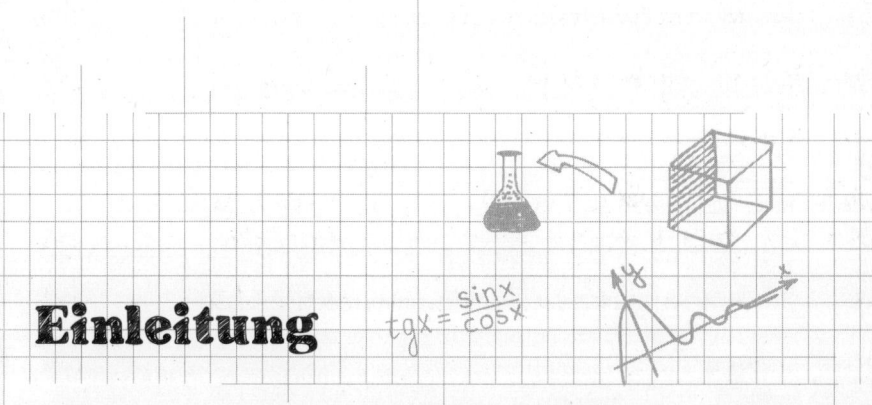

Einleitung

Wer bin ich und worum geht es hier?

Hi. Mein Name ist Tim Nießner, ich bin 17 Jahre alt und Autor dieses Buches. Du fragst dich jetzt bestimmt, ob ich keine Hobbys habe oder keine Freunde, wenn ich als 17-Jähriger nichts Besseres zu tun habe, als ein Buch zu schreiben. Und dann auch noch über die Schule. Was für ein Streber muss man sein?!

Erstens: Ich habe Freunde und Hobbys. Besonders Tennisspielen macht mir extrem viel Spaß, ich spiele schon, seit ich sieben Jahre alt bin. Zweitens: Ich kann mir viele bessere Orte vorstellen als die Schule. Im Klartext: Ich finde Schule auch scheiße. Anstatt den ganzen Tag wie im 18. Jahrhundert an Tischen vor einer Tafel zu sitzen und sich das Gelaber des Lehrers anzuhören, würde ich mich auch viel lieber mit meinen Jungs treffen und Fußball spielen gehen oder das größte »Fortnite«-Turnier in meiner Stadt veranstalten. Aber Schule ist halt nicht freiwillig (sonst hätte ich die Schule in der 5. Klasse abgebrochen!).

Und die Schule hat auch gute Seiten. Ich komm dir jetzt nicht mit »Es ist ein Luxus, kostenlos in die Schule gehen zu können«, weil du das garantiert schon oft genug gehört hast und es einfach nicht mehr zieht.

Aber Lernen ist übel geil. Ernsthaft! Auch wenn das »Wie man neues Wissen bekommt« in deutschen Schulen aus der Steinzeit ist, ist das Gefühl, Wissen zu haben, unglaublich. Viele werden mir da bestimmt nicht zustimmen und sagen: Schule und Lernen ist eine Qual. Diese Einstellung hatte ich auch lange Zeit. Und war deshalb ein schlechter Schüler. Das ist der Grund, warum ich dieses Buch schreibe.

In der 1. Klasse war noch alles gut. Ich war wissbegierig und fiel nicht besonders auf. Es gab noch keine Noten, also war alles safe. In der 2. Klasse sah das ganz anders aus: Irgendwie hab ich es nicht richtig mitbekommen, aber ich war offenbar deutlich schlechter als meine Mitschüler. Ein großer Grund dafür war meine extreme Rechtschreibschwäche die mich wirklich vor riesen Probleme gestellt hat. Deswegen empfahl meine Klassenlehrerin meinen Eltern sogar, ich solle die 2. Klasse wiederholen. Meine Eltern glaubten aber an mich und ich wiederholte nicht. In der 3. und 4. Klasse war ich nicht mehr versetzungsgefährdet, aber immer noch nicht wirklich gut. Am Ende der 4. Klasse bekam ich nur eine Realschulempfehlung, während 70 Prozent der Klasse eine Gymnasialempfehlung bekam. Meine beiden Geschwister eingeschlossen.

Mich schickten meine Eltern nach der 4. Klasse auf eine Gesamtschule, damit mir weiterhin die Chance offenstand, Abitur zu machen. In der 5. und 6. Klasse sah es aber gar nicht gut aus. In der 5. stand ich auf 2,6 und in der 6. verschlechterte ich mich sogar auf 3,0. Ich hatte Angst. Denn mein Ziel war immer, ein 2,6er-Abitur zu schaffen wie meine Mutter, und dies war nun in Gefahr.

Am Abend des letzten Schultages setzte ich mich auf mein Bett und überlegte, wie ich mich in der Schule verbessern könnte. Ich wollte unbedingt zurück auf meinen 2,6er-Schnitt. Mir fiel ein, dass die Lehrer immer gesagt hatten, dass ich mündlich gut sei. Also nahm ich mir vor, im nächsten Jahr so viel wie möglich in jedem Fach zu sagen und mich so sehr wie möglich anzustrengen. Ich setzte es um, und ein Jahr später war ich über mein Ziel hinausgeschossen. Am letzten Schultag überreichte mir mein

Lehrer mit einem breiten Lächeln ein Zeugnis mit einem 1,9er-Schnitt. Ich hatte mich um über 1,0 in einem Jahr verbessert!

Von diesem Moment an hatte mich der Ehrgeiz gepackt und ich wollte immer besser werden. Ich verbesserte mich stückweise immer weiter, bis ich letztes Jahr, in der 10. Klasse, einen 1,3er-Schnitt hatte. Ich hatte mich in vier Jahren um 1,6 verbessert!

In dieser Zeit hat sich mein ganzes Leben verändert. Ich schreibe dieses Buch, um anderen Schülern zu helfen, dieselben Erfolge zu erzielen und ihr Leben auch so radikal zu verändern.

Die Interviews

Wie du sicherlich schon gemerkt hast, kann ich noch gar kein Abi haben, weil ich erst 17 bin. Es sei denn, ich wäre ein Genie und hätte zwei Klassen übersprungen. Aber das bin ich garantiert nicht. Auch wenn ein Schnitt von 1,3 schon sehr gut ist, gibt es noch viel bessere Schüler. Da kam mir die Idee, die allerbesten Schüler zu interviewen, um ihre Tricks rauszufinden und in ein Buch zu packen. Dafür habe ich stundenlang nach Kontaktinformationen von Schulen im Internet gesucht und dann 2200 Schulen angeschrieben. Über 150 1,0er-Abiturienten haben sich bei mir gemeldet. Nicht alle waren bereit zu einem Interview, aber im Endeffekt habe ich etwa hundert 1,0er-Schüler interviewt. Darunter sogar ein paar, die noch besser als 1,0 waren, und – auch wenn ich es bis heute nicht richtig glauben kann – der beste Schüler Deutschlands mit einem Schnitt von 0,69. Verrückt, oder? Danach habe ich die Interviews ausgewertet, die besten Tipps herausgefiltert und Übereinstimmungen zusammengefasst, um sie später im Buch einzubauen.

Im Laufe der Interviews ist mir aufgefallen, dass man 1,0er-Schüler in zwei Gruppen einteilen kann: Diejenigen, die hyperintelligent sind und denen die 1en nur so zugeflogen kommen, und diejenigen, die durchschnittlich intelligent sind und mit Tricks und harter Arbeit ein 1,0er-Abi geschafft haben. Da nicht so viele Leute in die erste Gruppe fallen und die dann sowieso eigentlich keine Hilfe brauchen, habe ich mich in diesem Buch hauptsächlich auf die zweite Gruppe fokussiert.

Dieses Buch und die Interviews helfen mir persönlich, da das Abi bei mir ja noch vor der Tür steht und ich durch die Tipps aus den Interviews die besten Chancen habe, mein bestmögliches Abi zu erzielen. Und genauso wird es sicherlich auch dir helfen.

Ein Hinweis gleich zu Anfang: Ich spreche hier im Buch immer von Grundkursen und Leistungskursen. Dieses System gibt es nicht in allen Bundesländern – da heißt das dann Kernkompetenzfach, Profilfach und Neigungsfach oder Seminar oder ... Natürlich sind meine Lerntechniken und Tipps auch in diesen Systemen anwendbar – lass dich also nicht irritieren, wenn die Bezeichnungen bei dir in der Schule anders sind. Leistungskurse sind eben die Schwerpunktfächer, wie immer das bei dir geregelt ist, und Grundkurse sind der Rest.

Genauso spreche ich hier meistens von Klausuren, wenn ich von schriftlichen Leistungsüberprüfungen in der Schule rede. Vielleicht heißt das in deinem Bundesland auch anders– der Bildungspluralismus kann echt nervig sein. Im Grunde ist es ja auch egal – denn wie die Prüfung heißt, ist zweitrangig, die Tipps sind auf jeden Fall anwendbar, egal ob in Klausur, (Klassen-)Arbeit oder Abiprüfung!

Und zu guter Letzt: Wenn ich »Lehrer«, »Schüler« et cetera schreibe, sind natürlich Lehrerinnen und Schülerinnen et cetera immer mit gemeint. Es jedes Mal auszuschreiben, hätte einfach zu viel Platz gebraucht.

An alle,
die gezwungen wurden,
dieses Buch zu lesen

Alle, die dieses Buch freiwillig lesen und wirklich Bock haben, sich in der Schule zu verbessern, können dieses Kapitel überspringen. Wenn du keinen Bock hast, dieses Buch zu lesen: Lass mich erst mal raten, wie du es überhaupt in die Finger bekommen hast. Hat es dir deine Oma oder Tante unter den Weihnachtsbaum gelegt anstatt dem neuen FIFA? Hat es dir vielleicht sogar deine Mutter in die Hand gedrückt, nachdem du eine 5 in Mathe kassiert hast? Oder hat dir ein Lehrer »empfohlen«, es zu lesen?

Früher hätte ich dieses Buch, gerade wenn ich es als »Geschenk« bekommen hätte, zwei Minuten nach dem Auspacken in die Papiertonne wandern lassen. Wie gesagt, ich war auch nicht immer ein Musterschüler. Wenn du meine Geschichte kennst, verstehst du, dass ich einer von euch, von den Normalos bin und du dein Leben genauso radikal verändern kannst wie ich.

Schlechte Schüler – eine kurze Charakterisierung

Alle, die schlecht in der Schule sind, kann man grob in drei Gruppen einteilen:

Die »Coolen«

Die Coolen sind die, denen ihr soziales Leben wichtiger ist als der Erfolg in der Schule. Anstatt für die Klausur am Montag zu lernen, gehen sie sich Freitag und Samstag zusaufen und lernen mit ihrem Kater am Sonntagabend vielleicht eine Stunde. Da ist es natürlich vorprogrammiert, dass man nicht zu den Klassenbesten gehört. Anstatt zur letzten Stunde zu gehen, gehen sie mit ihren Freunden eine rauchen oder zusammen zu McDonald's. Bist du einer von denen? Dann musst du dir klarmachen, dass man natürlich feiern gehen kann, aber dass besonders in den entscheidenden Abijahren die Schule an erster Stelle stehen muss. Feiern und saufen kann man im Leben noch genug. Abi macht man in zwei Jahren, und diese zwei Jahre bestimmen zu einem großen Teil, ob du in den nächsten 80 Jahren ein geiles oder ein »Scheiß«-Leben hast. Ob du aussuchen kannst, was du studieren willst oder nicht. Ob du einen coolen Job mit gutem Gehalt hast oder eben nicht. Deswegen: Beiße dich durch diese zwei Jahre, damit du mit deinem Abi die Tür zu einem Leben wie in *The Wolf of Wall Street* öffnen kannst.

Die »Gangster«

Die Gangster leben wie im Film. Sie hören 24/7 Gangsta-Rap und denken, was da gerappt wird, sei Realität. Sie denken, Schule sei nicht so wichtig, weil sie eh Drogendealer werden. Diese Leute verstehen nicht, dass Gangsta-Rap nur Show ist. Capital Bra oder Mero waren noch nie im Knast und haben ihren AMG garantiert nicht mit Drogengeld bezahlt. Kollegah hat sogar Jura studiert. Auch wenn vielleicht mit Drogen dealen am Anfang ein lukrativer Job ist, wird jeder irgendwann von den Bullen gefasst. Jeder, der *Narcos* gesehen hat, weiß, wie Pablo Escobar, der erfolgreichste Drogendealer aller Zeiten, stirbt. Mit einem guten Abi kannst du anstelle eines Drogenimperiums ein Businessimperium aufbauen, mit dem du legal auch extrem viel Geld machen und es dein ganzes Leben genießen kannst – ohne dauernd fürchten zu müssen, dass die Polizei klingelt.

Die »Faulen«

Die Faulen sind einfach, wie die Bezeichnung schon sagt, faul. Nach der Schule gehen sie nach Hause, und anstatt zu lernen, zocken sie den ganzen Tag Fortnite oder League of Legends oder liegen auf ihrem Bett rum, hören Musik und checken Instagram. Sie können sich einfach nie aufraffen, etwas zu lernen, und sagen sich jeden Tag: »Ach, ich kann ja auch noch morgen für die Klausur lernen.« Diese Gruppe muss lernen, ihren inneren Schweinehund zu bekämpfen, und einen Sinn darin finden, zur Schule zu gehen und sich anzustrengen.

Das Warum finden

Zu diesem Thema kommen wir später auch noch mal, aber ich erwähne es hier, weil es so wichtig ist:

Egal, zu welcher Gruppe du gehörst: Der Hauptgrund, warum du dich in der Schule nicht anstrengst, ist, dass du keinen Sinn darin siehst. Zu sagen, es sei wichtig für den Rest deines Lebens, zieht nicht. Denn das ist viel zu abstrakt. Du lebst zu Hause und weißt gar nicht, wie es ist, sein eigenes Geld zu verdienen. Du musst einen Grund finden, dich in der Schule anzustrengen.

Am einfachsten ist es, wenn du, seitdem du klein warst, einen Berufswunsch hattest. Wolltest du schon immer Polizist werden? Dann musst du einen bestimmten Schnitt im Abi haben, um zur Ausbildung zugelassen zu werden. Du könntest dir ein Foto von einem Polizeiauto oder von einem Polizisten an deine Wand hängen. Immer wenn du keinen Bock hast zu lernen oder deine Freunde mit dir rausgehen wollen, auch wenn du morgen in der ersten Stunde eine Klausur schreibst, guckst du einfach auf dein Foto und erinnerst dich daran, WARUM du dich in der Schule anstrengen willst. Ein paar der 1,0er-Schüler, die ich interviewt habe, hatten von klein auf den Wunsch, Arzt zu werden. Mit diesem Ziel im Kopf haben sie sich so weit gepusht, dass sie wirklich ein 1,0er-Abitur geschafft haben.

Dein Warum kann aber auch etwas ganz anderes sein. Vielleicht willst du es auch deiner Familie oder irgendwelchen Lehrern zeigen oder jemanden nicht enttäuschen oder eines Tages Millionär sein oder was auch immer. Überlege dir, was dich motivieren könnte – und zwar über längere Zeit. Finde eine Sache, die dich so stark motiviert, dass du bereit bist, alles komplett zu verändern.

Mehr dazu findest du im Kapitel »Motivation«.

Die 80/20-Regel

Auch wenn es in diesem Buch um 1,0-Abis geht, verlange ich nicht von jedem ein 1,0er-Abi. Das wäre auch verrückt. Ich bin mir ja nicht mal selber sicher, ob ich das schaffen werde. Was ich aber unbedingt will, ist, dass jeder für sich selber die bestmögliche Abinote bekommt. Das heißt nicht, dass man 24/7 lernen muss. Das ist einer der größten Mythen bei schlechten Schülern. Mit der 80/20-Regel kann man gut in der Schule abschneiden und immer noch feiern gehen und viel mit seinen Freunden machen.

Die 80/20-Regel besagt, dass, wenn man in etwas gut werden will, man 80 Prozent dieser Fähigkeit in 20 Prozent der Zeit lernen kann, aber für die letzten 20 Prozent dann 80 Prozent der Gesamtzeit braucht. Diese

80/20-Regel gilt fast überall. Sie ist wie ein Naturgesetz. Man kann sie auch in der Schule anwenden. Man macht einfach nur die ersten 80 Prozent mit 20 Prozent der Zeit und Anstrengung und hat ein gutes Abi. Kein überragendes, dafür müsste man noch die verbleibenden 80 Prozent investieren. Aber vielen reichen 80 Prozent der Leistung schon. Das heißt aber nicht, dass du dich nicht anstrengen musst: In den 20 Prozent der Zeit musst du alles geben.

Der absolute Trick 17 dabei: mündliche Mitarbeit. Da kommen wir später noch ausführlich dazu im Kapitel »Mündliche Mitarbeit und Aufmerksamkeit«. Hier nur so viel: Viele unterschätzen die mündliche Mitarbeit extrem. Ich check das einfach nicht. In der Oberstufe ist die mündliche Mitarbeit genauso wichtig wie die Klausuren. Du solltest versuchen, 80 Prozent des Unterrichts aufmerksam zu sein. Auch wenn du davor nichts von dem Fach gecheckt hast, wirst du nach und nach immer mehr verstehen. Der zweite Schritt ist, dich bei den Sachen zu melden, bei denen du dir zu 100 Prozent sicher bist. Sehr unterschätzt werden auch Fragen als mündlicher Beitrag. Im Gegensatz zu Beiträgen können Fragen nie falsch sein und du schließt dadurch deine eigenen Verständnislücken. Nach und nach wirst du dann besser und kannst auch bei deinen Meldungen mehr Risiko gehen. Wenn du das beibehältst, wirst du mit wenig Anstrengung mündlich extrem gut. Wenn du mündlich aktiv bist, checkst du auch die Themen, die der Lehrer durchnimmt, und musst viel weniger vor der Klausur/dem Test lernen und hast noch genug Freizeit zum Feiern und Freunde-Treffen. So bekommst du ein gutes Abi, deine Eltern sind stolz auf dich und du erlebst unbezahlbare Sachen mit deinen Freunden. Boom! Die 80/20-Regel ist schon 'ne coole Sache.

Hätte ich mich doch bloß mehr angestrengt

Viele 1,0er-Schüler haben mir gesagt, dass es etliche ihrer ehemaligen Schulkameraden zwei Jahre nach dem Schulabschluss bereuen, sich nicht mehr für das Abi angestrengt zu haben. Sie dachten damals, das Abi sei nicht so wichtig, und sind lieber feiern gegangen. Sie dachten, dass sie kein extrem gutes Abi brauchen, da sie weder Arzt noch Anwalt werden wollten. Jetzt, zwei Jahre nach dem Abi, fällt ihnen bei einem Praktikum auf, dass Arzt ihre Bestimmung ist. Nur haben sie jetzt einen zu schlechten Abischnitt und müssen über tausend Umwege versuchen, ihren Traum zu erreichen.

Auch wenn es nervig ist, es ist wahr: Ein gutes Abi öffnet alle Türen im Leben. Ein schlechtes Abi verschließt extrem viele Türen. Meine persönliche Meinung ist, dass ich mich nicht zehn Jahre durch die Schule gequält habe, um in den zwei entscheidenden Jahren nicht 110 Prozent zu geben und das persönlich bestmögliche Abi zu bekommen. Gib in den zwei Jahren, die für das Abitur zählen, alles! Keinen juckt das Zeugnis der 7. Klasse. Alle Opfer, die du an manchen Ecken in deiner Schullaufbahn gebracht hast, sind nichts wert, wenn du am Ende nicht alles gibst.

Ich hoffe ich konnte dich überzeugen, ein paar mehr Kapitel in diesem Buch zu lesen. Falls du noch immer nicht vorhast, das ganze Buch zu lesen, würde ich dir sehr empfehlen, das (sehr kurze) nächste Kapitel zu überfliegen, da ich dort die vier wichtigsten Kapitel erwähnen werde, und du erfährst, welche Rolle Zusammenfassungen in diesem Buch spielen.

Wie liest man das Buch?

$tgx = \frac{\sin x}{\cos x}$

Nachdem du jetzt weißt, wer ich bin, noch kurz ein paar Sätze zur Struktur des Buches. Ich habe dieses Buch nach den Interviewfragen an die 1,0er-Schüler strukturiert. Die Kapitel spiegeln grob die Themenbereiche wider, die ich in den Interviews abgedeckt habe. Der beste Weg ist, das Buch einfach von der ersten bis zur letzten Seite wie einen Roman zu lesen, aber das musst du nicht. Du kannst dir auch einfach nur die Kapitel durchlesen, die dich interessieren. Es gibt auch die Möglichkeit, nur die Zusammenfassungen am Ende der Kapitel durchzulesen, aber davon rate ich dir ab, wenn du nicht chronische Angst vorm Lesen hast.

Die wichtigsten Kapitel, die du durchlesen musst, sind:

- »Mündliche Mitarbeit und Aufmerksamkeit«: Mündliche Mitarbeit ist extrem wichtig.
- »Lehrer-Schüler-Beziehung«: Hier erhältst du alle Tricks, die du beherrschen musst, um deinen Lehrer so zu beeinflussen, dass er dir eine gute Note gibt.

- »Tiefe: Wie du den Lehrer zwingst, dir schriftlich eine 1 zu geben«: Dieses Kapitel ist eher kurz, enthält aber einen der wichtigsten Tricks.

- »Die Macht einer kontinuierlichen Lernroutine«: Die Inhalte dieses Kapitels sollten der Grundstein deines zukünftigen Lernens werden.

Zitate: In jedem Kapitel findest du am Rand der Seiten Zitate aus den Interviews zur Inspiration (ein paar Zitate sind auf Wunsch der Schüler anonymisiert).

Zusammenfassungen: Am Ende jedes Kapitels gibt es eine Zusammenfassung der wichtigsten Tipps.

Belege: Für einige Kapitel gibt es am Ende des Buches noch wissenschaftliche Quellen, die die Tipps aus diesem Buch bestätigen. Du findest sie unter dem Kapitel »Belege«.

Geschichten: Hin und wieder gibt es auch Geschichten von mir, die das Gesagte unterstreichen.

Action: Am Ende fast aller Kapitel gibt es eine Aktion, die du machen solltest, um das Gelernte sofort umzusetzen.

Website: Da dieses Buch nur eine begrenzte Anzahl von Seiten haben durfte (weil es sonst keiner lesen würde), findest du auf der Website zu diesem Buch »einskommanullacademy.de« kostenlose Extra-Materialien zu fast allen Kapiteln und noch viel mehr Tipps von den 1,0er-Schülern.

Die Tipps in diesem Buch garantieren dir kein 1,0er-Abi und zeigen dir auch nicht die zehn Schritte, wie du ein 1,0er-Abi machen kannst. Jeder Mensch ist anders, jeder lernt anders und hat verschiedene Stärken. Du musst dir nur die besten Tipps, die zu dir und deinen Stärken passen, rauspicken und anwenden. Es gibt nicht nur den einen Weg zum schulischen Erfolg. Jeder muss seinen eigenen Weg finden. Ich versuche lediglich, dir mit meinem Buch bei dieser Suche zu helfen. Viel Spaß beim Lesen ☺.

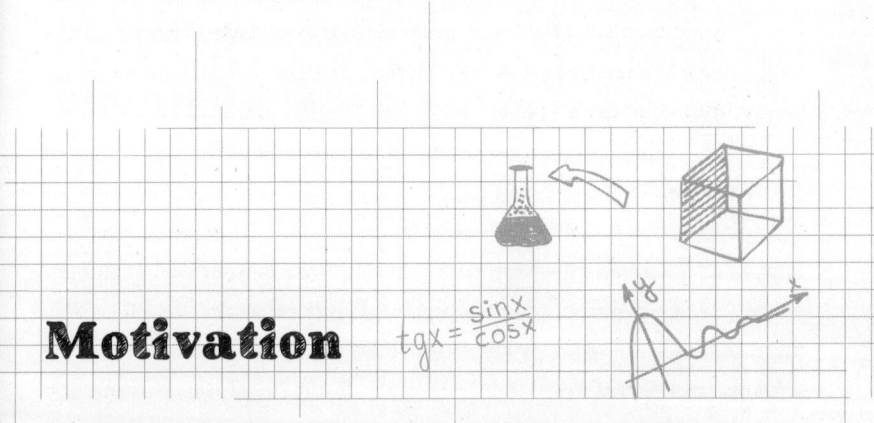

Motivation

$tg x = \frac{\sin x}{\cos x}$

> »Man darf sich selbst nicht unter Druck setzen.
> Wer nie die Motivation verliert, hat am Ende Erfolg.«
> Hannah J.

Motivation und der Wille, besser in der Schule zu werden, sind am allerwichtigsten für Erfolg in der Schule. Motivation beziehungsweise ihr Fehlen ist der Grund Nummer eins, warum Schüler gute oder auch schlechte Noten in der Schule bekommen. Deswegen stelle ich dir in diesem Kapitel die wichtigsten Tricks vor, um dich selbst zu motivieren und unaufhaltbar in der Schule zu werden.

Kurzfristige versus langfristige Motivation

Es gibt zwei Arten von Motivation: die kurzfristige und die langfristige. Das beste Beispiel für kurzfristige Motivation sind Motivationsvideos. Wenn du sie anguckst, bekommst du für eine kurze Zeit einen starken Motivationsschub und all deine Faulheit fällt von dir ab. Genial! Dasselbe passiert bei guten Vorsätzen an Silvester – im Januar treten total viele Leute voller Begeisterung ins Fitnessstudio ein, weil sie sich vorgenommen haben, abzunehmen und mehr Sport zu machen. Sie trainieren dann zwei Monate fleißig und gehen dann den Rest des Jahres nicht mehr hin. Da haben wir das Problem mit der kurzfristigen Motivation: Sie ist nicht nachhaltig und hält deswegen nicht lange an.

Und da kommt die langfristige Motivation ins Spiel. Eines der besten Beispiele für langfristige Motivation ist, ein Warum oder eine Vision zu haben. Bei der langfristigen Motivation dauert es länger, bis du die Effekte spürst. Aber wenn du sie spürst, dann wird sie auch nicht mehr so schnell wieder weggehen und du bist für dein ganzes Leben verändert. Das heißt nicht, dass du dich nur auf eine der beiden Arten konzentrieren musst. Beide Arten von Motivation haben ihre Berechtigung. Du solltest versuchen, langfristige Motivation langsam aufzubauen und kurzfristige Motivation als Retter in der Not nutzen, wenn du dich gerade null motivieren kannst.

Einfache Motivationsübungen

Es gibt viele Arten, sich selbst zu motivieren. Hier hast du ein paar Anregungen.

Sei positiv

Das Allererste, was du ändern musst, ist deine Einstellung zu dir selbst. Mach dich selber nicht immer schlecht. Ich sehe das leider besonders häufig bei Mädchen! Viele trauen sich viel weniger zu, als sie können. Du musst positiv und optimistisch werden und lernen, dich selbst, wie du bist, zu akzeptieren und zu lieben. Dasselbe gilt aber auch für Jungs. Wenn du schon immer klein und dünn warst und dir eingeredet hast, du seist deswegen schlecht in Sport, musst du sofort damit aufhören. Wenn du dir dauernd so eine Scheiße einredest, wirst du nie gut in Sport sein. Du musst deinen Körper akzeptieren und sagen: »So bin ich halt«, denn niemand kann etwas dafür, wie er geboren wurde. Sag dir: »Ich will besser in Sport werden und ich werde alles machen, um dieses Ziel zu erreichen!« Denn du kannst was dafür, wenn du dich entscheidest, schlecht zu bleiben.

Du musst von heute an immer positiv sein und vor allem dich selbst als Person mögen. Du kannst viel mehr, als du denkst. Gleichzeitig musst du deine Schwächen akzeptieren, aber nicht bewerten. In manchen Dingen wirst du vielleicht nie zur Weltspitze gehören – und das ist auch in Ordnung. Ich werde nie ein Meisterturner, weil ich sehr groß und ungelenkig bin. Ich hab auch gar nicht so viel Lust, da besser zu werden. Das ist okay. Ich bewerte es nicht. Bei meinen Stärken aber übertreibe ich immer ein bisschen. Ich sage mir immer: »Mit den Stärken, die ich habe, bin ich in der Zukunft nicht zu stoppen.«

Ebenso solltest du auch damit anfangen, das Positive in jeder Situation zu sehen. Wenn zum Beispiel eine Stunde ausfallen sollte und du dann auf dem Vertretungsplan siehst, dass du doch Vertretung hast: Wie reagierst du? 99 Prozent aller Schüler denken: »Was für ein Mist!«, und sind unzufrieden. Du musst dir denken: »Ich hätte lieber frei, aber zumindest kann ich dann in der Vertretungsstunde schon mal meine Chemiehausaufgaben machen.« In jeder Situation steckt etwas Positives. Ich weiß, das hört sich erst mal komisch an. Mein altes »Ich« hätte auch gedacht: »Was ist das denn für ein Yoga-Scheiß ?!?« Gemacht hätte ich das auf keinen Fall. Ich bitte dich aber, es einfach mal in der nächsten kritischen Situation auszuprobieren. Denn dann bist du generell glücklicher und positiver; außerdem kann man an vielen Situationen eh nichts ändern – außer der Einstellung! Entscheide dich, positiv zu sein! Das macht das Leben gleich viel angenehmer.

Finde dein Warum

Hierüber habe ich schon zu Anfang gesprochen in dem Kapitel für die, die gezwungen wurden, dieses Buch zu lesen. Die Sache, die dich am stärksten motiviert, ist dein Warum. Warum gehst du zur Schule? Warum solltest du dich in der Schule anstrengen? Die Antworten auf diese Fragen sind extrem starke Motivatoren. Eine sehr einfache Antwort auf diese Fragen ist ein bestimmter Berufswunsch. Was willst du werden? Für die meisten coolen und gut bezahlten Jobs brauchst du ein Studium und dafür brauchst du oft ein Abi mit einem bestimmten Schnitt. Und auch wenn du nicht studieren willst – die wenigsten Arbeitgeber wollen jemanden einstellen, der schon in der Schule bewiesen hat, dass er nicht arbeiten will.

Wenn du, seitdem du *Emergency Room* gesehen hast, Ärztin werden wolltest, dann ist das ein Top-Motivator, da du einen extrem guten Abischnitt brauchst, um für das Studium zugelassen zu werden. Auch Anwälte und Richter brauchen gute Noten, oder Naturwissenschaftler. Wenn du der totale Chemiefreak bist, dann hilft dir die gute Chemienote alleine nichts, der Schnitt muss stimmen.

Wo willst du hin? Stell dir das ganz bildlich vor. Stell dir vor, wie du im OP oder im Labor stehst, sieh dich auf dem Chefsessel oder im Gerichtssaal. Wenn du dann mal keine Lust hast zu lernen, kannst du an dieses Ziel denken. Ein paar der 1,0er-Schüler, die ich interviewt habe, hatten, seit sie klein sind, ein Berufsziel, das sie stark motiviert hat. Sie haben sich gepusht und ein 1,0er-Abitur bekommen.

Ein weiterer Motivator können Familienmitglieder und Freunde sein. Wenn der größte Wunsch deiner Eltern oder deiner Oma ist, dass du dein Abi schaffst, oder du kleine Geschwister hast, für die du ein Vorbild sein willst und die stolz auf dich sein sollen, dann motiviert das unglaublich stark.

Es gibt auch noch »dunkle Motivatoren«. Einen, den ich genutzt habe und auch immer noch nutze, ist die »Fuck you«-Mentalität. Immer wenn ich nicht motiviert bin, denke ich an meine Grundschullehrer. Sie haben damals an mir gezweifelt und infrage gestellt, dass ich die Schule packe. Ich denke an sie und sage mir, dass, wenn ich jetzt nicht lerne, ich genau so bin, wie sie es vorhergesagt haben. Dann denke ich mir immer: »Auf gar keinen Fall. Fuck you! Ich werde euch zeigen, zu was ich fähig bin!« Diese dunklen Motivatoren sind extrem effektiv und stark. Jeder schlechte Schüler hat diesen einen Lehrer oder zumindest diese eine Person in seinem Leben, die an ihm zweifelt, oder diesen einen Klassenkameraden, der ihn immer gemobbt hat.

Man darf diese dunklen Motivatoren aber nicht so oft benutzen. Es ist ein bisschen wie in *Star Wars*: In Episode 3 ist Anakin so von Hass erfüllt, dass er mehr und mehr zur dunklen Seite der Macht gezogen wird und im Endeffekt zu Darth Vader wird. Hass ist verdammt negativ. Dunkle Motivation hilft und ist nur gesund für einen kurzen Zeitraum. Wenn man dunkle Motivation als Langzeitmotivator nimmt, dann hilft das null und kann sogar massiv negativ für die Psyche sein, wenn du es übertreibst. Aber wenn du das gelegentlich anwendest, wirst du nicht direkt zum hasserfüllten Psychopathen. Alles mit Maß, dann klappt's.

Familie am Grab

Stell dir vor, du bist tot. Du bist im Himmel. Es spielt hier keine Rolle, welche Religion du hast. Du guckst auf die Leute hinunter, die zu deiner Beerdigung kommen. Da sind deine Familie und deine engsten Freunde. Du hörst genau zu, was sie über dich sagen, wenn sie an dein Grab treten. Willst du, dass sie die Wahrheit sagen? »Er war schon ganz nett, aber war extrem faul.« – »Sie war mein liebes Kind, aber sie hat nie versucht, irgendwas in ihrem Leben zu erreichen.« Willst du wirklich, dass deine Familie und Freunde so was über dich sagen? Stelle dir vor, du bist das genaue Gegenteil. Stell dir vor, sie würden sagen: »Er war ein wahrer Kämpfer und hat alles gegeben in seinem Leben«, oder: »Sie hat sich immer angestrengt und hat wirklich anderer Menschen Leben verändert«.

Immer wenn du nicht motiviert bist, denke daran, was deine Familie an deinem Grab über dich sagen würde, wenn du morgen sterben würdest.

Setze dir Ziele

Vor jeder Klausur, jedem Halbjahr, jedem Jahr und der gesamten Oberstufe solltest du dir Notenziele setzen. Im nächsten Kapitel gibt es dazu mehr. In diesem Kapitel geht es erst mal nur um den motivierenden Aspekt von Zielen. Du solltest dir realistische Ziele setzen, damit du auch eine Chance hast, sie zu erreichen, und nicht immer enttäuscht wirst. Aber es sollte so schwer sein, dass du ein bis zwei Anläufe brauchst, um dieses Ziel zu erreichen. Sich große Ziele zu setzen und sie zu erreichen, ist ein unglaubliches Gefühl. Wenn du so was einmal erlebst, wird dich der Ehrgeiz packen. Ich habe es damals erlebt, als ich mich in einem Jahr um über eine ganze Note verbessert habe. Es war wie eine Droge, mich stetig zu verbessern oder mindestens meinen Notenschnitt zu halten. Ich setzte mir immer höhere Ziele und ich wurde besser und besser. Viele der 1,0er-Schüler berichteten mir von demselben Effekt.

Es hilft extrem weiter, diese Ziele aufzuschreiben und irgendwo hinzukleben. Meine ganze Kleiderschranktür ist voll mit Zielen. Jeden Morgen guck ich da drauf und erinnere mich an meine Ziele. Es hilft auch, sein Warum aufzuhängen.

Eine extrem wichtige Sache bei Zielen ist, dass du dich selber belohnst. Immer wenn du ein Ziel erreichst, musst du irgendetwas Besonderes machen. Koche dir dein Lieblingsgericht oder gehe mit deinen Freunden essen. Für mich persönlich waren immer die Reaktionen der Menschen in meinem Umkreis Belohnung genug, aber ich glaube, in der Zukunft werde ich mich auch selber belohnen, um noch extra Motivation zu bekommen.

Vision

In einer Vision geht es darum, wie dein Leben aussehen würde, wenn alles glatt liefe und alle deine Ziele für die Zukunft in Erfüllung gingen.

Ich schlage dir vor, dir deinen Abiball vorzustellen. Stell dir vor, wie der Veranstaltungsort aussieht. Stell dir die Jungs in den Anzügen und die Mädchen in den Kleidern vor. Versuche, dir den Geruch des Parfüms der Jungen und besonders der Mädchen vorzustellen. Stelle dir vor, wie sich das Papier von deinem Zeugnis anfühlt. Stelle dir vor, wie du auf das Podium gerufen wirst und nach oben gehst. Stell dir vor, wie du das Zeugnis entgegennimmst. Stell dir vor, wie du das Zeugnis öffnest und in schwarzen Buchstaben »1,0« geschrieben stehen siehst. Stell dir deine Glücksgefühle in diesem Moment vor. Versuche, es so real wie möglich zu machen.

Wenn man es richtig macht, sind Visionen unglaublich starke Motivatoren, da dein Gehirn nicht zwischen der Realität und deiner Vision unterscheiden kann. Wenn du es dir stark genug mit allen Sinnen vorstellst, dann denkt dein Gehirn, du hättest dein Ziel schon erreicht. Mit diesem »brain hack« wird alles viel einfacher für dich: Da dein Gehirn denkt, du hättest es schon mal geschafft, warum solltest du es dann nicht noch mal schaffen?

Es hilft, diese Vision aufzuschreiben. Wenn du wirklich alle Vorteile einer Vision spüren willst, dann solltest du dir den Text vor dem Zubettgehen und nach dem Aufstehen durchlesen. Du solltest nicht leise lesen oder es im Halbschlaf nur überfliegen. Setz dich gerade auf deine Bettkante und lies deinen Zettel laut vor. Versuche, nicht nur die Wörter vorzulesen, sondern zu fühlen, was du da liest. Wenn du zum Beispiel sagst: »Ich laufe zwischen den Tischen entlang und rieche Damenparfüm«, dann solltest du dir den Geruch von Damenparfüm vorstellen. Wenn du vorliest: »Als ich die 1,0 vor mir sehe, durchströmen mich Glücksgefühle«, dann versuche wirklich, diese Glücksgefühle zu spüren. So wird deine Vision zehnmal realistischer für dich selber und dein Gehirn, wodurch die Effekte auch zehnmal stärker sein werden.

Mantras

Das Mantra kommt aus dem Yoga. Wahrscheinlich willst du jetzt gleich diesen Absatz überspringen, aber lies bitte noch ein paar Zeilen weiter. Ein Mantra ist ein Motivationstext, den du dir jeden Morgen aufsagst. Es ist ähnlich wie eine Vision mit dem kleinen Unterschied, dass du dir nichts vorstellst. Ein Mantra hat nur eine kleine Anzahl von Wörtern und Sätzen, die du oft wiederholst. Am besten machst du dein Mantra vor dem Spiegel. Auch wenn es am Anfang komisch ist und deine Eltern und Geschwister denken werden, du seist verrückt geworden: Es hilft wirklich, wenn du dich dabei anguckst und dich am besten selber anlächelst.

Wenn du nächste Woche eine Mathearbeit schreibst, könnte dein Mantra für die Woche davor sein: »Ich bin schlau! Ich bin ehrgeizig! Ich bin gut in Mathe! Ich werde eine 1 in Mathe schreiben!« Auch wenn es am Anfang ziemlich abgedreht ist, wirst du dich nach ein paar Tagen selbstbewusster fühlen, wenn du Mathe machst oder nur an die Klausur denkst. Durch die vielen Wiederholungen überzeugst du dein Unterbewusstsein von dem, was du sagst. Wenn du es oft genug wiederholst, wird, was du sagst, Realität.

Motivationsvideos

Eine super Quelle für kurze und starke Motivation sind Motivationsvideos. So was hast du bestimmt schon mal auf YouTube gesehen (falls nein: In den meisten dieser Videos wird dir durch einen Sprecher und Musik motivierend zugesprochen). Auch wenn diese Videos dich nicht wirklich nachhaltig und für eine längere Zeit motivieren, sind sie top gegen »Null Bock«-Stimmung vor Klausuren oder vor Hausaufgaben. Sehr empfehlenswert sind die YouTube-Kanäle »Goalcast« und »The Mulligan Brothers«. Besonders gut sind auch die »Impact Quotes« von Tom Bilyeu. Dies sind alles englische Kanäle, gute deutschsprachige Kanäle gibt es eher wenige. Ich persönlich würde dir den deutschen Motivationskanal »Biyon« empfehlen. Wenn du dir ein Video von diesen Kanälen anguckst, wirst du dich schnell mit Motivation aufladen können, um deine Null-Bock-Stimmung effektiv zu besiegen. Du solltet es aber auch nicht übertreiben. Deine Hauptmotivation sollte immer noch aus dir selbst kommen. Als kurzer Motivator sind diese Videos aber super.

Ich hoffe, dass du in diesem Kapitel den einen oder anderen Trick gefunden hast, der dich motiviert, jetzt dieses Buch wegzulegen und doch noch die Hausaufgaben für morgen zu machen oder dir deine Unterlagen für die nächste Klausur anzugucken.

Action: Suche dir eine der oben genannten Motivationsübungen heraus und mache sie zehn Tage lang jeden Abend.

Zusammenfassung für Faule

1. Talent ist egal. Es kommt darauf an, wie viel Zeit und Energie du in etwas steckst, um Erfolg zu haben.
2. Es gibt zwei Arten von Motivation: kurzfristige und langfristige. Nutze die kurzfristige als schnelle Notlösung und entwickle die langfristige schrittweise für dein ganzes Leben.
3. Sei ein positiver Mensch. Du kannst entweder in allem etwas Negatives oder etwas Positives sehen. Es ist deine Entscheidung.
4. Finde einen Grund, warum du etwas erreichen möchtest, und nutze dieses Warum, um dich zu motivieren, bis du es geschafft hast.
5. Habe in deinem Kopf eine Vision von dem Moment, in dem du dein Ziel erreichst. Wenn du diese Vision immer wieder in deinem Kopf erlebst, wird sie irgendwann Realität.

Persönlichkeitsveränderungen zum 1,0er-Schüler

> »In der Schule besser werden ist eher ein mentales Ding.«
> Elisabeth D.

> »Einfach Wissen aufnehmen zu wollen, war eigentlich das,
> was mich in die Schule getrieben hat.«
> Lorenz V.

Okay, Hand aufs Herz: Ein 1,0er-Abi zu schaffen oder sich generell in der Schule zu verbessern, ist eine schwere Sache. Im Laufe deiner Verbesserung wirst du dich verändern. Ich bin heute ein völlig anderer Mensch als der, der damals gesagt hat: »Ich werde besser in der Schule.« Jeder erfolgreiche Mensch hat sich auf seinem Weg zum Erfolg verändert. Zum Beispiel gibt es Riesenunterschiede zwischen dem 22-jährigen Barack Obama, der als Student Gras rauchte, und dem Barack Obama, der der 44. Präsident der USA war. Menschen verändern sich. Es ist ganz natürlich.

In diesem Kapitel werde ich dir zeigen, welche Veränderungen du in deinem Leben vornehmen musst, um das Beste aus dir und deinen schulischen Möglichkeiten rauszuholen.

Das richtige Mindset

Wenn ich nur eine Sache verändern könnte, würde ich immer das Mindset wählen. Das Mindset ist deine unterbewusste mentale Einstellung gegenüber dem Leben oder bestimmten Themen. Es ist wissenschaftlich bewiesen, dass das Mindset zu den Dingen gehört, die unser Leben am meisten beeinflussen. Da es uns unterbewusst steuert, bemerken wir das aber gar nicht.

Der wichtigste Begriff, wenn du dich mit deinem Mindset beschäftigst, ist der Glaubenssatz. Ein Glaubenssatz ist eine unterbewusste Lebensregel. Er entsteht aus der Verarbeitung und unterbewussten Bewertung von Erlebnissen aus der Vergangenheit. Sie haben einen sehr großen Einfluss auf dein alltägliches Leben. Es gibt positive und negative Glaubenssätze. Ein positiver Glaubenssatz motiviert dich und macht dich glücklich. Ein negativer zieht dich runter und macht dich schlecht. Es kann sogar so weit gehen, dass du depressiv wirst.

Ein extrem gutes Beispiel für einen negativen Glaubenssatz ist: »Ich kann Mathe einfach nicht.« Wenn du diesen Satz laut aussprichst, merkst du, wie du dich fühlst, als wärest du dumm und nicht so viel wert wie andere. Genau das ist der extrem gefährliche Einfluss eines negativen Glaubenssatzes und – noch viel schlimmer – eines negativen Mindsets.

Was sind aber die Gründe für einen negativen Glaubenssatz? Es hängt immer von etwas ab, was du in der Vergangenheit erlebt hast. Wenn du den Glaubenssatz hast: »Ich kann Mathe einfach nicht«, hat vielleicht in der Grundschule, als du das Einmaleins gelernt hast und Probleme damit hattest, deine Lehrerin gesagt: »Wie kannst du nicht wissen, was drei mal zwei ist? Das ist doch extrem einfach. Sogar Kindergartenkinder können das rechnen!« Nach diesem Erlebnis setzt du dir in den Kopf, dass du »Mathe einfach nicht kannst«, sodass du immer eine Ausrede als Abwehr hast, wenn ein Lehrer so was noch mal zu dir sagt. Über die Jahre verstärkst du diesen Glaubenssatz noch und wenn du in die weiterführende Schule kommst, bist du zutiefst davon überzeugt, dass du Mathe einfach nicht kannst. Egal, zu wie vielen Nachhilfelehrern deine Eltern dich schleifen: Du wirst einfach nicht besser. Da Mathe ein Hauptfach ist, musst du es deine ganze Schullaufbahn machen. Dadurch wirst du mit dem Glaubenssatz »Ich kann Mathe einfach nicht« deine Schullaufbahn viel schlechter abschließen, als du könntest.

Auch wenn es nicht Mathe ist: Jeder hat ein paar negative Glaubenssätze und viele haben auch welche über die Schule. Vielleicht kommen dir diese Sätze bekannt vor: »Ich hasse Schule«, »Alle Lehrer sind scheiße«, »Lehrer wollen mir schlechte Noten geben«, »Dieser Lehrer hasst mich«, »Jeder, der gut in der Schule ist, ist ein Streber«, »Jeder, der eine gute Beziehung zu einem Lehrer hat, schleimt«, »Nur Streber strengen sich in der Schule an« et cetera. Diese negativen Glaubenssätze gegenüber der Schule verschlechtern deine Chancen, einen guten Abschluss zu machen, extrem.

Bei Top-Athleten ist das Mindset ganz besonders wichtig, da der Geist stärker ist als der Körper. Hast du dich je gefragt, wie Extremsportler ihre menschlich fast unmögliche Leistung schaffen? Die Antwort ist: durch ein stahlhartes Mindset. Die meisten Menschen haben ein schwaches Mindset und einen schwachen Willen. Ihr Leben wird von Gefühlen und Emotionen gesteuert anstatt von rationalen Zielen. Top-Athleten sind nicht als Top-Athlet geboren worden. Irgendwann in ihrem Leben haben sie sich von ihren negativen Glaubenssätzen getrennt und sie durch positive ersetzt.

Aus diesem Grund solltest du ganz bewusst versuchen, dir deine negativen Einstellungen und Annahmen bewusst zu machen, und damit aufräumen. Stell alles infrage, was du über dich und die Welt glaubst, besonders, wenn es um die Schule geht. Ist es wirklich so, wie du denkst? Oder glaubst du es nur?

Im ersten Schritt musst du die Ereignisse in deinem Leben finden, die deinen negativen Glaubenssatz erschaffen haben. Gehörst du auch zu den vielen Leuten, die den negativen Glaubenssatz haben: »Ich bin schlecht in Mathe«? Dann suche in deinem Gedächtnis: Welches Ereignis verbindest du mit dieser negativen Einstellung? Vielleicht war es eine Erfahrung in der Grundschule, vielleicht hat es dir sogar irgendjemand aus deiner Familie eingeredet. Als du eine schlechte Note nach Hause gebracht hast, hat dein Onkel vielleicht gesagt: »Das liegt in der Familie. Wir waren noch nie gut in Mathe.« Wenn du dein Ereignis gefunden hast, versuche, es zu verstehen und zu realisieren, dass du damals komplett falsche Schlüsse gezogen hast. Nur weil jemand etwas sagt, ist es nicht die Wahrheit. Ein gutes Beispiel ist, wenn deine Eltern immer sagen, dass es in der Familie läge. Du solltest dir überlegen: »Bin ich nicht eine komplett andere Person als meine Eltern und sind nicht auch meine Stärken und Schwächen komplett anders?« Wenn du dir selbst klarmachst, warum deine Schlussfolgerung damals komplett falsch war, kannst du deine negativen Glaubenssätze brechen.

Die 10 000-Stunden-Regel

Nur gute Glaubenssätze allein genügen nicht. Alle guten Schüler sind auch harte Arbeiter – und das musst du auch werden, wenn du in der Schule Erfolg haben möchtest. Ich möchte dir kurz ein Konzept vorstellen: die 10 000-Stunden-Regel. Sie besagt, dass jeder, der zu den Weltbesten in etwas gehört, 10 000 Stunden mehr trainiert/geübt hat als der Durchschnitt.

Die meisten Menschen, die nicht erfolgreich sind, glauben, dass Menschen, die etwas besonders gut können, einfach Talent haben und Glück hatten. Diese Lüge ist der wichtigste Grund, warum diese Menschen keinen Erfolg haben. Kennst du Kobe Bryant? Er war ein amerikanischer Basketballstar. Und zwar nicht, weil er Talent hatte. Er war ein Basketballstar, weil er am härtesten arbeitete. Anstatt zweimal pro Tag zu trainieren wie ein normaler NBA-Basketballspieler, trainierte er viermal am Tag. Wegen dieser Extra-Stunden wurde er jedes Jahr besser und besser. Am Ende war niemand so gut wie er. Er hat 10 000 Stunden mehr trainiert als der durchschnittliche Basketballspieler, um der Beste der Welt zu werden.

Ich erwarte nicht, dass jeder der beste Schüler der Welt wird und nur noch 24/7 lernt und keine Freizeit mehr hat, um die 10 000 Stunden zu erreichen. Aber die 10 000-Stunden-Regel zeigt, dass es in der Schule nicht um Talent oder Intelligenz geht, sondern darum, wie viel Zeit und Energie du in die Schule steckst. Wenn du besser in der Schule werden willst, stecke mehr Energie in die Vorbereitung vor Klausuren oder Referaten, bereite die Stunden vor und nach, hole dir Nachhilfe in den Fächern, in denen du nicht gut bist, hole dir alte Klausuren von älteren Schülern oder rechne jede Aufgabe in deinem Mathebuch durch. Du musst dir nur die Frage stellen: Wie viel Energie bin ich bereit, in die Schule zu stecken? Denn was du reinsteckst, bekommst du doppelt zurück. Alle guten Schüler haben die Bereitschaft, harte Arbeit in ihre Noten zu stecken. Es ist eine Mentalitätsfrage – und da wären wir schon beim nächsten Thema.

Die Mentalität eines Top-Schülers

»Es stört uns, wenn irgendwas total unklar ist«, »Ich würde gerne viel mehr in jedem Fach lernen«, »Einfach Wissen aufnehmen zu wollen. Das war eigentlich das, was mich in die Schule getrieben hat«. Würde so etwas je aus deinem Mund rauskommen? Sehr wahrscheinlich nicht. Da merkst du den Unterschied zwischen dir und einem Top-Schüler, denn genau das haben sie gesagt. Du siehst Schule wahrscheinlich als etwas, wo du hingehen musst, und wenn es mal ein interessantes Thema gibt, strengst du dich auch mal ein bisschen an. Wenn du eine schlechte Note schreibst, sagst du:»Ist egal. Vielleicht wird es nächstes Mal besser.«

Das ist der Grund, warum du in der Schule keinen Erfolg hast. Das ist der Grund, warum du kein Top-Schüler bist. Und wenn du deine Mentalität nicht änderst, wirst du nie einer werden. Ein wahrer Top-Schüler gibt alles. Ein wahrer Top-Schüler ist süchtig nach neuem Wissen. Ein wahrer Top-Schüler hat nur die allerbeste Note im Kopf. Alle Noten darunter gibt es für ihn nicht. Wenn er eine schlechte Note schreibt, wird er so wütend auf sich selbst, dass andere denken, es wäre etwas Schlimmes passiert.

Für dich kommt das jetzt bestimmt sehr extrem rüber. Musst du all das erfüllen, um besser in der Schule zu werden? Natürlich nicht. Wer all diese Aussagen wirklich zu 100 Prozent erfüllt, ist die Art Schüler, die ein 1,0er-Abitur erzielt. Erstens will das nur eine extrem kleine Anzahl von Schülern und zweitens ist so ein Abitur weit mehr als ein sehr gutes Abi.

Aber du solltest versuchen, deine Mentalität in diese Richtung zu verändern. Du solltest dir Notenziele setzen und dir dann sagen: »Ich werde alles tun, um dieses Notenziel zu erreichen.« Am Anfang muss das Notenziel nicht die bestmögliche Note sein. Du solltest aber, wenn du dein aktuelles Notenziel erreicht hast, das nächste Ziel höherstecken. Irgendwann, vielleicht auch erst nach ein paar Jahren, kommst du dann zu dem Punkt, an dem dein Notenziel immer die bestmögliche Note ist. Bei mir hat es in den schlechtesten Fächern bis zu drei Jahre gedauert, und du solltest auf keinen Fall am Anfang das Ziel haben, immer eine 1 zu bekommen, wenn du heute auf 5+ stehst. Denn dann wärst du sogar enttäuscht und demotiviert, wenn du dich um ganze zwei Noten auf eine 3+ verbessert hättest. Dabei kannst du sehr stolz sein, wenn du das schaffst. Wäre richtig dumm, wenn du durch ein zu hohes unerreichbares Ziel schnell wieder die Motivation verlieren würdest, in der Schule besser zu werden.

Das Allerwichtigste ist aber, dass die Schule auf deiner Prioritätenliste ziemlich weit oben steht, wenn nicht ganz oben. Natürlich solltest du immer noch sozial aktiv sein, Sport machen und dich mit deinen Freunden treffen oder feiern gehen. So etwas ist als Ausgleich extrem wichtig und macht dich auch besser in der Schule. Dennoch solltest du immer, wenn du in der Schule sitzt, die Standarderwartung an dich selber haben, dass du zu den Besten gehörst oder sogar der Beste bist.

Wenn du zwischen den Zeilen liest, hast du bestimmt schon rausgehört, dass es hauptsächlich darum geht, welchen Standard du an dich selbst anlegst. Ist eine 3 für dich in Ordnung oder gibst du dich nur mit 1en zufrieden? Faulenzt du nach der Schule und zockst Videospiele oder chillst auf Insta oder lernst du kontinuierlich jeden Tag nach der Schule noch eine Stunde? Womit gibst du dich zufrieden? Das kennst du bestimmt vom Shoppen oder wenn du nach einem Ferienjob suchst. Mit welcher Qualität gibst du dich bei einem T-Shirt zufrieden? Mit welchem Stundenlohn gibst du dich zufrieden, bevor du einen Ferienjob annimmst? Immer wieder entscheidest du im Leben unterbewusst, was dein Standard ist und was nicht. Du würdest bestimmt einen Ferienjob ablehnen, in dem du nur 1 Euro pro Stunde verdienst. Warum hast du nicht dieselbe Einstellung in der Schule, wenn du eine 4 auf deiner Arbeit siehst? Warum sagst du nicht zu dir selber: »Das ist nicht gut genug für mich! Solche Noten bekommen nur schlechte Schüler, und das bin ich auf keinen Fall.« Diese Einstellung musst du in dein Gehirn einbrennen, um Erfolg in der Schule zu haben! Du musst deine eigenen Standards viel höher setzen.

Wenn du anfängst, deine Erwartungen an dich selbst viel höher zu setzen, werden sich nicht nur deine Noten unglaublich stark verändern, sondern du wirst anfangen, unterbewusst auch in anderen Aspekten deines Lebens höhere Standards anzulegen.

Wenn du bis hier liest und dieses Konzept verstehst und deine Standards und Erwartungen an dich selbst viel höher setzt, aber ab jetzt kein Wort dieses Buches mehr liest, bin ich ein glücklicher Mensch. Denn ich weiß, dass sich dein Leben schon sehr bald wahnsinnig verbessern wird. (Natürlich würde ich mich trotzdem freuen und es wird auch extrem hilfreich für dich sein, wenn du das Buch weiterliest ☺).

Ich weiß, wie sich das jetzt anhört. Wenn du dich gerade erst entschieden hast, ein bisschen besser zu werden, hört sich das vielleicht sogar komplett abgedreht an. Wenn du nicht ein 1,0er-Abi haben möchtest (nur die wenigsten brauchen das wirklich!), musst du auch nicht 100 Prozent der Tipps aus diesem Kapitel komplett umsetzen. Du solltest aber versuchen, die wichtigsten Punkte langsam nacheinander auszuprobieren, wenn du besser werden möchtest. In ein paar Jahren, wenn du dein Top-Abizeugnis in den Händen hältst, wirst du mir danken.

Opfer bringen

Die harte Wahrheit ist: Wenn du in der Schule besser werden willst, macht Schule nicht unbedingt mehr Spaß. Du setzt dich vielleicht um, damit du ruhigere Sitznachbarn hast, oder passt im Unterricht auf, anstatt zu quatschen. Wenn du ein Top-Schüler sein willst, kannst du nicht mehr mit deinen Freunden labern oder irgendeinen Müll im Unterricht machen – aber auf der anderen Seite werden so auch deine Probleme weniger. Das ist logisch. Je weniger Mist du im Unterricht machst, desto weniger wird der Lehrer dich ermahnen oder gegen dich sein. Du sparst dir also Stress. Außerdem werden die Lehrer viel netter zu dir, wenn sie sehen, dass du dich anstrengst und besser werden willst.

Was aber noch viel besser ist: Du wirst selbst innerlich extrem glücklich und stolz auf dich, wenn du merkst, wie du dich langsam Stück für Stück verbesserst. Wenn deine Eltern merken, dass du auf einmal 2en statt 4en nach Hause bringst, gibt es zu Hause vermutlich auch weniger Stress und deine Eltern werden extrem stolz auf dich sein. Alle Eltern wollen, dass ihre Kinder im Leben alle Möglichkeiten haben, und sie sind automatisch entspannter, wenn sie sehen, dass du in der Schule gut klarkommst. Dadurch wirst du automatisch viel glücklicher.

Zusammengefasst: Du wirst zunächst in der Schule im klassischen Sinne weniger Spaß haben. Aber dafür wird dein ganzes Umfeld von Lehrern zu Onkeln zu Eltern viel netter werden, wenn sie merken, dass du dich verbesserst. Am wichtigsten ist, dass dein Respekt vor dir selber sich extrem verbessern wird und du auch innerlich viel zufriedener und glücklicher wirst als je zuvor. Denn wer ist schon glücklich damit, einen Ruf als Depp zu haben?

Gewohnheiten verändern/Disziplin

Wusstest du, dass wir 90 Prozent von dem, was wir tun, unterbewusst als Routine machen? Nur 10 Prozent machen wir bewusst und nicht als Teil einer Routine. Das macht unser Gehirn, da es das energieeffizienteste Organ in unserem ganzen Körper ist – bei unterbewussten Routinen verbraucht es deutlich weniger Energie als bei bewussten Entscheidungen. Daher ist es für dich entscheidend, dass du die richtigen Routinen hast. Es macht einen riesigen Unterschied, ob du dich nach der Schule hinsetzt und zockst oder noch mal eine Stunde Vokabeln lernst.

Das Problem ist, dass kein Mensch gerne seine Gewohnheiten ändert. Das Gehirn möchte nicht von unterbewussten Routinen auf bewusste Aktivitäten umstellen, weil es in der Zeit viel mehr Energie verbraucht. Wissenschaftler sagen, dass es ungefähr 70 Tage dauert, bis eine neue Gewohnheit zur Routine wird. Ich würde dir empfehlen, Gewohnheiten wie Lesen, eine Stunde Lernen pro Tag, gesundes Essen, Sport zu treiben, freundlich zu jedem zu sein und anderen zu helfen gegen Zocken, Rauchen, Faulenzen, zu viel Feiern, ständiges Chillen, Fast Food, Negativität und generelle Unfreundlichkeit auszutauschen.

Die Schwierigkeit besteht darin, die Disziplin zu haben, um 70 Tage an einer neuen Gewohnheit dranzubleiben und sich eine alte abzugewöhnen. Das Allerwichtigste ist, dass du klein anfängst. Nimm dir doch für den Anfang vor, jeden Morgen dein Bett zu machen. Es dauert nicht lange und ist auch nicht unangenehm für dich. Du musst es nur jeden Tag für mindestens 70 Tage durchziehen. Das gibt dir nicht nur Disziplin, sondern jeden Abend, wenn du nach Hause kommst, kannst du dich in ein gemachtes Bett legen. Wer mag das nicht? Als Anfänger kannst du auch versuchen, jeden Tag 2,5 Liter Wasser zu trinken, jeden Tag einen Apfel zu essen, jeden Morgen zehn Liegestütze oder jeden Tag einem Menschen ein Kompliment zu machen.

Wenn du das 70 Tage lang geschafft hast, solltest du anfangen zu versuchen, auf Dinge zu verzichten. Ich habe mir dafür meine Lieblingssüßigkeit Kinder Schokolade ausgewählt und mir gesagt: »Ich werde für einen Monat keine Kinder-Riegel essen und anstatt dessen einen Apfel pro Tag.« Andere Süßigkeiten habe ich weiter gegessen. Der Trick ist, dass du nicht anfängst, von anderen Süßigkeiten mehr zu essen, denn sonst bringt das ja nichts. Wenn du das erfolgreich geschafft hast, kannst du anfangen, einen Monat komplett auf Süßigkeiten zu verzichten und dir für einen Monat einen Trainingsplan oder eine Sportart raussuchen und einen Monat konstant trainieren.

Wenn du das durchgezogen hast, solltest du genug Disziplin haben, um neue Gewohnheiten in dein Leben einzubauen. Das Allerkrasseste, was du machen kannst, um stahlharte Disziplin zu bekommen, ist, jeden Morgen kalt zu duschen. Ich rede nicht von kaltem Duschen am Ende einer Warmdusche, auch wenn das schon eindrucksvoll ist. Ich rede von einer zwei-minütigen kalten Dusche ohne warmes Wasser. Wenn du das durchhältst, hast du Disziplin wie ein Top-Athlet und es wird ein Kinderspiel für dich, deine Gewohnheiten zu ändern.

Fitness, Meditation und Ernährung

Neben deinem Mindset und deiner Mentalität hat auch deine Gesundheit einen riesigen Einfluss auf deine Performance in der Schule. Es wäre schön blöd, wenn du wegen deiner schlechten Gesundheit nicht alles aus dir rausholen kannst.

Das Allerwichtigste für einen gesunden Körper ist die richtige Ernährung und irgendeine Art von Sport. Bei der Ernährung solltest du einfach darauf achten, nicht zu viel Zucker und im Gegenzug viel Obst und Gemüse zu essen. Obst ist ein super Süßigkeitenersatz, weil da auch sehr viel Zucker drin ist, aber eben auch viele Vitamine. Wenn du also das nächste Mal Lust auf etwas Süßes hast, greife in die Obstschale anstatt in den Süßigkeitenschrank. Außerdem solltest du auf Fast Food verzichten und auch kein Fertigessen zu dir nehmen.

Achte darauf, mindestens 2,5 Liter pro Tag zu trinken, damit dein Gehirn richtig funktioniert und du dich in der Schule konzentrieren kannst. Du solltest immer Wasser trinken. Wer Softdrinks trinkt anstatt Wasser, ist einfach nur dumm, weil ein Softdrink unfassbar viel Zucker hat. Das bedeutet, dass du dich mit Zucker zuschüttest und gleichzeitig auch dein Durst nicht gestillt wird.

Heißt das, du musst jetzt Spinat-Smoothies trinken und anstatt Nutella nur noch Avocadocreme auf dein Brot schmieren? Natürlich nicht. Das Wichtigste, wie bei vielen Sachen im Leben, ist, die Balance zu finden. Seitdem ich ein Kind bin, habe ich unter der Woche fast nie was Süßes gegessen und dann am Wochenende Nutella und Kuchen gegessen. Bei mir hat das immer sehr gut geklappt und es wird auch bei dir klappen, solange du es am Wochenende nicht übertreibst. Du solltest auf keinen Fall irgendwelche Diäten ausprobieren, denn die rufen in 90 Prozent der Fälle den Jo-Jo-Effekt hervor, dadurch wirst du nach der »Diät« sogar dicker. Halte dich einfach an diese einfachen Ernährungsregeln, und du wirst ein gesundes Leben führen.

Obwohl Ernährung wichtiger ist als Sport, ist Bewegung doch auch extrem wichtig. Dein Körper ist nicht dafür gemacht, stundenlang im Bett rumzuliegen und Musik zu hören oder stundenlang vor einem PC zu sitzen. Du solltest mindestens zweimal pro Woche eine Stunde Sport machen. Auch wenn ins Fitnessstudio zu gehen heutzutage Trend ist und sehr viele Vorteile hat, hören die meisten nach einem Monat auf oder – noch schlimmer – machen die Übungen falsch und so ihren Körper kaputt, anstatt ihn fitter zu machen. Deswegen empfehle ich dir, dir eine Sportart wie Fußball, Handball, Basketball, Schwimmen, Tennis, Badminton, Turnen, Leichtathletik et cetera zu suchen, die dir wirklich Spaß macht, weil du dann gar nicht merkst, wie anstrengend der Sport ist. Außerdem bist du mit anderen Leuten zusammen, das ist immer mehr Fun, als alleine zu trainieren. Wenn du komplett unsportlich bist und dich nicht traust, in einen Verein oder ins Fitnessstudio zu gehen, kannst du zu Hause HIIT-Workouts (High Intensity Interval Training) machen. HIIT-Training bedeutet, sehr intensive Übungen wie Crunches, Squats oder Liegestütze abwechselnd mit Entspannungsphasen zu machen, damit dein Herzschlag hochgeht und du Fett verbrennst. Anleitungen dazu findest du im Internet. Mit dieser Art von Training baust du gleichzeitig ein bisschen Muskeln auf, verbrennst viel Fett und bekommst eine gute Ausdauer, die dir auch sehr viel im Schulsport weiterhilft. Egal, was du machst: Versuch, dich einfach zweimal pro Woche für eine Stunde zu bewegen.

Abgesehen von deinem Körper solltest du auch für dein Gehirn sorgen. Das Beste, was du neben viel trinken und einer guten Ernährung für dein Gehirn machen kannst, ist, zu meditieren. Du denkst jetzt bestimmt: »Warum soll ich auf einmal Buddha werden?« Ich weiß, dass es sich etwas komisch anhört, wenn man sich mit dem Thema noch nicht auskennt. Aber weißt du überhaupt, was Meditation ist? Abgesehen von »im Schneidersitz auf dem Boden sitzen und ›Om‹ sagen«? Das ist bei den meisten alles, was sie sich dazu vorstellen können.

Meditation ist einfach »nichts« machen. Du setzt dich hin und versuchst, an gar nichts zu denken. Wenn du das zum ersten Mal versuchst, ist es wahrscheinlich fast unmöglich, an nichts zu denken, da du ja nicht steuern kannst, was du denkst. Du kannst aber immer, wenn ein Gedanke aufkommt, den Gedanken wegschieben und wieder versuchen, dich darauf zu konzentrieren, nichts zu machen. Da ich selber kein Meditationsexperte bin, würde ich dir empfehlen, dass du dir zum Beispiel »Richtig Meditieren | Einfache Erklärung« von Logical Lemon auf YouTube anguckst oder einfach mal »Meditation verständlich erklärt« googelst und dir dann den gleichnamigen Artikel von der Webseite blueprints.de anguckst.

Meditieren ist echt fast wie Magie. Der größte Effekt ist, dass du innerlich viel ruhiger wirst und nicht mehr so krass von deinen Emotionen gesteuert wirst. Wenn du dir vorgenommen hast, deine Mentalität so zu verändern, wie ich am Anfang dieses Kapitels beschrieben habe, brauchst du einen Ausgleich in Form von Meditation, damit auch ein bisschen Ruhe in deinem Kopf ist. Bei aller Motivation ist es extrem wichtig, auch mal Ruhepausen zu haben. Es gibt viele Schüler, die so motiviert sind, dass sie immer 110 Prozent geben und zum Beispiel nur drei Stunden pro Nacht schlafen oder sich gar keine Freizeit mehr gönnen. Das ist fatal für die psychische und körperliche Gesundheit. Es gibt Schüler, die unbedingt einen 1,0-Schnitt bekommen wollen, aber nach einem Jahr das Schuljahr wiederholen oder sogar in psychologische Behandlung müssen, weil sie sich selber durch das ganze Lernen und den selbst gemachten Druck zerstört haben. Es kann passieren, dass du zu sehr darauf versessen bist, besser zu werden. Und wenn du dann ein paarmal zurückgeworfen wirst – zum Beispiel durch mehrere schlechte Noten –, ist es sehr wahrscheinlich, dass du mentale Probleme bekommst.

Deswegen bitte ich dich: Sei ehrgeizig und versuche, besser zu werden, aber tue gleichzeitig auch etwas für deine mentale Gesundheit durch Meditation oder soziale Aktivitäten wie Feiern gehen oder was mit Freunden machen.

Ich hoffe, dieses Kapitel hat dir gezeigt, wie du dich selbst verändern musst, um ein Top-Schüler zu werden. Es wird nicht einfach, aber ich verspreche dir: Es wird sich lohnen! Die oben erwähnten Eigenschaften und Fähigkeiten werden dich nicht nur in der Schule extrem weiterbringen, sondern in deinem ganzen Leben.

Action: Treffe jetzt, in diesem Moment, die Entscheidung, dich zu verändern. Es lohnt sich!

Zusammenfassung für Faule

1. Unser Mindset hat einen extrem großen Einfluss auf unser Leben. Es ist die mentale und unterbewusste Einstellung zu bestimmten Themen.
2. Unser Mindset besteht aus positiven und negativen Glaubenssätzen, die unsere Einstellung zu einem Thema beschreiben, wie zum Beispiel »Ich kann Mathe einfach nicht«.
3. Du kannst deine negativen Glaubenssätze durch positive Glaubenssätze wie »Ich kann alles lernen, solange ich mich nur anstrenge. Auch Mathe!« austauschen.
4. Wer wirklich spitze in etwas ist, hat im Schnitt 10 000 Stunden mehr damit verbracht als die Normalos.
5. Wenn du gut in der Schule sein willst, musst du Opfer bringen. Du kannst nicht mehr jede Stunde irgendeine Scheiße mit deinen Freunden machen oder im Unterricht schlafen.
6. Um in der Schule und im Leben erfolgreich zu sein, musst du dir Disziplin und Gewohnheiten wie zum Beispiel Sport zu treiben angewöhnen. Diese Dinge sollten für dich im Alltag so normal wie Zähneputzen werden.
7. Nur mit einer guten körperlichen und mentalen Fitness kannst du Erfolg in der Schule und im Leben haben. Also mach Sport, ernähre dich gesund und meditiere.

Meine Geschichte: Durchschnitt 3,0 – Schule ist scheiße!

Du fragst dich bestimmt, ob das mit der Veränderung im Real Life wirklich klappen kann. Diese Erfolgsgeschichten im Internet hören sich immer extrem erfunden an, und wenn vielleicht ein Mensch unter einer Million Menschen es schafft, bringt es dir auch nichts. Deswegen ist die Geschichte, die ich dir jetzt erzähle, von einer Person, die genauso ist wie du, genauso alt wie du, mit genau den gleichen Problemen und Sorgen wie du und absolut real und sehr weit von einem Super-Menschen entfernt. Diese Geschichte handelt von mir.

Dies ist das erste von insgesamt fünf Kapiteln, in denen ich über meine Veränderung von einem schlechten zu einem sehr guten Schüler berichte. Die Kapitel werden für alle Leser interessant sein, die erstens wissen wollen, was passieren kann, wenn du dich entscheidest, alles zu geben, um besser in der Schule zu werden, die zweitens eine motivierende Geschichte hören wollen und die drittens Interesse an mir, dem Autor dieses Buches, haben. Sie sind aber kein Muss und wenn du sie überspringst, ist es auch nicht unglaublich schlimm.

Wie du schon in der Einleitung gelesen hast, war ich in der Grundschule nicht der beste Schüler. Ich hatte diese Mentalität, mich nur in den Fächern anzustrengen, die mir auch Spaß machen. Abgesehen von Religion und Sport hat mir kein Fach wirklich Spaß gemacht. Natürlich führt so eine Einstellung nicht zu guten Noten. Noch schlimmer war, dass in Sport, einem Fach, das ich wirklich mochte, die Lehrerin und ich uns nicht gut verstanden. Sie war eine begeisterte Turnlehrerin, die sehr autoritär war, und ich der unglaublich wettbewerbsbegeisterte Junge, der öfter Entscheidungen der Lehrerin kritisiert hat. Hinzu kam, dass Turnen mein absolutes

Hassthema war, weil ich einfach extrem ungelenkig bin. Da war Stress vorprogrammiert. Bis heute habe ich das Gefühl, dass sie es auf mich abgesehen hatte. Es gab mindestens zwei andere Kinder, die einen kompletten Schuss hatten und sie zehnmal mehr nervten als ich, aber irgendwie habe ich immer alle Strafen abbekommen. Nicht selten wurde ich vor die Tür geschickt.

Meine Sportlehrerin war aber nicht mein einziges Problem. In der 2. Klasse wollte meine Klassenlehrerin, dass ich die Klasse wiederhole. Ich musste einen IQ-Test machen, um zu beweisen, dass ich nicht dumm bin. Irgendwie entdeckte ich in der Grundschule nie wirklich den Spaß am Lernen. In der 4. Klasse strengte ich mich extrem an, aber am Ende war es nur ein 2,6er-Schnitt. Meine beiden Geschwister waren deutlich besser als ich. Deswegen gingen die beiden nach der Grundschule auf das Gymnasium in meiner Stadt und ich musste auf eine Gesamtschule in der Nachbarstadt. Es war eine große Umstellung für mich und ich war nicht wirklich bereit dazu. Alle meine Freunde und Geschwister gingen einfach aufs Gymnasium und jeder kannte mindestens zehn Leute von der Grundschule. Auf der Gesamtschule kannte ich nur einen!

Am Anfang war es echt schwer für mich, mich in einer neuen Schule, mit neuen Leuten in einer anderen Stadt einzugewöhnen. In der 5. Klasse hatte ich jeden Morgen im Bus auf dem Weg zur Schule Bauchschmerzen. Mit meinen Klassenlehrern hatte ich extremes Glück und bis heute zählen sie zu den besten Lehrern, die ich kenne. Aber es gab wieder zwei Lehrer, mit denen ich Probleme hatte. Der eine war mein Englischlehrer. Ich kenn ihn heute noch und er ist ein harter Hund. Sein Unterricht ist eher wie eine Ausbildung beim Militär. Dadurch habe ich extrem viel gelernt, aber für den damaligen Tim war es zu viel Druck. Der andere Lehrer, mit dem ich Probleme hatte, war mein Techniklehrer. Ich hatte nie wirklich viel mit ihm zu tun, aber er war einfach ein Lehrer, der die

Schüler runterzieht, anstatt zu helfen. Das war der Grund, warum ich in der 5. Klasse fast jeden Mittwoch fehlte.

Abgesehen von all diesen Problemen gingen meine Noten eigentlich klar. Ich konnte in der 5. Klasse meinen 2,6er-Schnitt halten. In diesem Jahr fasste ich den Entschluss, dass 2,6 auch mein Ziel-Abischnitt ist, da meine Mutter ihr Abi mit diesem Schnitt gemacht hatte und ein erfolgreiches Leben führte. Außerdem war ich bis dahin nie wirklich besser. In der 6. Klasse veränderte sich mein Leben eher zum Besseren. Ich hatte gute Freunde gefunden, Technik hatte ich nicht mehr und auch keine Bauchschmerzen. Ich fühlte mich endlich richtig wohl an meiner neuen Schule. Das einzige Problem war immer noch mein Englischlehrer, der mir im Nacken saß. Das Schuljahr lief eigentlich wie das letzte. Ich hab mich da angestrengt, wo es mir leichtfiel oder lag, und in den anderen Fächern versucht, irgendwie durchzukommen. Ich dachte, dass ich wie im Vorjahr auch wieder einen 2,6er-Schnitt bekommen würde.

An dem Tag, an dem ich mein Zeugnis bekam, dachte ich an die 7. Klasse. Ich sah der Zukunft eher mit Angst entgegen. Während in der 5. und 6. Klasse meine Rechtschreibung wegen meiner extremen Rechtschreibschwäche nicht bewertet wurde, würde sich das ab der 7. Klasse ändern, in Zukunft würde alles so bewertet wie bei den anderen. Ich hatte Angst, dass ich dann in Deutsch wie schon in Englisch auch eine 4 bekommen würde. Ich wurde aus diesen Gedanken rausgerissen, als ich aufgerufen wurde und mein Zeugnis erhielt. Ich nahm es entgegen, setzte mich und öffnete es. Es traf mich wie ein Schock: Mein Durchschnitt war 3,0!

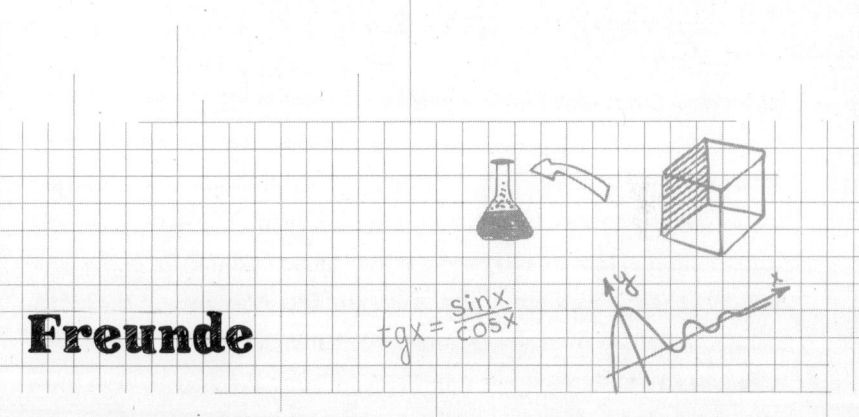

Freunde

$$tg\,x = \frac{\sin x}{\cos x}$$

»Es geht um den Charakter und nicht, was auf dem Zeugnis steht.«
Maximilian L.

»Ich bin dafür verantwortlich, welche Freunde ich habe.
Wenn du Leute vom Flur kennst und weißt, dass sie nett sind,
dann liegt es an dir, auf sie zuzugehen und zu fragen,
ob ihr mal was zusammen machen wollt.«
Helene J.

Ich glaube, dass mir jeder zustimmen wird, wenn ich sage, dass Freunde zu den wichtigsten Menschen im Leben gehören. Sie sind besonders wichtig in deiner Kindheit und Jugend, weil du sie fast jeden Tag in der Schule siehst. Deswegen haben Freunde auch einen großen Einfluss auf deine Leistungen in der Schule. Wenn du keine Freunde hast oder sogar in der Schule gemobbt wirst, ist es fast immer eine automatische Folge, dass du schlechter in der Schule wirst. In diesem Kapitel werde ich dir zeigen, wie du tolle Freundschaften haben kannst und dich gleichzeitig in der Schule verbesserst, aber auch, warum Freunde nicht das Allerwichtigste auf der Welt sind.

Gute Freundschaften und schulische Top-Leistungen – geht das?

Zu diesem Thema habe ich natürlich auch die 1,0-Schüler in den Interviews befragt. Bei den meisten von ihnen bestand der Freundeskreis aus unterschiedlich schulisch guten Freunden. Die meisten gaben auch an, dass es bei ihren Freundschaften nie um die Schule ging. So sollte es auch sein! Wenn man immer nur an die Schule denkt – innerhalb und außerhalb der Schule –, wird man irgendwann verrückt. Man muss auch einfach mal mit Freunden abschalten können.

Ein interessanter Punkt war die Frage, wie viel Zeit man in der Schule mit schulisch guten und schulisch schlechteren Schülern verbringen sollte. Ungefähr die Hälfte der Schüler sagte, dass Freundschaft nichts mit der Schule zu tun habe und dass man jeden Freund – egal ob schulisch gut oder schlecht – gleich behandeln sollte. Die andere Hälfte hat empfohlen, in der Schule mehr Zeit mit den schulisch besseren Freunden zu verbringen. Alle sind sich aber einig, dass man in der Freizeit keine Unterschiede machen sollte. Die 1,0er-Schüler stellten auch deutlich klar, dass man keine Freundschaften abbrechen sollte, nur weil man auf einmal besser in der Schule geworden ist als seine alten Freunde. Anstatt dich von deinen Freunden abzuwenden, versuche, dich mit den besseren Schülern anzufreunden (natürlich nur, wenn du sie sympathisch findest), und bleib gleichzeitig mit den Leuten befreundet, die jetzt vielleicht schlechter sind als du. So vergrößerst du deinen Freundeskreis, anstatt ihn zu verkleinern.

Viele der 1,0er-Schüler, die ich interviewt habe, hatten eine/n beste/n Freund/in, mit dem sie immer zusammen für die Schule gearbeitet und sich gepusht haben. Vor dem Abi haben sie ihre Lernzettel ausgetauscht, sich vor dem Vokabeltest abgefragt, vor Klausuren zusammen gelernt und sich gegenseitig angespornt. Wenn man einen Freund/in hat, der/die genauso gut oder ehrgeizig wie man selber ist, dann ist das Gold wert. Es nicht verwunderlich, dass viele 1,0er-Schüler angeben, dieser beste

Freund hätte einen großen Anteil an ihrem unglaublichen Abi gehabt. Wenn du also einen Freund oder eine Freundin hast, der/die auch ehrgeizig ist und sich auch verbessern will, dann animiere denjenigen/diejenige, sich das Buch auch zu holen. Wenn sie/er pleite ist, kannst du auch einfach deins ausleihen. Ich werde dir nicht böse sein ☺.

Falls du in deinem Freundeskreis keine Person hast, die in der Schule ehrgeizig ist, schau dich einfach mal in deiner Klasse um. Wer strengt sich im Unterricht immer an? Wenn du diese Person nett findest, kannst du sie ja mal offen darauf ansprechen, ob ihr euch als Lernpartner zusammentun wollt. Bei so etwas ist es extrem wichtig, dass du direkt bist: Geh einfach in der Pause zu dieser Person und sage: »Mir ist aufgefallen, dass du dich in der Schule anstrengst und dich immer meldest. Ich selber möchte auch anfangen, besser in der Schule zu werden. Ich wollte dich fragen, ob wir für die nächste Klausur mal zusammen lernen oder in (einem Fach, das du mit dieser Person hast) nebeneinander sitzen können. So können wir zusammen besser werden. Was hältst du davon?« Falls du schüchtern bist und dich nicht traust, kannst du das auch als WhatsApp-Nachricht schreiben (auch wenn die Chance auf Erfolg viel größer ist, wenn du es persönlich im Real Life machst!). Mit dieser Ansprache wirst du schnell einen Lernpartner und nach ein bisschen Zeit einen guten Freund finden. So macht besser in der Schule werden extrem viel Spaß.

Die 1,0er-Schüler und ich selber wissen, wie schwer es ist, sich in der Schule zu verbessern, wenn alle Freunde (oder auch deine Familie) um dich herum nur so Dinge sagen wie »Nur Streber strengen sich in der Schule an«, »Unsere Familie ist einfach schlecht in Mathe« oder »Warum meldest du dich wieder? Chill doch mal ein bisschen!«. Deswegen möchte ich motivierte Schüler zusammenbringen, um diese negativen Stimmen durch positive zu übertönen und sich gegenseitig zu pushen, um zusammen eure Traumabis zu erreichen. Wenn du dabei sein möchtest, schau auf der Website zum Buch »einskommanullacademy.de« vorbei und melde dich an.

Viele Freunde zu haben wird überbewertet

Gerade wenn man jünger ist, denkt man immer: »Je mehr Freunde ich habe, desto besser.« Ich selber wollte immer unbedingt am meisten Freunde haben und fühlte mich besser, wenn ich sagen konnte: »Ich habe mehr Freunde als meine Geschwister.« Aus heutiger Sicht schäme ich mich schon ein wenig dafür. Je älter man wird, desto mehr versteht man, dass es nicht um die Quantität deiner Freunde geht, sondern um die Qualität.

Gerade wenn du jünger bist, verdrehst du bestimmt gerade die Augen. Aber stell dir vor, du möchtest mit deinen Freunden Fußball spielen: Würdest du eher einen 100 Prozent aufgepumpten Ball mitnehmen oder 20 halb aufgepumpte? Genau diese Frage solltest du dir auch stellen, wenn du darüber nachdenkst, welche Art von Freunden du in deinem Leben haben möchtest. Willst du lieber drei extrem enge Freunde haben, die alles für dich machen, egal, was passiert, oder 20 Freunden, die nur mit dir befreundet sind, weil du zum Beispiel gerade cool bist? Überlege mal, wie viele Freunde deine Oma und dein Opa oder deine Eltern haben, die im Leben schon viel weiter sind als du. Versuchen sie, mit jedem Menschen, mit dem sie in Kontakt kommen, befreundet zu sein, oder haben sie eine Handvoll enge Freunde, mit denen sie sich oft treffen? Falls du die Antwort nicht weißt, kannst du sie ja mal fragen. Ich wette, dass sie eher wenige enge Freunde haben und nicht versuchen, mit jedem befreundet zu sein. Sie haben über die Jahrzehnte verstanden, dass nur starke Freundschaften glücklich und das Leben besser machen. Je früher du verstehst, dass die Anzahl deiner Freunde nicht wichtig ist, desto eher wirst du anfangen, glücklich zu sein, was einer der Grundbausteine für Erfolg in der Schule ist.

Tatsache ist: Nach dem Abi oder deinem Abschluss wirst du den Kontakt zu 90 Prozent deiner Schulfreunde verlieren. Das ist nicht schlimm, sondern ganz normal, da jeder seinen eigenen Weg im Leben geht. Aber wenn du das realisierst, verstehst du, wie dumm es ist, zu versuchen, mit irgendwelchen Menschen unbedingt befreundet zu sein oder unglaublich viele Freunde zu haben, da in wenigen Jahren eh alle auseinandergehen. Egal, ob du nur einen Freund hast oder die beliebteste Person in der Schule warst: Nach der Schule wirst du vielleicht noch Kontakt zu ein oder zwei Personen aus deiner Schulzeit haben.

Ich habe ein sehr gutes Freundschaftssystem von einem Mönch gefunden, mit dem du deine Freundschaften einteilen kannst: Für ihn sind Freundschaften wie ein Baum. Es gibt Blätter, Äste und Wurzeln. Blätter sind die schwachen Freundschaften. Sie gehen dorthin, wo der Wind hinweht. Es sind die Klassenkameraden, die ganz nett sind, aber mit denen du nie wirklich was außerhalb der Schule machen würdest. Die Äste sind die komplizierteste Art der Freundschaft. Sie sind die Freunde, die so tun, als wären sie immer für dich da. Aber in den entscheidenden Momenten sind sie häufig einfach weg. Das sind meistens deine Freunde aus deiner Clique oder, wie die coolen Kids heutzutage sagen, aus deinem »Squad«. Jeder kennt solche Leute. Die dritte und letzte Art sind die Wurzeln. Sie halten den Baum im Boden und versorgen ihn mit den wichtigen Nährstoffen, die er zum Überleben braucht. Mit dieser Art von Freunden gehst du durch dick und dünn. Egal, was passiert: Du wirst mit ihnen bis zum Ende deines Lebens befreundet sein.

Du solltest dir klar werden, welche Leute in deinem Leben Blätter, Äste und Wurzeln sind. Wenn du einen »Wurzelfreund« oder eine »Wurzelfreundin« (ich weiß, dass sich das dumm anhört ☺) findest, dann investiere alles in diese Freundschaft und lasse sie nie kaputtgehen. Finde dich damit ab, dass Freunde, die nur Blätter und Äste sind, in deinem Leben kommen und gehen. Sei dankbar für die gemeinsamen Erfahrungen. Aber nimmt nicht an, jeder Freund sei bis ans Ende deines Lebens mit dir befreundet. Du solltest auch realistisch anschauen, was du für andere Menschen bist und wie sie dich sehen – bist du Wurzel, Ast oder Blatt? Wenn du das machst, kannst du deine Freunde einschätzen und es fällt dir viel leichter zu akzeptieren, wenn ein Freund auf einmal weniger mit dir machen will oder du weniger Lust hast, etwas mit ihm zu machen. Denn du verstehst, dass diese Person nur ein »Blatt-« oder »Astfreund« ist und du diese Person mit einem Lächeln gehen lassen solltest.

Es ist absolut möglich, gut in der Schule zu sein und gute Freundschaften zu haben. Deine Freunde sollten aber nicht dein einziger Lebensmittelpunkt sein und du kannst auch glücklich sein, ohne die beliebteste Person im Jahrgang zu sein.

Action: Überlege dir, welche Art von Freunden du hast. Wer ist Blatt, wer Ast oder Wurzel?

Zusammenfassung für Faule

1. Wenn du besser in der Schule wirst, wende dich nicht von deinen alten Freunden ab, sondern erweitere deinen Freundeskreis durch bessere Schüler.
2. Einen Freund zu haben, mit dem man sich zusammen »pusht« und in der Schule verbessert, ist unbezahlbar.
3. Unglaublich viele Freunde zu haben, wird extrem überbewertet. Es geht um die Qualität der Freundschaften, nicht um die Quantität.
4. Deine Freundschaften sind wie Blätter, Äste und Wurzeln.

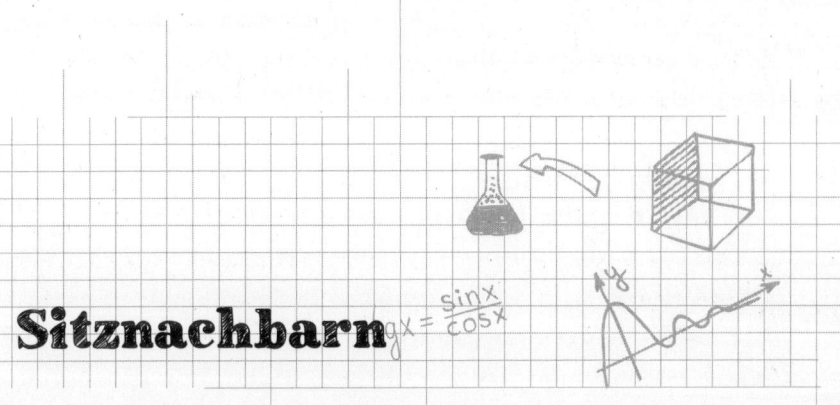

Sitznachbarn

>»Wenn du besser werden willst in der Schule, musst du das Opfer
>erbringen, dich von deinem quatschenden besten Freund wegzusetzen.«
>
> Hannes S.

Vielleicht glaubst du das ja nicht auf den ersten Blick, aber deine Sitznachbarn haben einen sehr großen Einfluss auf deinen schulischen Erfolg oder Misserfolg. Gerade in der Unter- und Mittelstufe sitzt dein Sitznachbar jede Stunde neben dir. Da macht ein Sitznachbar, den du sympathisch findest und mit dem du gut zusammen lernen kannst, im Gegensatz zu einem, der dich immer nur ablenkt und nervt, einen Riesenunterschied. Diesen Unterschied wirst du auch später auf deinem Zeugnis sehen. Der Sitznachbar hat entscheidenden Einfluss auf die Meinung des Lehrers über dich, auf deine Fähigkeit, im Unterricht aufzupassen, und auf deine Fähigkeit, »nebenbei« für eine Klausur zu lernen. Wenn der lustigste, aber gleichzeitig auch von den Lehrern meistgehasste Typ neben dir sitzt, ist klar, dass du eher Blödsinn machst und eine schlechte Note bekommst. Auch wenn du versuchst, dich anzustrengen, und keinen Mist machst, wird er immer noch negativ auf deine Note abfärben. Das Wichtigste bei einem Sitznachbarn ist, dass du dich mit ihm gut verstehst und dass er dich nicht ablenkt.

In diesem Kapitel werde ich dir erklären, welche Strategien die 1,0er-Schüler empfehlen, welche Sitznachbarn wie ein »Klotz am Bein« sind und welche dich nach oben ziehen.

Der wichtigste Tag im ganzen Schuljahr

Die erste Stunde nach den Sommerferien ist die wichtigste im ganzen Jahr. An diesem Tag entscheidet sich oft, wo und neben wem du eine lange Zeit – vielleicht sogar das ganze Jahr – sitzen wirst. Am besten sprichst du schon in der letzten Schulwoche oder in den Ferien ab, neben wem du in welchem Fach sitzen wirst. Falls du nicht weißt, mit wem du in einen Kurs kommst, würde ich dir zumindest empfehlen, den Leuten, von denen du weißt, dass sie denselben Kurs gewählt haben, einfach zu sagen: »Lass uns zusammensitzen, wenn wir in denselben Kurs kommen.« Wenn du mit ihnen dann nicht in einem Kurs bist, ist es doof. Aber es ist besser, als dem Zufall die Sitznachbarwahl zu überlassen und dann für ein ganzes Jahr irgendwo festzusitzen

Erste oder letzte Reihe?

Hier waren sich die interviewten Schüler nicht einig. Ein paar sagten, es sei nicht wichtig, für andere dagegen hatte es einen großen Einfluss auf die Note. Einige gaben an, man müsse vorne sitzen, andere, es sei egal und manchmal sogar nicht schlecht, hinten zu sitzen.

Die größte Gruppe sah es als hilfreich an, vorne in der ersten oder zweiten Reihe in der Mitte zu sitzen. Wenn man in der ersten Reihe sitzt, kann man sich mit dem Lehrer im Unterricht über den Stoff oder andere

Themen unterhalten. Man kann außerdem auch mal eine schnelle Nachfrage stellen, wenn man etwas nicht verstanden hat. Das verstärkt die Beziehung zum Lehrer. Wenn der Lehrer nur Unterricht mit der ersten Reihe macht, weil der Rest der Klasse zu laut ist (was besonders in der Unter- und Mittelstufe passiert), und man vorne sitzt, sieht es so aus, als würde man sich interessieren und mitmachen.

Ganz vorne zu sitzen ist aber auch ein Risiko: Wenn du gut in der Schule bist und dich anstrengst, sieht der Lehrer das und nimmt es stärker wahr, als wenn du hinten sitzen würdest. Das ist gut. Auf der anderen Seite merkt der Lehrer aber, wenn du ganz vorne sitzt, auch eher, wenn du mit deinem Sitznachbarn quatschst oder nicht aufpasst. In der ersten Reihe besteht zusätzlich das Risiko, dass der Lehrer immer über dich drüberguckt, wenn du dich meldest. Deswegen haben viele argumentiert, es sei besser, in der zweiten Reihe zu sitzen, da man dann nicht als übler Streber rüberkommt und der Lehrer es nicht so stark bemerkt, wenn man mal quatscht. Eine weitere Gruppe bevorzugte einen Platz in der Mitte, da man dort die meiste Zeit im Blickfeld des Lehrers ist. Abgesehen von sehr wenigen Personen haben alle extrem davon abgeraten, hinten zu sitzen, da hinten meistens die sitzen, die keinen Bock haben und dich ablenken können. Eine große Gruppe der 1,0er-Schüler fand, dass es egal sei, wo man sitzt, weil der Lehrer seinen Fokus auf die guten Schüler richtet, egal, wo sie sind.

Alle waren sich aber einig, dass du so sitzen solltest, dass du gerade auf die Tafel gucken kannst und nicht deinen Hals verrenken musst. Eine 1,0er-Schülerin empfahl, dass man sich an den Lehrer anpassen soll. Das bedeutet, wenn der Lehrer zum Beispiel immer in der Mitte des Raumes steht und von da aus unterrichtet, sollte man sich in seinen Fächern eher in die Mitte setzten. Alle stimmten zudem überein, dass du, wenn du etwas kleiner bist, unbedingt versuchen solltest, von dem pubertären Bodybuilder mit fast zwei Meter Körpergröße nicht verdeckt zu werden. Egal ob Unter- und Mittelstufe oder Oberstufe, du solltest auf keinen Fall in der U-Tischform vorne links und rechts neben dem Pult sitzen, weil der Lehrer dich da immer übersieht, da du in seinem toten Winkel sitzt.

Da du in der Oberstufe häufig in kleineren Gruppen Unterricht hast, ist die Platzwahl dann nicht mehr so extrem wichtig wie in der Unter- und Mittelstufe. Da geht es dann eher darum, mit wem du zusammensitzt.

Es gibt hier sehr viele verschiedene Meinungen, daher ist der beste Tipp zu diesem Thema: Sitze einfach dort, wo du denkst, am besten aufpassen und lernen zu können, und wo du dich am wohlsten fühlst. Probiere aus und wechsle, wenn du merkst, dass es nicht funktioniert.

Den Klassenbesten als Sitznachbarn?

Gute Frage: Bringt es was, sich einfach neben den Besten der Klasse/des Kurses zu setzen? Die meisten 1,0er-Schüler haben genau das empfohlen, FALLS du mit dieser Person klarkommst und sie bereit ist, dir zu helfen. (Ein paar haben es gemacht, als sie anfingen, sich zu verbessern.) Es bringt dir nichts, wenn du jemand Übelschlauen neben dir sitzen hast, derjenige dir aber nie hilft oder schlecht erklären kann.

Wenn der/die Klassenbeste wirklich nett ist und dir auch gerne hilft, ist der Platz neben ihm/ihr, als würdest du im Lotto gewinnen. Von dem Moment an, in dem du wirklich neben dem/der besten Schüler/in sitzt, öffnet sich ein riesiges Fenster voller Möglichkeiten, um auf einfachem Weg besser zu werden:

1. Du wirst besser in dem Fach, da du den Schulstoff durch die Erklärungen deines Sitznachbarn schneller checkst als zuvor.
2. Bevor du dich meldest, kann du dich bei deinem Sitznachbarn absichern und fragen, ob die Antwort richtig ist. So geht die Zahl deiner falschen Beiträge extrem runter.

3. Du hast die Möglichkeit, vor der Stunde deine Hausaufgaben mit denen deines Sitznachbarn zu vergleichen, um zu sehen, was richtig und was falsch ist. Sprich dich aber ab, ob du die Ergebnisse, wenn du aufgerufen wirst, als deine vortragen darfst (keiner mag Leute, die abgeschriebene Hausaufgaben, ohne zu fragen, vorlesen). Wenn ihr da einen guten Deal findet, kann dir das echt Pluspunkte bringen.

4. In Gruppenarbeiten hilft dir ein guter Sitznachbar viel, da der Lehrer das Gesamtergebnis sieht und du gut bewertet wirst, auch wenn du in Wirklichkeit vielleicht nur wenig beigetragen hast.

Gute Schüler »färben ab«

Abgesehen von diesen sehr konkreten Vorteilen ist der bei Weitem größte Vorteil eines guten Sitznachbarn, dass sich die Meinung deines Lehrers über dich von einem auf den anderen Tag wie durch Magie ändern kann. Nur weil du dich umsetzt! Als ich in Chemie bei meinen schulisch durchschnittlichen Freunden saß, stand ich immer zwischen einer 3 und 4. Als ich mich dann aber an den Tisch der besseren Schüler umsetzte, war ich auf einmal zwischen 1 und 2 – obwohl ich mich nicht so viel mehr angestrengt habe. In der 10. Klasse habe ich sogar eine 1 auf dem Zeugnis bekommen. Da ich Chemie in der Oberstufe abgewählt habe, steht jetzt für den Rest meines Lebens eine 1 in Chemie auf meinem Zeugnis, auch wenn ich ehrlich nicht viel über Chemie weiß. Ist das fair? Nein, natürlich nicht. Aber in der Schule geht es nicht darum, wie fair etwas ist. Es geht darum, wie gut dein Abschluss sein wird. Mehr zu dem Thema, welchen Einfluss das Bild der Lehrer von dir auf deine Noten hat, findest du im Kapitel »Lehrer-Schüler-Beziehung«.

Vorsicht, nicht ausnutzen!

Menschen, die gut in der Schule sind, sind nicht irgendwelche Puppen, die man einfach so manipulieren kann. Du kannst nicht einfach hingehen und dich neben sie setzen, egal, ob es ihnen passt oder nicht. Im Gegenteil: Es nervt gute Schüler extrem, wenn andere sie ausnutzen wollen und alle Faulen in der Klasse bei ihnen immer die Hausaufgaben abschreiben wollen. Das heißt nicht, dass sie einem schlechteren Schüler nicht helfen würden. Sie haben aber keinen Bock, für Leute, die selber zu faul sind, die Arbeit zu machen. Keiner mag Schnorrer.

Wenn du jemand als Verbündeten gewinnen willst, muss du unbedingt offen und ehrlich sein. Gehe einfach hin und sage: »Ich bin nicht so gut. Könntest du mir vielleicht dieses Schuljahr helfen und kann ich mich neben dich setzen?« Wenn du es so ehrlich sagst, wird die Person merken, dass du nicht wie die anderen bist, und wird sehr wahrscheinlich mit »Ja« antworten. Wenn du dich hingegen einfach neben die Person setzt und so tust, als ob er oder sie schon immer dein bester Freund war, wird dir das niemand abkaufen.

Im Vergleich schlechter?

Manche 1,0er-Schüler waren sehr stark gegen diese Taktik. Ihr Hauptargument war, dass man, egal, wie stark man sich anstrengt, immer im Schatten des besten Schülers stehen wird. Wenn du dich meldest, ist der Lehrer immer blind auf einem Auge und nimmt nur deinen Sitznachbarn dran, oder am Ende des Jahres bekommst du eine schlechtere Note, weil du im Vergleich zu deinem Sitznachbarn schlechter bist, obwohl du im Vergleich mit der Klasse gut bist. Außerdem besteht das Risiko, dass der Wissensunterschied zwischen dir und deinem Sitznachbarn so groß ist, dass der beste Schüler nur Fachchinesisch redet und du einfach nichts verstehst, wenn er/sie dir was erklärt. Dadurch kann es passieren, dass du dich unglaublich dumm fühlst, wenn du neben dieser Person sitzt, und deine Motivation, dich zu verbessern, verlierst.

Ich finde, du solltest trotzdem versuchen, neben dem Besten zu sitzen. Ich weiß, dass du jetzt vielleicht denkst: »Ist das ein Tippfehler?« Aber ich möchte ernsthaft, dass du dich zuerst neben den besten Schüler setzt. Es war ganz einfach die Empfehlung der Mehrheit der 1,0er-Schüler und ist definitiv sehr hilfreich. Wenn du dann merkst, dass du nie drangenommen wirst und der Lehrer immer nur den besten Schüler sieht, setzt du dich lieber neben einen Mitschüler, der ehrgeizig, aber eher mittelmäßig ist. Wenn du dann stärker geworden bist, kannst du dich neben einen noch besseren setzen und dich sozusagen »hochhangeln«. Vielleicht bleibst du aber auch neben dem ersten Sitznachbarn für immer sitzen, weil ihr euch gegenseitig pusht und zusammen besser werdet. Dann gibt es gar keinen Grund, sich neben einen noch besseren zu setzen.

Egal, neben wem du sitzt. Versuche auf jeden Fall, alles zu verstehen und nicht die Taktik zu fahren, dich von deinem Sitznachbarn »durch die Schule tragen« zu lassen. Wenn dein Sitznachbar das merkt, wird er dir immer weniger helfen. Und in den Klausuren bist du dann eh auf dich alleine gestellt. Versuche, wenn du anfängst, dich zu verbessern, auch deinem Sitznachbarn zu helfen, wo du helfen kannst. Du kannst dich zum Beispiel besonders in Gruppenarbeiten einbringen oder ihn auf Fehler aufmerksam machen. Damit eure Sitznachbarschaft eine positive Langzeitbeziehung ist, muss es ein Geben und Nehmen sein. Du kannst nicht nur nehmen!

Ich hoffe, dass du durch dieses Kapitel verstanden hast, wie wichtig Sitznachbarn in der Schule sind und dass sie gerade in der Unter- und Mittelstufe wichtig für deinen schulischen Erfolg sind.

Action: Überleg dir, ob die Person, die gerade neben dir sitzt, dir hilft, erfolgreich in der Schule zu sein, oder dich zurückhält. Wenn dich dein Sitznachbar zurückhält, überlege dir, wer besser geeignet wäre.

Zusammenfassung für Faule

1. Der Sitznachbar ist einer der am meisten unterschätzten Erfolgsfaktoren in der Schule.

2. Der erste Schultag nach den Ferien ist der wichtigste im ganzen Jahr, da dort festgelegt wird, wer für den Rest des Jahres neben dir sitzt.

3. Viele 1,0er-Schüler haben empfohlen, neben dem besten Schüler aus der Klasse zu sitzen. Sprich diese Person offen und ehrlich an, ob du neben ihr sitzen kannst, um im nächsten Schuljahr besser zu werden.

4. Andere 1,0er-Schüler haben diese Strategie kritisiert, da sie meinten, man stünde dann immer im Schatten des/der Besten. Sie empfehlen, sich eine ehrgeizige Person als Sitznachbarn zu suchen und sich dann zusammen hochzuarbeiten oder sich immer wieder neben eine bessere Person zu setzen und so »hochzuhangeln«.

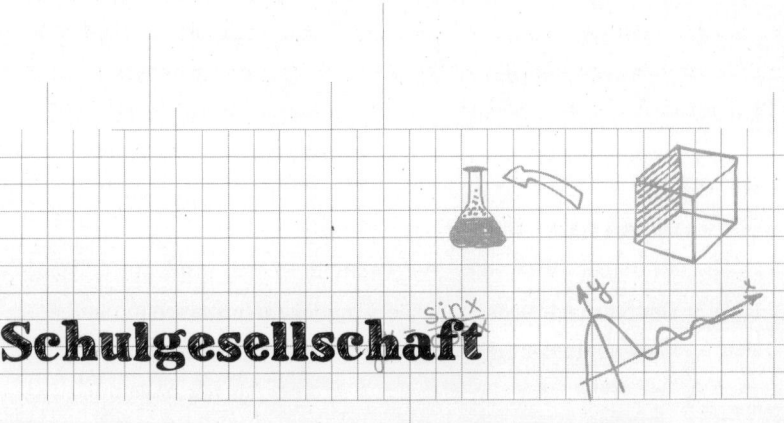

Schulgesellschaft

»Es wegstecken oder zum Kult machen.«
Helene J. darüber, »Streber« genannt zu werden

»Also hatte ich immer recht viele Freunde und gerade in der Oberstufe
habe ich am Wochenende auch immer fleißig Party gemacht.«
Carolin H.

»Am Ende der Schulzeit stellt sich nur die Frage,
wer in zehn Jahren durch harte Arbeit im großen Haus wohnt und mit
dem schicken Auto zum Klassentreffen fährt und wer eben nicht.«
Julia G.

Jeder weiß, dass es eine Art Schulgesellschaft gibt. Es gibt die »Coolen«,
die »Uncoolen« und die »Normalen«, die zwischen diesen beiden Gruppen
stehen. In diesem Kapitel möchte ich dir Tipps gegeben, wie du dich am
besten in der Schule verhältst, da die Menschen um dich herum natürlich
Einfluss auf deine eigene Leistung haben.

Beliebt sein

Gerade wenn man jung ist, möchte man dazugehören. Man will unbedingt bei den coolen Kids dabei sein, und wenn man schon dazugehört, möchte man noch beliebter werden. Auch wenn dieser Drang nach Beliebtheit immer weniger wird, je älter man wird, ist es ein starkes Bedürfnis während der Schulzeit.

Die wichtigste Sache, die jeder verstehen sollte (und die 99 Prozent nicht verstehen), ist, dass du selbst die wichtigste Person in deinem Leben bist! Du solltest dich nie verstellen, um von anderen akzeptiert zu werden. Ich weiß, dass das manchmal schwer ist. Ich habe mich selbst auch eine Zeit lang verstellt. Aber wenn man diese falschen Masken ablegt, fängt man erst richtig an zu leben.

Ist es schlimm, beliebt zu sein und viele Freunde zu haben? Natürlich nicht! Es ist sogar positiv, da wir Menschen soziale Lebewesen und glücklicher sind, wenn wir mit anderen Menschen zusammen sind. Besonders in der Schule kann es weiterhelfen, da die Lehrer dich auch mehr mögen, wenn viele auf der Schule dich mögen (natürlich nur unter der Voraussetzung, dass du gemocht wirst, weil du sympathisch bist, und nicht, weil du der bist, der immer den Lehrer nervt und frech ist). Außerdem kannst du zum Beispiel viele Leute fragen, falls du kurzfristig die Hausaufgaben abschreiben musst. Wenn dich viele Leute mögen, ist die Lernatmosphäre für dich entspannter und du kannst besser lernen. Es ist aber auch nicht schlimm, wenn du von den meisten in der Schule als »Opfer« oder Streber gesehen wirst, solange du dir selber treu bist.

Falls du Probleme hast, Freunde zu finden, oder wenn du nicht der größte Smalltalker bist, keine Angst. Alle 1,0er-Schüler, die ich interviewt habe, sagten, dass es absolut möglich ist, sich gut mit seinen Schulkameraden zu verstehen, auch wenn man nicht der totale Charmbolzen ist. Man muss nur ein bisschen offen sein und auf andere zugehen. Auch wenn es eine Clique ist. Wenn man selber sportlich ist, hilft das genauso, wie wenn du den »coolen Kids« in der Schule hilfst, da die meistens nicht so gut sind. Mache das aber nur, wenn sie dich um Hilfe fragen, da du sonst als ziemliches Opfer rüberkommen wirst. Lass dich aber nicht ausnutzen. Wenn jemand vor jeder Stunde zu dir kommt und irgendwelche Hausaufgaben abschreiben will, sag irgendwann auch mal »Nein«. Es zeigt sehr viel Größe, wenn du dich auch mal gegen andere stellst.

Auch auf Partys solltest du dich ab und zu mal blicken lassen. Solange du ein paar Freunde hast und dich mit vielen Leuten halbwegs gut verstehst, wirst du mindestens gelegentlich auf eine Party oder Geburtstagsparty eingeladen oder einer deiner Freunde nimmt dich zu einer mit. Auch wenn du dann bestimmt zuerst Angst hast und vielleicht doch lieber zu Hause bleiben möchtest, trau dich und geh hin. Du wirst nicht nur ein ganz anderes Verhältnis zu deinen Mitschülern haben, wenn du mit ihnen mal feiern warst, sondern Partys gehören auch einfach zur Jugendzeit dazu.

Viele 1,0er-Schüler haben auch gesagt, dass ab der Oberstufe »cool« oder »nicht cool« sein extrem an Bedeutung verliert. Egal, ob du die beliebteste Person an deiner Schule bist oder der größte Streber: Sei du selber und sei stolz darauf.

»Streber!«

Wenn du gut in der Schule und nicht der extrovertierteste Mensch der Welt bist, kann es passieren, dass du »Streber« genannt wirst. In 90 Prozent der Fälle ist es als Spaß gemeint. Nachdem du die beste Arbeit der Klasse geschrieben hast, sagt dein Freund zum Beispiel mit einem Grinsen: »Du Streber.« So was sollte man als Kompliment aufnehmen, anstatt gekränkt zu sein.

Wenn es jemand wirklich ernst meint und dich verletzen will, empfehlen die meisten 1,0er-Schüler, es einfach zu ignorieren. Diese Leute sind meistens neidisch oder einfach so dumm, dass sie nicht checken, wie positiv es im Leben ist, wenn man sich anstrengt. Gib dich mit solchen Vollpfosten am besten gar nicht ab. Eine interviewte Schülerin sagte auch, man solle dazu stehen, wenn man ein Streber ist. Sie hat sich zum Beispiel eine »Harry Potter«-Brille gekauft.

Beziehung und 1,0er-Abi. Geht das?

Jeder, der je in einer Beziehung war, weiß, wie zeitaufwendig es ist, eine gute Beziehung zu führen. Da kommt natürlich die Frage auf: Wenn du dich verbessern willst oder sogar ein 1,0er-Abitur machen möchtest, bleibt dann noch Zeit für einen Freund oder eine Freundin?

Über die Hälfte der 1,0er-Schüler, die ich interviewte, waren zu ihrer Abizeit auch in einer Beziehung. Sie alle sagten, dass dich eine Beziehung nicht davon abhält, ein Top-Abi zu machen. Für viele bedeutete die Beziehung auch, zwischendurch einfach mal abschalten und dann voller Energie wieder lernen zu können. Man solle nur aufpassen, dass die Beziehung nicht Priorität Nummer eins im Leben wird. Besonders nicht in der Abiphase. Ein paar 1,0er-Schüler bezweifelten auch, dass es gut laufen würde, wenn der Partner auf dieselbe Schule geht. Die meisten hatten eine/n Freund/in von einer anderen Schule. Ein 1,0er-Schüler hatte aber sogar eine Freundin im selben Leistungskurs und gab an, alles hätte gut geklappt, da sie selbst ehrgeizig war und Schule auch als erste Priorität ansah. Viele hat ihre Beziehung motiviert, sich mehr anzustrengen, und auch der/die Freund/in fing an, sich mehr anzustrengen.

Du solltest selber wissen, wie du auf große Enttäuschungen reagierst und ob du dir vorstellen kannst, in der Abiprüfung Vollgas geben zu können, auch wenn du dich erst ein paar Tage vorher getrennt hast. Solange deine Freundin oder dein Freund nicht 24/7 mit dir zusammen sein will und nicht der bestimmende Lebensmittelpunkt ist, kannst du ohne Sorgen eine Beziehung haben.

Action: Mache dir klar, dass du nicht der/die Beliebteste in der Jahrgangsstufe sein musst, um in der Schule glücklich zu sein.

Zusammenfassung für Faule

1. In der Schule gibt es eine Art Schulgesellschaft, in der es »Coole«, »Normale« und »Uncoole« gibt.
2. Beliebt sein ist schön und hat viele Vorteile. Aber man muss nicht unbedingt beliebt sein, um Erfolg in der Schule zu haben und glücklich zu sein.
3. Wenn du »Streber« genannt wirst, ist es in 90 Prozent der Fälle Spaß. In den anderen 10 Prozent solltest du dir klarmachen, dass solche Menschen zu dumm sind, um zu verstehen, dass sich in der Schule anzustrengen positiv ist.
4. Eine Beziehung und ein 1,0er-Abi gehen absolut. Du darfst nur deinen Freund oder deine Freundin nicht zu deinem einzigen Lebensmittelpunkt werden lassen.

Meine Geschichte: Durchschnitt 3,0 –
Ich muss mein Leben verändern

Durchschnitt 3,0! Das traf mich echt hart. Ich wusste, dass ich nicht der beste Schüler war, aber so schlecht hatte ich mich nicht eingeschätzt. Als ich nach Hause kam, waren meine Eltern und meine Großeltern natürlich auch sehr enttäuscht. Verständlicherweise hatten sie auch Angst um meine Zukunft.

Was ich meinen Eltern hoch anrechne, ist, dass sie in dieser Zeit immer noch an mich glaubten. Das machte nicht jeder. Seitdem ich auf die Gesamtschule ging und die meisten meiner Freunde auf das Gymnasium in meiner Stadt, traf ich mich immer noch hin und wieder mit ihnen und war auf Geburtstagen eingeladen und so was. Immer wenn ich in der Nähe der Eltern meiner Freunde war oder mit ihnen geredet habe, hatte ich das Gefühl, sie würden mich irgendwie anders behandeln, weil ich schlecht in der Schule war und es nicht geschafft hatte, aufs Gymnasium zu kommen. Für mich war es immer, als würde ich bemitleidet. Ich hasste dieses Gefühl. Für mich war ich nicht anders, nur weil ich vielleicht nicht so gut in der Schule war. Das belastete mich in dieser Zeit sehr stark.

Als meine Geschwister an diesem Tag mit ihren deutlich besseren Notendurchschnitten nach Hause kamen, fand eine Tradition meiner Großeltern statt, die mein Leben geprägt hat. Obwohl meine Eltern strikt dagegen waren, gaben meine Oma und mein Opa uns für jede 1 genau 1 Euro. Da ich nur in Religion eine 1 hatte, bekam ich am wenigsten. Am Ende saßen meine Geschwister mit 3 oder 4 Euro am Tisch und ich hatte nur 1 Euro. Auch wenn das nur extrem wenig Geld ist, kam es für mich so rüber, dass die Menge des Geldes ein Zeichen war, wie stark sie mich mögen. Da ich am wenigsten hatte, kam ich zu dem Schluss, dass sie mich am wenigsten mochten.

Ich ging hoch in mein Zimmer und setzte mich aufs Bett. Ich war so enttäuscht von mir und meinem Leben. Ich dachte über all die Dinge nach, die gerade schlecht liefen: mein Englischlehrer, die Behandlung meines Umfelds, dass es so aussah, als würde mein 2,6er-Ziel in weite Ferne rücken, als würde meine Zukunft ziemlich hoffnungslos sein. Und dann das Geld meiner Großeltern ... Alles kam in diesem Moment zusammen. Ich war einfach nur verzweifelt und suchte nach einem Ausweg.

Dann machte es »klick«. Es kam mir vor, als hätte sich die Chemie in meinem Gehirn verändert. Von einer auf die andere Sekunde hatte ich die wichtigste Entscheidung in meinem Leben getroffen: »Ich werde alles Menschenmögliche tun, um wieder einen 2,6er-Schnitt zu bekommen!« Von einem auf den anderen Moment wurde dieser Satz so tief in mich zementiert, als wäre dies eine Bestimmung, die ich schon von klein auf hatte. Es gab keine Stimme in meinem Kopf, die sagte: »Du weißt schon, dass das viel anstrengender wird«, oder: »Du bist ein schlechter Schüler. Du schaffst das eh nie!«. Es war einfach nur ruhig in mir drinnen und 100 Prozent meiner Energie wurden wie ein Laser auf dieses Ziel fokussiert. Ich war mir nicht sicher, ob ich es schaffen würde. Aber über eines war ich mir zu 100 Prozent sicher: »Ich werde alles Menschenmögliche tun, um nächstes Jahr besser zu werden!«

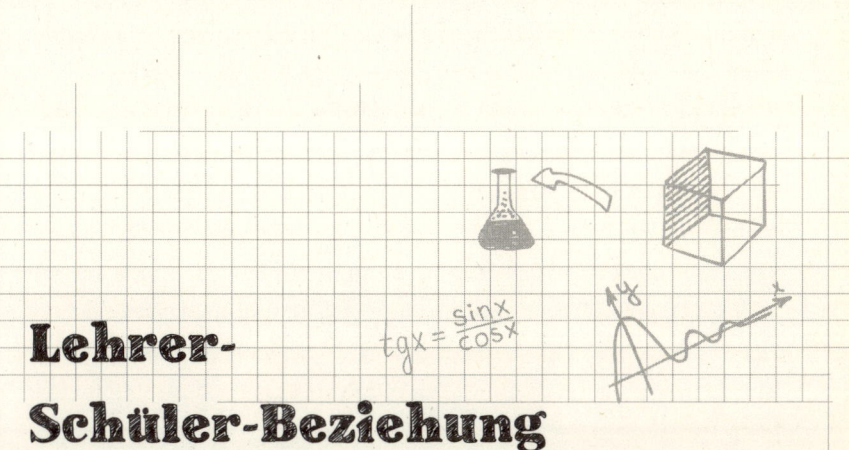

Lehrer-
Schüler-Beziehung

*»Man sollte nicht vergessen, dass Lehrer nur Menschen sind und
dass Lehrer auch Fehler machen.«*

Elisabeth D.

Wenn du nicht gerade zu den besten Schülern in deiner Klasse gehörst,
siehst du die meisten Lehrer möglicherweise als Feinde. Du denkst vielleicht, dass Leute, die mit Lehrern eine gute Beziehung haben, Schleimer
sind und du dich nie auf so ein Niveau runterlassen würdest. Genau das ist
der Unterschied zwischen durchschnittlichen Schülern und Top-Schülern.
Die 1,0er-Schüler sind sich einig, dass du, wenn du so denkst und die Lehrer
als Feinde ansiehst, nie in die Nähe eines halbwegs guten Schulabschlusses
kommen wirst. Du musst dein Bild von deinen Lehrern grundlegend verändern. Die Herangehensweise der Star-Schüler an Lehrer ist gleichzeitig
simpel und logisch: Sie sehen Lehrer einfach als normale Menschen.

Du fragst dich jetzt bestimmt: »Hä? Was soll denn ›normale Menschen‹
bedeuten?« Eigentlich ist es ganz logisch: Lehrer sind nicht irgendwie eine
andere Spezies. Jeder, der aus dem Freundeskreis der Eltern oder der Ver-

wandtschaft Lehrer kennt, weiß, dass sie außerhalb der Schule ganz normale, nette Menschen sind. So solltest du auch deine Lehrer in der Schule sehen. Das bedeutet, dass du zu ihnen normal, nett und respektvoll bist, solange sie nicht ohne Grund unfreundlich zu dir sind. Es bedeutet aber auch, dass du verstehen solltest, dass sie (so wie du) am Montagmorgen auch mal mit dem falschen Fuß aus dem Bett steigen und einen schlechten Tag haben. Deswegen zeige auch mal Verständnis gegenüber deinen Lehrern, anstatt beleidigt zu sein, wenn du zu Unrecht angeschimpft wirst.

Hör auf damit, dich vor Lehrern zu verstellen. Egal ob in eine schleimerische oder in eine »Null Bock«-Richtung. Wenn du dich nicht verstellst, deine Lehrer als normale Menschen mit Respekt behandelst und nett zu ihnen bist, werden sie (normalerweise) automatisch nett zu dir sein. So wird es dir möglich sein, zu deinen Lehrern ein harmonisches und unproblematisches Verhältnis zu haben.

Besonders wenn du ein schlechter Schüler bist, wird sich, wenn du dieses Feindbild ablegst und anfängst, deine Lehrer anders zu behandeln, dein ganzes Schulleben verändern. Das verspreche ich dir! Es ist wissenschaftlich erwiesen und wurde auch mehrfach in den Interviews erwähnt, dass es dir persönlich viel mehr Spaß macht, für ein Fach zu lernen und mitzuarbeiten, wenn der Lehrer und du euch gegenseitig mögt. Dadurch werden dann auch deine Noten in dem Fach automatisch besser. Es ist eine Win-win-Situation: Der Lehrer ist glücklich, du bist glücklich und gleichzeitig verbessern sich noch deine Noten.

Mit Lehrern reden

Ein gutes Tool, um die Beziehung mit deinen Lehrern zu verbessern, ist laut den 1,0er-Schülern, einfach mal über außerschulische Themen zu reden. Sie haben kurz vor der Stunde oder kurz nach der Stunde mit ihren

Lehrern einfach ein bisschen gequatscht. Wenn ihr junger Geschichts-lehrer ein bisschen nerdy war, haben sie ihn einfach mal gefragt, wie er den neuen *Star Wars*-Film findet. Was auch immer gut klappt: Wenn du weißt, dass ein Lehrer oder eine Lehrerin Fan eines Fußballvereines ist, denjenigen ein bisschen zu ärgern und grinsend vor dem Unterricht zu fragen: »Was ist da denn mit Dortmund am Wochenende gegen Bayern passiert?« Bei so was musst du versuchen, den Lehrer einzuschätzen und zu wissen, wie weit du bei wem gehen kannst. Du willst ja nicht, dass der Sportlehrer dich nach diesem Spruch zehn Runden laufen lässt, weil er Dortmund-Ultra ist. Achte auch darauf, dass es natürlich rüberkommt. Wenn du null an Fußball interessiert bist und dann auf einmal den Leh-rer so etwas fragst, kommst du als ziemlicher Schleimer rüber. Rede über Sachen, die dich persönlich interessieren. Wenn du zum Beispiel eben Fußball ätzend findest, aber immer Darts auf Sport1 schaust, kannst du das nächste Mal, wenn dein Sportlehrer über Fußball redet, sagen: »Ich finde, Darts ist zehnmal spannender als Fußball.« Das zeigt, dass du eine interessante Persönlichkeit hast und aus der Masse der Schüler he-rausstichst. Du musst mehr für den Lehrer sein als nur einer von vielen Schülern. So ist die Chance deutlich höher, dass der unten beschriebene Halo-Effekt auftritt.

Der Halo-Effekt

Der Halo-Effekt beschreibt eine unbewusste Störung unserer Urteilskraft, bei der einzelne Eigenschaften wie Attraktivität oder außergewöhnliche Erfolge einer Person so dominant auf uns wirken, dass sie einen über-strahlenden Gesamteindruck erzeugen. Dank diesem Effekt bekommen du und das stockdoofe Mädchen, das aber gut aussieht, von eurem Che-mielehrer die gleiche Note.

Diesen Effekt kannst du für dich nutzen, auch wenn du nicht gerade wie Mister oder Miss Universe aussiehst. Die Eigenschaft, die den Halo-Effekt hervorruft, kann nämlich auch »besonders gute Noten« in einzelnen Fächern sein. Das heißt, wenn du in den meisten Fächern besonders gut bist, bekommst du auch Top-Noten in den Fächern, in denen du eigentlich nicht so gut bist. Das ist der Grund, warum du und der hyperintelligente Klugscheißer, der nicht mal einen Ball fangen kann, dieselben Noten in Sport bekommt. Manche Schüler haben so einen enormen Ruf als Überflieger, dass sich quasi kein Lehrer traut, ihnen mal eine schlechte Note zu geben, auch wenn sie berechtigt wäre.

Der Halo-Effekt stellt sich aber nicht über Nacht ein. Die 1,0er-Schüler sagten, es dauere lange, bis sich das Bild, das Lehrer von dir haben, ändert und du vom Halo-Effekt profitieren kannst. Je schlechter dein Image beim Lehrer ist, desto länger dauert es. Aber sobald du das einmal geschafft hast, garantieren viele 1,0er-Schüler, dass du dich zurücklehnen und die Top-Noten auf dich zufliegen sehen kannst. Achtung: Sie warnen aber davor, komplett aufzuhören, sich anzustrengen und sich gar nicht mehr zu beteiligen, da die Lehrer das dann auch merken. Du kannst deine Anstrengungen aber sehr zurückfahren, wenn du dir einmal einen Ruf erarbeitet hast.

Kein Blödsinn

Was natürlich ein No-Brainer sein sollte: Hör auf, den Unterricht zu stören (reinrufen, quatschen, irgendeine Scheiße in der letzten Reihe machen) und hör zu. Es ist erschreckend, wie viele Leute diese Basics in der Schule vergessen und sich dann wundern, warum sie schlechte Noten bekommen und die Lehrer sie nicht leiden können. Natürlich musst du nicht stumm wie vor 100 Jahren an deinem Tisch sitzen und kannst auch mal kurz mit deinem Nachbarn quatschen. Aber du solltest darauf achten, nicht ermahnt zu werden, denn das ist schon ein Zeichen, dass du es mit dem Quatschen übertreibst.

Sei nicht so empfindlich

Wie Marias Zitat zeigt, gehen Top-Schüler anders an die Sache heran, wenn sie ungerecht behandelt worden sind. Anstatt wie eine beleidigte Leberwurst in der Ecke zu sitzen und zu streiken, sagen sich 1,0er-Schüler: »Dir werde ich es zeigen.« Sie zeigen dem Lehrer durch harte Arbeit, dass er falschlag. Auch wenn sich das erst mal komisch für den Durchschnittsschüler anhört: Sobald du es anwendest, werden Lehrer mehr Respekt vor dir haben, da du nicht wie alle anderen Schüler reagierst, die nichts mehr für das Fach machen.

Du solltest auch nicht denken, dass der Lehrer dich direkt hasst, nur weil er dich mal dumm anmacht. Wie schon gesagt sind Lehrer auch nur Menschen und haben auch mal einen schlechten Tag oder Probleme zu Hause.

Kontra ist erlaubt

Auf die Frage, ob man dem Lehrer auch mal Kontra geben und nicht immer nur der angepasste Lieblingsschüler sein sollte, waren 95 Prozent meiner Interviewpartner dafür, unbedingt den Mund aufzumachen, wenn man die Meinung des Lehrers nicht teilt. Achtung: Du solltest aber immer respektvoll sein und deine Meinung mit Argumenten unterstützen können. Dann finden es viele Lehrer sogar gut, wenn du ihnen Kontra gibst, da es zeigt, dass du eine richtige Persönlichkeit und nicht nur der immer »Ja«-sagende Streber bist.

Besonders in den gesellschaftswissenschaftlichen Fächern macht es den Lehrern Spaß, mit ihren Schülern zu diskutieren. Das Allerwichtigste ist aber, dass man sachlich bleibt und seine Meinung begründen kann. Wenn man leider einen Lehrer hat, der nur seine eigene Meinung hat und andere Meinungen nicht akzeptiert (auch das gibt es), musst du dich entscheiden, ob dir die eigene Meinung oder die gute Note wichtiger ist.

Der erste Eindruck zählt

Wie so oft im Leben ist der erste Eindruck auch in der Schule extrem wichtig. Dies belegen auch Studien. Wenn du den »verkackt« hast, sieht es nicht gut aus. Der Opa einer 1,0er-Schülerin, der Schulleiter war, wies sie immer darauf hin, wie wichtig der erste Eindruck ist. Auch viele andere Schüler empfehlen, dass du dich bei einem neuen Lehrer immer besonders in den ersten beiden Wochen von deiner Schokoladenseite zeigst und dich deutlich anstrengst. So hat der Lehrer direkt ein positives Bild von dir im Kopf, du kannst dich nach einer Weile erst mal entspannen und musst dich nicht mehr so anstrengen. Pass aber auf, dass du nicht komplett abrutschst. Wenn du gar nichts mehr machst, verändert sich das Bild im Kopf deines Lehrers auch zum Negativen.

Wo wir gerade von Bildern reden, sollten wir auch über Äußerlichkeiten sprechen. Eine meiner Interviewpartnerinnen, Verena L., erklärte: »Man sollte aufpassen, was man anzieht.« Mit dieser Aussage ist mir persönlich zum ersten Mal bewusst geworden, wie wichtig deine Kleidung ist für den Eindruck, den du bei anderen machst. Hast du je einen sehr guten Schüler gesehen, der in Oversize-Jogginghose durch die Schule läuft? Ich zumindest noch nicht. Wenn du also als Junge immer im PSG-Trainingsanzug oder als Mädchen sogar im Winter bauchfrei durch die Schule läufst, wirst du direkt in die »Assi«-Schublade des Lehrers gesteckt. Deswegen solltest du darauf achten, was du in der Schule anziehst. Sieh es wie einen Job, denn das ist die Schule ja irgendwie. Wenn du später mal arbeitest, kommst du ja auch nicht im Schlabberlook ins Büro. Geh nicht mit dem Outfit in die Schule, in dem du feiern oder an den Strand gehen würdest, lass nicht die Unterwäsche rausgucken (das gilt für beide Geschlechter!), und die Jungs müssen auch nicht versuchen, auszusehen wie die Typen im Hintergrund von Gangsta-Rap-Musikvideos, die nie einen Ton rappen. Du musst aber auch nicht mit einem Hemd und Krawatte oder im Businesskostüm in die Schule kommen. Ziehe einfach ein normales T-Shirt oder Top und eine Jeans an. Wenn du nicht sicher bist, was du anziehen sollst, dann orientiere dich einfach an deinen leistungsstarken Mitschülern.

Häng dich rein

Die 1,0er-Schüler haben in den Interviews immer wieder darauf hingewiesen, wie wichtig Leistungsbereitschaft in der Schule ist. Auch bei der Beziehung mit deinen Lehrern. Wenn du zum Beispiel in der ersten Stunde nicht gerade als Musterschüler des Monats aufgefallen oder eine schlechte Beziehung zum Lehrer hast, heißt das nicht, dass du nichts mehr daran ändern kannst. Du hast immer noch die Chance!

Einer der einfachsten Wege, die Meinung des Lehrers über dich zu verbessern, ist, dich in seinem Unterricht mehr anzustrengen. Im ersten Schritt kannst du deine Hausaufgaben vernünftig machen – gerade wenn du das bisher nie gemacht hast. Hausaufgaben sind der beste Weg, da du zu Hause (egal, wie schlecht du bist) genug Zeit hast, sie zu machen. Außerdem verstehst du automatisch den Stoff besser und kannst dich dann auch in der Stunde mehr beteiligen. Du wirst merken, wie schnell sich deine Beziehung mit einem Lehrer verbessert, wenn du auf einmal anfängst, sie zu machen, sie freiwillig vorzustellen und sie qualitativ hochwertig sind.

Du solltest auch Interesse am Unterrichtsfach des Lehrers zeigen. Die Top-Schüler empfehlen, dass du dich meldest, wenn zum Beispiel dein Mathelehrer Flyer über die Mathe-Olympiade austeilen will und fragt, wer einen haben will. Möglicherweise wird dir dein Lehrer den Flyer mit erstauntem Gesicht geben. Lies ihn komplett durch, geh zu deinem Lehrer und frag irgendwas wie zum Beispiel »Wird (dein aktuelles Thema in Mathe) auch bei der Mathe-Olympiade vorkommen?« oder »Sind alle Themen der letzten drei Jahre in dem Test oder nur die Themen, die wir dieses Jahr gemacht haben?«. Es ist egal, ob diese Frage im Flyer schon beantwortet wird. So zeigst du, dass du dich für Mathe interessierst. Besonders bei der Mathe-Olympiade würde ich dir empfehlen, einfach mitzumachen, weil du sie zu Hause machen kannst. So verbesserst du deine Mathekenntnisse und wenn du gar keine Zeit hast, dann mach von 20 Aufgaben die Aufgaben 11 bis 15 selbst und guck die Aufgaben 1 bis 10 im Internet nach. Es gibt Websites, die die Lösungen der ersten Runde der Mathe-Olympiade einfach vorsagen. Achte aber unbedingt darauf, was du abschreibst. Denn es kann passieren, dass die Leute aus dem Internet Lösungsmethoden benutzen, die du noch nicht gelernt hast. Und es wäre ein wenig auffällig, wenn du Lösungsmethoden benutzt, die du erst in zwei Jahren lernen solltest ... Das Beste ist aber immer noch, sich einfach zu Hause hinzusetzen und die Mathe-Olympiade durchzurechnen. Dein Ziel ist, dass jeder Lehrer denkt, sein Fach sei dein eigenes Lieblingsfach. Das ist für praktisch jeden Lehrer komplett unwiderstehlich!

In dringenden Fällen empfahlen die 1,0er-Schüler, zu außerschulischen Events (Aufführungen, Chor et cetera) zu gehen, um die Beziehung mit Lehrern zu verbessern. Ich finde, dass man das nur machen sollte, wenn man genug Zeit hat und sich wirklich auch vorstellen könnte, freiwillig zu der Veranstaltung zu gehen. Zu einer Ballettaufführung würde ich nie gehen, nur damit ein bestimmter Lehrer mich sieht. Es hilft zwar, wenn der Lehrer dich bei Events sieht, aber das hat keinen großen Vorteil. Da ist es besser, wenn du zu AGs oder Extra-Angeboten der Lehrer gehst. Hier gilt dasselbe: Du solltest es nur machen, wenn du genug Zeit hast und es dich interessiert. So kannst du die Beziehung mit deinem Lehrer noch mal verbessern.

Schleimen: Nie eine gute Idee

»Nein! Natürlich nicht.« Das war die Antwort der 1,0er-Schüler auf die Frage: »Hast du geschleimt?« Genauso wie du haben auch sie Schleimer gehasst und raten extrem davon ab. Man verscherzt es sich als Schleimer nicht nur bei den Mitschülern. Ein paar waren auch der Meinung, dass Lehrer Schleimer genauso hassen wie Schüler. Besonders junge Lehrer, die sich noch am lebhaftesten an ihre Schulzeit erinnern können.

Deswegen: Fang auf keinen Fall auf einmal an, dick zu schleimen. Genauso wie viele Lehrer eine »Assi«-Schublade haben, haben sie auch eine »Schleimer«-Schublade. Das Allerschlimmste, was du machen kannst, ist, dem Lehrer unehrliche Komplimente zu machen: »Waren Sie beim Friseur? Ich mag Ihre neue Frisur«, oder noch schlimmer: »Seit Sie aus den Sommerferien zurückgekommen sind, sehen Sie viel schlanker aus.« Wenn du so was sagst, schießt du dir nur selbst ins Knie.

Mit Ehrlichkeit kommst du am weitesten

Eine weitere Eigenschaft, die dir Respekt vom Lehrer einbringt, ist Ehrlichkeit. Wenn du letzte Stunde geschwänzt oder nicht die Hausaufgaben gemacht hast, dann sag nicht: »Bei uns war ein Rohrbruch«, »Ich hatte einen Fahrradunfall und hab dabei meine Schultasche verloren« oder am besten »Meine Katze hat meine Hausaufgaben aufgegessen«. Sag: »Ich hatte keine Lust/vergessen, meine Hausaufgaben zu machen. Aber jetzt habe ich eingesehen, dass das dumm war. Es tut mir leid. Wenn Sie wollen, kann ich eine Strafarbeit machen.« Wenn du das sagst, wird dein Lehrer erst mal wütend sein, aber dann Respekt vor dir haben. Wie alle Menschen mögen es Lehrer nicht, angeschwindelt zu werden, und wenn du es als Einziger zugibst, dass du faul warst, hast du einen Stein im Brett.

Dasselbe kannst du auch machen, wenn du geschwänzt hast. Sag einfach: »Ich habe geschwänzt. Ich habe jetzt aber eingesehen, dass das dumm war. Deswegen sitze ich jetzt hier im Unterricht. Wenn Sie wollen, kann ich eine Strafarbeit machen.«

Wahrscheinlich denkst du jetzt: »Ich mach doch keine Strafarbeit freiwillig!« Ich kann dich voll verstehen. Ich würde das auch nicht machen. Die gute Sache ist aber, dass 99 Prozent der Lehrer so was sagen wie: »Ist schon gut. Mach einfach nächstes Mal deine Hausaufgaben«, oder: »Ist schon gut. Pass jetzt einfach im Unterricht auf«.

Größe zeigen und sich entschuldigen

Eine weitere Art, den Respekt des Lehrers zu bekommen, ist, sich zu entschuldigen. Hast du zum Beispiel in einer Diskussion die Fassung verloren und etwas gesagt, was du nicht hättest sagen sollen, oder aus Wut irgendetwas richtig Dummes gesagt? Warst du im Unterricht müde und darum motzig und patzig? Dann musst du dich richtig entschuldigen. Deine Beziehung zum Lehrer ist gestört, vielleicht sogar am Ende, wenn du dich nicht entschuldigst. Dieser Fehltritt gibt dir aber eine riesige Chance, den Respekt des Lehrers zu gewinnen.

Geh am Ende der Stunde zu deinem Lehrer und sag, dass du mit ihm darüber reden möchtest, was passiert ist. Dann solltest du sagen, dass die Emotionen mit dir durchgegangen sind und dass du dich ehrlich entschuldigst. Du solltest auch sagen, dass du den Lehrer respektierst und hoffst, dass ihr in der Zukunft weiter eine gute Beziehung haben könnt. Das Wichtigste ist, dass du das mit deutlicher und lauter Stimme sagst, damit rüberkommt, dass du es ernst meinst und dich niemand gezwungen hat, es zu sagen. Wenn du das richtig machst, wird der Lehrer dir verzeihen und enormen Respekt vor dir haben, da er selbst so was als Schüler wahrscheinlich nie gemacht hätte. Sich aufrichtig zu entschuldigen, wenn man einen Fehler gemacht hat, zeigt extreme Größe. Außerdem wird der Lehrer es anderen Lehrern weitererzählen und auch andere Lehrer werden dich mehr respektieren. Wenn du also Scheiße gebaut hast, geh so schnell wie möglich zu dem Lehrer und regele das »wie ein Mann« (Jungs haben eher Probleme mit Lehrern und eine zu große Klappe ...).

»Beziehungsgespräche« führen

Wenn du ein Problem mit einem Lehrer oder einer Lehrerin hast und er/sie dich einfach nicht mag, dann überleg, bevor du denkst: »Das ist halt ein Arsch«, zuerst: »Was habe ich gemacht, dass er mich nicht mag?« In den seltensten Fällen hat ein Lehrer grundlos etwas gegen dich. Wenn dir ein Grund einfällt, dann geh zum Lehrer und besprich es mit ihm. Wenn du zum Beispiel immer im Unterricht mit deiner Freundin/deinem

Freund quatschst, dann geh nach der Stunde zum Lehrer und sag, dass du mit ihm reden möchtest.

Dann kannst du sagen, dass es sich für dich so anfühlt, als würde es böses Blut zwischen euch geben. Dann kannst du sagen: »Falls das was mit dem Quatschen zu tun hat, entschuldige ich mich und versuche, es in Zukunft einzustellen.« Vielleicht kommt ihr ins Gespräch und er sagt dir klar, wo es hakt – wenn das der Fall ist, ist das sehr gut, denn dann hast du eine klare Ansage und kannst dein Verhalten anpassen. Wenn der Lehrer danach nichts sagt, kannst du mit »Ich respektiere Sie und hoffe, dass wir in Zukunft eine gute Beziehung haben werden« abschließen.

Wenn sich das Problem nach so einem Gespräch immer noch nicht klärt oder der Lehrer Versuche von dir, es zu klären, immer abblockt, solltest du zu deinem Vertrauenslehrer beziehungsweise Klassenlehrer gehen. Suche immer zuerst das Problem bei dir und sage dir nicht nur: »Der Lehrer mag mich einfach nicht.« Bist du sicher, dass es nicht an dir liegt? Wenn du dir zu 100 Prozent sicher bist, dass der Lehrer einfach ein abgedrehter Kinder-/Jugendlichen-Hasser ist (ja, die gibt es auch), solltest du auch zu deinem Vertrauenslehrer gehen.

Zusammenfassung für Faule

1. Lehrer sind auch nur ganz normale Menschen. Also behandele sie auch so.

2. Halo-Effekt: Dieser wissenschaftlich bewiesene Effekt besagt, dass Menschen nicht 100-prozentig objektiv sein können. Faktoren wie zum Beispiel Attraktivität oder besondere Erfolge in anderen Bereichen/Fächern können die Bewertungen von Lehrern extrem beeinflussen. Also mache dir das zunutze.

3. Hör auf, dir dumme Ausreden auszudenken. Übernimm Verantwortung für dich und steh dazu, wenn du Mist gebaut hast.

4. Der einfachste Weg, um eine bessere Beziehung mit deinem Lehrer zu bekommen, ist, dich in seinem Fach anzustrengen. Am Anfang sind Hausaufgaben die einfachste Methode, weil du zu Hause genug Zeit und Hilfsmittel wie Google hast, um Top-Hausaufgaben zu machen.

5. Wenn du einen Streit mit einem Lehrer hattest oder du etwas gesagt hast, was du nicht hättest sagen sollen, musst du hingehen und das in einem Vieraugengespräch klären.

6. Tipp 1 ist der allerwichtigste Tipp in Bezug auf eine gute Schüler-Lehrer-Beziehung!

Rhetorik:  Wie du mit Charisma und Körpersprache in der Schule dominierst

Du denkst jetzt bestimmt: »Hä? Wie sollen mir denn rhetorische Mittel aus Deutsch helfen, besser in der Schule zu werden?« Es ist richtig, dass es rhetorische Mittel in Deutsch gibt. Aber ich rede von »Rhetorik«. Das ist etwas ganz anderes. Auf Wikipedia wird sie als »Kunst der Rede« beschrieben. Das hilft dir bestimmt auch nicht wirklich weiter …

Wenn jemand redet, hat der Inhalt, den diese Person von sich gibt, nur einen sehr kleinen Einfluss auf andere Menschen. Viel wichtiger ist, »wie« jemand etwas rüberbringt, also die Körpersprache, Gestik oder auch sprachliche Mittel. Das nennt man Rhetorik.

Wenn du denkst, dass Rhetorik gar keinen so großen Einfluss hat, liegst du falsch. Die mächtigsten Personen, wie zum Beispiel Politiker, werden in Rhetorik geschult. Die Tricks, die Politiker benutzen, um die Wähler zu überzeugen, sie zu wählen, kannst du benutzen, um deine Lehrer zu überzeugen, dir eine gute Note zu geben. Das Besondere ist, dass du, wenn du gut in Rhetorik bist, genauso wie Politiker, keine extrem guten Inhalte mehr brauchst, um deine Lehrer zu überzeugen. Da ich selber auch kein Experte auf diesem Gebiet bin, habe ich Benedikt Held von der RedeFabrik (den bekanntesten Rhetorik-Coach Deutschlands mit über 300 000 Abonnenten auf YouTube) rangeholt. Wir haben ein Interview geführt und in diesem Kapitel werde ich die Tipps aus diesem Interview mit dir teilen. Manche Formulierungen und Beispiele kommen direkt von Benedikt, manche habe ich sinngemäß umformuliert und in einen Zusammenhang gesetzt.

Ausdrucksweise und Wortschatz

Wenn du lernen möchtest, dich besser auszudrücken, musst du dich trauen, mehr zu reden. Nicht nur im Unterricht, sondern generell im Alltag. Es ist wie bei allen anderen Dingen: Nur durch viel reden wirst du besser im Reden. Wenn du anfängst, mehr zu reden, wird langsam auch dein Sprachgefühl besser werden und es wird dir bewusster, welche Wörter du benutzt und wie du rüberkommst. So bist du schon zu 99 Prozent allen anderen Menschen voraus, denen die Wörter unkontrolliert wie ein Wasserfall aus dem Mund herauskommen.

Mit diesem Wissen kannst du dann verändern, wie du dich ausdrückst. Wenn du zum Beispiel merkst, dass dein Wortschatz von Wörtern wie »Fuck«, »Scheiße«, »Bruder«, »Digga« oder »Alter« sehr geprägt ist, kannst du mal versuchen, diese Wörter für eine Woche aus deinem Wortschatz zu streichen, und dann gucken, wie die anderen auf dich reagieren. Am Anfang wird das natürlich schwer sein, wenn du dich so ausdrückst, seitdem du acht bist. Nach zwei Tagen wird es dir immer leichter fallen und du kannst gucken, wie sich dein Alltag verändert.

Es ist schön und gut, »schlechte Wörter« aus deinem Wortschatz zu streichen. Aber du solltest auch neue, »bessere« Wörter in deinen Wortschatz einbauen. Der beste Weg, neue Wörter zu finden, ist Lesen. Viele Schüler lesen nicht mal die Lektüren in der Schule und gucken sich stattdessen Playmobil-Zusammenfassungen auf YouTube an. Ich bitte dich dennoch, einfach mal anzufangen, Dinge zu lesen. Es muss nicht unbedingt ein Buch sein. Es kann auch die Analyse über die Top-Transfers der Bundesliga auf Sport1 sein oder ein Artikel darüber, warum sich Justin Bieber von seiner Freundin getrennt hat. Wenn du zu faul bist, auf Internetseiten zu gehen, kannst du auch einfach auf Snapchat oder Insta in den Stories, wenn es die Option gibt, hochswipen, es einfach mal machen, um einen kurzen Artikel über ein Thema zu lesen, das dich interessiert. Natürlich sind das keine anspruchsvollen Texte, aber es ist zumindest ein Anfang.

Wenn du anfängst, am Lesen Gefallen zu finden, kannst du auch anfangen, anspruchsvollere Artikel oder Bücher zu lesen, um neue Wörter zu lernen. Gut sind Synonyme für Wörter, die wir extrem oft benutzen (zum Beispiel »artikulieren« für »sagen«), oder Wörter, die dich gebildeter wirken lassen (zum Beispiel »impliziert« anstatt »sagt aus«). Falls das alles nichts für dich ist (oder als Ergänzung), kannst du auf die Website zum Buch gehen (einskommanullacademy.de) und dir da einen Top-Wortschatz ohne aufwendiges Lesen holen.

Es soll hier ja aber nicht nur um die Wörter gehen, die du sagst, sondern um Rhetorik. Deswegen achte auch darauf, wie Menschen um dich herum sich ausdrücken. Du musst das jetzt nicht bei jedem belanglosen Small Talk machen. Aber besonders, wenn es um etwas Wichtiges geht, zum Beispiel ein Streitgespräch, oder wenn du jemanden überzeugen willst, lohnt es sich, genauer auf das Wie zu achten. So wird dir bewusster, was andere Menschen für rhetorische Tricks benutzen, und noch besser: Dir wird klar, welche Tricks du unbewusst selber benutzt. So kannst du bewusst anfangen, rhetorische Techniken zu nutzen.

Kleine Zauberwörter

Das erste Wort, das extrem wichtig ist, ist das Wort »weil«. Es ist eines der mächtigsten Wörter, die wir haben. Es gibt eine Studie, bei der Menschen in einer Schlange vor einem Drucker standen und jeder wartete, um zu kopieren. Dann kamen Menschen und fragten den Vordermann: »Entschuldigung, könnten Sie mich bitte vorlassen, weil ich kopieren muss?« Auch wenn es rational komplett unlogisch ist, weil ja jeder kopieren musste, haben sehr viele Menschen, die in der Schlange standen, diese Menschen wegen dieser Begründung vorgelassen. Das zeigt, wie wichtig das Wort »weil« ist. Wenn du eine andere Person von etwas überzeugen möchtest – sei es jetzt dein Lehrer, der dir eine bessere Note geben soll, oder deine beste Freundin, die du zu einer Party mitnehmen möchtest –, benutze bei deiner Argumentation immer das Wort »weil«.

Du denkst jetzt bestimmt: »Es ist doch klar, dass ich ›weil‹ benutze, wenn ich jemanden überzeugen will.« Wenn man nicht bewusst darauf achtet, denkt man das. Aber ich kann dir versprechen: Sobald du anfängst, darauf zu achten, was du sagst, wird dir auffallen, dass du das nicht immer tust, selbst wenn es dir extrem helfen könnte.

Am anderen Ende des Wörterspektrums haben wir das größte Unwort in der deutschen Sprache: »aber«. Kennst du das, wenn eine Person in einem Gespräch oder im Fernsehen am Anfang seiner Argumentation extrem viel lobt, und du weißt genau, dass gleich ein »aber« kommt? Dieses Wort lässt den, der es benutzt, immer schlecht aussehen, da so immer nur das Negative, was nach dem »aber« kommt, im Kopf der Zuhörer hängen bleibt. Sobald der Redner »aber« sagt, ist es so, als würde alles, was davor gesagt wurde, seinen Wert verlieren. Deswegen ist es besser, anstatt »aber« »gleichzeitig« zu sagen. Zum Beispiel: »Ich finde gut, dass du dich traust, deine Frisur zu ändern. Gleichzeitig finde ich, dass Neongelb nicht zu dir passt.« Oder: »Ich finde, dass du echt gut dribbeln kannst. Gleichzeitig müssen wir noch an deinem Schuss arbeiten.« Diese

Sätze hören sich doch viel freundlicher an, als wenn wir »aber« benutzt hätten. Oder nicht?

Wenn dich jemand fragt: »Kannst du mir in Mathe bei Aufgabe 3 helfen?« – was würdest du antworten? Vor dem Interview hätte ich wie du wahrscheinlich auch mit »Kein Problem« geantwortet. Das ist aber nicht optimal, wie ich von der RedeFabrik gelernt habe. Auch wenn du das Wort »kein« vor das Wort »Problem« setzt, ist unser unterbewusster Fokus immer noch auf dem Wort »Problem«, weil wir Menschen negativen Dingen mehr Beachtung schenken als positiven. So denkt die Person, die dich gefragt hat, unterbewusst, dass es ein Problem für dich sei, ihr zu helfen. Die perfekte Lösung ist das Wort »gerne«. Ehrlich gesagt wusste ich, dass es dieses Wort gibt, aber ich habe es nie benutzt. Ab jetzt versuche ich es immer zu benutzen, wenn mich jemand um einen Gefallen bittet. Es klappt noch nicht jedes Mal, aber immer, wenn ich »gerne« sage, fühle ich mich selber besser und die Person, der ich helfe, sieht glücklicher aus.

Besser kommunizieren

Die allererste Fähigkeit, die du trainieren musst, ist dein Mut. Viele Menschen haben sehr gute Argumente und Inhalte. Der Grund, warum aber am Ende die lauten Menschen mit oft schwächeren Argumenten gewinnen, ist, weil viele sich einfach nicht trauen, etwas zu sagen. Sie denken, dass, wenn sie etwas Falsches sagen, alle lachen oder ihnen eh keiner zuhören wird. Diese Ängste sind aber komplett unnötig, da eher das Gegenteil passiert, wenn man sich traut, mal den Mund aufzumachen. Wenn du als eher leise Person in einer Diskussion durch deine Argumente die lauten Personen »zerstörst«, wird dich das eher beliebt machen und du wirst Respekt von den anderen bekommen. Deswegen traue dich, den Mund aufzumachen. Auch wenn du mal einen Fehler machst: Du kannst dich nur verbessern, wenn du den Mut hast, etwas zu sagen.

Die zweite Fähigkeit, die du trainieren solltest, ist Empathie, also die Fähigkeit, sich in andere hineinzuversetzen. Auch wenn es schwer ist zu lernen, sich in andere hineinzuversetzen, solltest du, wenn du mit jemandem redest, dich immer fragen: »Was würde ich hören wollen, wenn ich diese Person wäre, mit der ich rede?« So kannst du gezielt kommunizieren und das Gespräch wird oft so ausgehen, wie du es dir gewünscht hast. Auch wenn sich das einfach anhört, ist es echt extrem schwer zu erraten, was dein Gesprächspartner hören will. Um deine Menschenkenntnis und deine Empathie zu verbessern, musst du wieder und wieder versuchen, dich in andere hineinzuversetzen.

Die dritte Fähigkeit, die du verbessern musst, ist deine Gestik. Das bedeutet, dass du mit Handbewegungen während des Redens das, was du sagst, noch mal unterstreichst. So gibst du deinem Gesagten noch mal mehr Wucht und da nur wenige Schüler Gesten benutzen, stichst du positiv aus der Masse heraus. Pass aber auf, dass du nicht anfängst, wie ein Dirigent herumzufuchteln. Versuche einfach, mit Handbewegungen, die dir natürlich kommen, dein Gesagtes zu unterlegen. Falls du dabei Probleme hast, würde ich dir empfehlen, mal Videos von Politiker-Talkshows anzusehen und dir die eine oder andere Geste abzugucken.

Die vierte wichtige Fähigkeit ist die Körpersprache. So ist zum Beispiel eine der besten Taktiken, die du bei einem Gespräch einsetzen kannst, dass deine beiden Füße in Richtung deines Gesprächspartners stehen/zeigen. Das klingt jetzt vielleicht offensichtlich. Aber achte mal im Alltag darauf, wie viele Leute mit jemandem reden und einer von beiden streckt einen seiner Füße in eine andere Richtung. Diese Geste ist sehr »asozial«, weil sie dem Gegenüber zeigt, dass man selber eigentlich nicht mit der Person reden möchte oder an anderen Dingen interessiert ist. Ein weiterer grundsätzlicher Tipp ist, dass du deine Schultern nach hinten drücken solltest und deine Brust heraus. So fühlst du dich nicht nur selbstbewusster, sondern andere Menschen respektieren dich unterbewusst mehr und was du sagst, bekommt mehr Wert.

Die fünfte und letzte Fähigkeit, die du verbessern musst, ist deine Stimme. Du kennst bestimmt diese Momente, wenn die Person dir gegenüber zum Beispiel eine extreme Piepsstimme hat. Auch wenn du nicht weißt, warum, nervt dich diese Stimme extrem und du denkst sofort negativer über diese Person. Deine Stimme hat einen sehr starken Einfluss darauf, wie du auf andere Menschen wirkst. Für Männer ist es grundsätzlich besser, mit einer etwas tieferen Stimme zu sprechen. Dadurch wirst du von deinem Gegenüber ernster genommen und hast es einfacher, andere Menschen zu überzeugen. Tatsächlich klappt das auch bei Frauen und Mädchen, sie wirken vertrauenerweckender, wenn sie nicht so hoch sprechen. Versuche einfach mal, wenn du das nächste Mal mit jemandem redest, ohne dass es sich komisch anhört, ein bisschen tiefer zu sprechen. Achte besonders darauf, dass du am Ende eines Satzes mit der Stimme nicht hochgehst, da sonst alles davor umsonst war. Ansonsten versuche, wenn du jemanden überzeugen möchtest oder deine Meinung im Unterricht vorträgst, es mit einer ruhigen, aber bestimmten Stimme zu machen. Rede nicht schnell, hektisch oder haspelig. So merkt der Lehrer, dass du hinter deinen Aussagen stehst und (wenn es richtig ist) das Thema wirklich gut verstehst.

Die Vorbereitung für die mündliche Abiprüfung

Am besten suchst du dir schon in der Vorbereitung ein Argumentationsschema für deine mündliche Prüfung aus. Sehr gut sind die »Pingpong«-Strategie und die »Sanduhr«-Argumentationsstrategie. Bei der »Pingpong«-Strategie geht es darum, zu einem Thema jeweils ein Pro- und ein Kontra-Argument nacheinander abzuarbeiten und dann zum nächsten Argumentepaar zu gehen. Deine Argumentation wechselt die Seiten wie ein Ball beim Tischtennis (Pingpong). Die »Sanduhr«-Strategie ist anders: Du stellst zuerst eine These mit allen Argumenten vor und wechselst dann zur anderen These und trägst alle Argumente zu dieser These vor. Bei beiden Strategien stellst du am Ende deine eigene Meinung zu den Thesen dar. Wenn du weißt, welche Strategie du nimmst, übe deinen Vortrag immer in dieser Strategie, sodass sie dir in Fleisch und Blut übergeht.

Wenn du deinen Vortrag übst, stell am besten mal dein Handy in das Regal und nimm dich auf. So kannst du sehen, wie deine Körpersprache, Gestik und Stimme wirken, wenn du vorträgst. Wenn dir nicht gefällt, was du siehst, kannst du dich so bewusst verbessern.

Ich konnte in diesem Kapitel nur einen Bruchteil von dem Wissen und den Tipps der RedeFabrik zum Thema Rhetorik einschließlich Körpersprache, Charisma, Stimme et cetera aus dem Interview einbauen. Falls du dich weiter mit Rhetorik, Körpersprache et cetera beschäftigen willst (was ich dir sehr empfehle!), dann schau dir einfach mal ein paar Videos auf dem »RedeFabrik«-YouTube-Kanal an. Wenn du all das Wissen, das du brauchst, an einem Ort haben willst, kannst du dir Benedikts Buch *Meisterkurs Rhetorik: Der Weg zum Kommunikationsprofi* holen.

Action: Achte an deinem nächsten Schultag darauf, wie du mit anderen Menschen redest und welche Wörter und Formulierungen du benutzt.

Zusammenfassung für Faule

1. Dieses Kapitel ist eine Zusammenfassung der Erkenntnisse eines Interviews mit dem YouTuber Benedikt Held von der RedeFabrik.

2. Achte darauf, welche Wörter du benutzt, und streiche Wörter wie »Bruder«, »Alter« oder »Digga« aus deinem Wortschatz.

3. Hör auf, das Unwort »aber« zu benutzen. Benutze stattdessen Wörter wie »gleichzeitig«, um deine Aussagen nicht so negativ wirken zu lassen.

4. Verbessere deine Körpersprache, Gestik und Stimme, um ein guter Kommunikator zu werden.

5. Übe deine mündliche Prüfung vorab, um Prüfungsangst loszuwerden.

Mündliche Mitarbeit und Aufmerksamkeit

$$tgx = \frac{sinx}{cosx}$$

> »Wenn man besser in der Schule werden mochte, sollte man unbedingt
> zuerst an der mündlichen Mitarbeit arbeiten.«
>
> Carolin H.

> »Zuhören ist ein gutes Mittel gegen Langeweile und für gute Noten.«
>
> Elisabeth D.

> »Eine falsche Antwort bringt einen näher zum richtigen Ergebnis.«
>
> Susanne K.

Für mich persönlich ist mündliche Mitarbeit der am meisten unterschätzte Bereich in der Schule. Mündliche Mitarbeit ist der Schlüssel, um sich
von einem Hauptschüler zu einem 1,0er-Abiturienten zu verbessern.
Vielleicht liegt es daran, dass ich immer schon mündlich stärker war als
schriftlich, aber es ist eine Tatsache, dass mündliche Mitarbeit unglaub-

lich wichtig ist. In diesem Kapitel zeige ich dir, warum das so ist und mit welchen Tricks du in Zukunft mündlich immer safe eine 1 hast.

Warum mündliche Mitarbeit so extrem wichtig ist

Ab der Oberstufe und in manchen Bundesländern schon davor macht die mündliche Mitarbeit bis zu 50 Prozent deiner Note aus (wie viel genau, kommt auch auf das Bundesland an, aber das kannst du bei deinem Lehrer erfragen). Viele vergessen das. Extrem viele Schüler machen mündlich fast nichts im Unterricht und strengen sich nur extrem für die Arbeiten und Klausuren an. Am Ende sind sie schriftlich gut, aber bekommen nur eine 3 im Zeugnis, weil sie mündlich nur durchschnittlich sind. So verschenkst du einfach extrem viele Chancen. Andersherum gesehen: Wenn man mündlich extrem gut ist, muss man schriftlich gar nicht mehr so unglaublich gut sein, um am Ende eine gute Note im Zeugnis zu haben.

Wenn du mündlich gut bist, dann hilft dir das obendrein in vielerlei Hinsicht in der Schule weiter:

1. Der Lehrer wird dich mögen, weil es so aussieht, als würde dir sein Fach genauso gefallen wie ihm.

2. Du wirst automatisch besser in Klausuren, Arbeiten und Tests, weil du den ganzen Stoff schon im Unterricht lernst, indem du aufpasst und mitmachst.

3. Mündliche Mitarbeit ist die einfachste Art, ein neues Thema zu checken, da du, falls du etwas nicht verstehst, den Lehrer mit Fragen löchern kannst, bis du es checkst. Dein Schulbuch wird dir nicht auf deine individuellen Fragen antworten können wie dein

Lehrer – warum solltest du freiwillig darauf verzichten, ihn zu fragen? Das heißt: Du musst am Ende weniger für die Schule lernen.

Mündlich gut in der Schule zu sein hat einen Schneeball-Effekt.

Mündlich ein 1er-Schüler werden

Was genau musst du nun machen, um mündlich richtig abzusahnen? Das habe ich die 1,0-Schüler natürlich auch gefragt, und hier kommen die Ergebnisse.

Qualität versus Quantität

Als ich die 1,0er-Schüler danach fragte, welche Taktik sie benutzt haben, um mündlich 15 Punkte zu bekommen, antworteten die meisten, dass sie einfach versucht haben, sich so viel wie möglich zu melden. Ein paar sahen das sehr kritisch und setzten eher darauf, sich nicht ständig zu melden – aber wenn, dann mit enormer Qualität. Jeder kennt ja diese »Experten«, die 24/7 ihren Arm in der Luft haben und, wenn sie drangenommen werden, nur Müll labern – das ist nicht das Ziel. Du sollst nicht der Dauerschwätzer ohne Inhalt werden, das bringt dich auch bei den Noten nicht weiter.

Am Ende haben die meisten empfohlen, einen Mittelweg zwischen Qualität und Quantität zu fahren. Es reicht nämlich auch, nicht nur alle zwei Monate mal etwas Brillantes zu sagen. Versuche, dich sooft wie möglich zu melden und dir immer zu 60 bis 100 Prozent sicher zu sein, dass das, was du sagen willst, auch richtig ist. Wenn dir auffällt, dass du in den letzten paar Stunden öfter etwas Falsches gesagt hast, solltest du dich für die nächsten Stunden nur noch melden, wenn du dir fast zu 100 Prozent sicher bist. Aber auch, wenn es vielleicht Rückschläge gibt, versuche immer wieder, ein Risiko einzugehen. Denn es ist besser zu versuchen, das Richtige zu sagen, als gar nichts zu sagen. Sei nie zu schüchtern, um dich zu melden. Jeder macht Fehler, und wie eine 1,0er-Schülerin richtig sagte: »Eine falsche Antwort bringt einen näher zum richtigen Ergebnis.« Auch wenn du etwas Falsches sagst, lernst du etwas dabei – denn offenbar hast du etwas nicht richtig verstanden, und die Erklärung des Lehrers wird dich weiterbringen. Und einen besseren Eindruck macht es allemal und immer. Lehrer haben immer noch Schüler lieber, die sich beteiligen, auch wenn nicht alles richtig ist, als solche, die nur stumm dasitzen.

PS: Guck dir das Kapitel »Tiefe: Wie du den Lehrer zwingst, dir schriftlich eine 1 zu geben« an, um zu lernen, wie du bei deinen mündlichen Beiträgen die Qualität extrem nach oben schrauben kannst.

Aufmerksamkeit

Wenn du heute in der Schule warst, frage dich mal: Wie viel kannst du wiedergeben von dem, was du heute gelernt hast? Die meisten können vielleicht grob ein Thema benennen, das sie aufgeschnappt haben, aber nur die allerwenigsten können es beschreiben. Warum? Weil sie im Unterricht größtenteils entweder aus dem Fenster gucken, ihre Snaps checken oder mit dem Sitznachbarn quatschen.

Das ist bei dir auch so? Das ist dann ziemlich sicher der Hauptgrund, warum du schlechte mündliche Noten hast. Aufmerksamkeit im Unterricht ist das Allerwichtigste bei deiner Mitarbeit. Wie willst du dich irgendwie beteiligen, wenn du nicht mal weißt, um was es geht? Du solltest versuchen, 70 bis 90 Prozent der Zeit im Unterricht aufmerksam zu sein, um mündlich gute Noten zu bekommen. Der zusätzliche Vorteil daran ist, dass du das Thema schon im Unterricht verstehst und zu Hause fast nichts mehr machen musst. Fast alle der 1,0er-Schüler sagten, dass sie durch das Aufmerksamsein schon mehr als die Hälfte des Unterrichtsstoffs automatisch im Unterricht lernten. Kleiner Spoiler: Es fühlt sich am Anfang echt komisch an, wenn man die Themen so schnell checkt.

Denkst du jetzt: »Wie soll ich denn was verstehen und auch noch etwas beitragen, wenn ich nicht mal die Grundlagen verstehe und noch viel zu schlecht bin?« Auch wenn du dich nicht traust, Fragen zu stellen, um deine Verständnisprobleme zu lösen, denkst du, wenn du aufmerksam bist, immer mit, und das hilft, um die Grundlagen so schnell wie möglich zu verstehen. Wenn du Probleme bei den Grundlagen hast, hilft es auch sehr, deinen Sitznachbarn zu bitten, es dir zu erklären. Da es nur die Grundlagen sind, die du nicht verstehst, sollten die meisten aus deiner Klasse in der Lage sein, sie dir schnell und verständlich zu erklären.

Nicht ablenken lassen

Lenkt dein Sitznachbar dich im Unterricht ab? Dann solltest du dich umsetzen, auch wenn ihr beide »best friends« seit der ersten Klasse seid. Ihr könnt ja immer noch in der Pause oder nach der Schule zusammen machen, was ihr wollt. Wenn du dich wegsetzt, versuche, dich neben die leisen Leute zu setzen (diese Option ist eine Alternative zur Strategie, sich neben den Besten zu setzen, wenn du denkst, dass du keine Hilfe von deinem Sitznachbarn brauchst und es alleine schaffen wirst, besser zu werden). In jeder Klasse gibt es diese Handvoll Leute, die einfach leise auf ihrem Platz sitzen und das tun, was der Lehrer von ihnen verlangt. Das sind die Richtigen!

Du denkst dir jetzt vielleicht: »Das wird dann aber voll langweilig«, oder: »Ich habe fast nichts mit denen zu tun. Kommt das nicht ein wenig komisch rüber, wenn ich mich neben die setze?«. Natürlich wird es ein bisschen langweiliger als davor, aber das ist gut, denn so kannst du dich besser auf den Unterricht konzentrieren. Du musst dich auch nicht zu 100 Prozent an diese Leute anpassen. Sie werden sich möglicherweise sogar freuen, wenn eine etwas extrovertiertere Person neben ihnen sitzt, die ihnen hilft, ein bisschen sozialer zu sein. Vorausgesetzt, du warst schon davor generell nett zu ihnen und hast sie nicht gemobbt oder so was. Dann fänden sie es zu Recht komisch, wenn du auf einmal den Sitznachbarn gibst, und fühlen sich vermutlich unwohl. Die goldene Regel ist aber, dass du dich nie neben eine Person setzen solltest, die in der Schule schlechter als du ist, egal, wie still sie ist. Wenn du denkst, dass es hilfreich ist und zu dir passt, kannst du auch versuchen, dich neben die mündlich beste Person zu setzen. Bei diesem Thema waren die 1,0er-Schüler sehr gespalten. Lies dir dazu das Kapitel »Sitznachbarn« noch mal durch.

Probleme mit dem Lehrer ansprechen

Wenn du besser werden möchtest, aber nicht weißt, wie, dann rede doch einfach mal mit deinem Lehrer. Er oder sie entscheidet am Ende, ob du dich verbesserst oder nicht. Oft können die Lehrer dir hilfreiche Tipps geben, wie du deine mündliche Note verbesserst. Und es fördert obendrein die Beziehung zu deinem Lehrer, denn jeder Lehrer freut sich, wenn du dich interessierst und zeigst, dass dir eine gute Leistung wichtig ist. Da so etwas nur sehr wenige Schüler machen, stichst du aus der Masse heraus und dein Lehrer oder deine Lehrerin wird besonders in den folgenden Stunden auf dich achten. Wenn du dich dann anstrengst und ablieferst, wird sich deine Note deutlich verbessern. Schaffe dir diese Chance und nutze sie.

Strichliste für Schüchterne

Eine extrem effektive Taktik, besonders wenn du schüchtern bist und dich nicht traust, dich viel zu melden, ist, eine Strichliste zu führen. In jeder Stunde machst du einen Strich, wenn du dich meldest. Du solltest dir Ziele setzen. In der ersten Woche ist dein Ziel, dich dreimal in einer Stunde zu melden. Wenn das gut klappt, gehst du hoch auf fünfmal pro Stunde. Dann auf 8, 10, 15, 20, 25. Viele 1,0er-Schüler/innen haben genau das gemacht, um über ihre Schüchternheit hinwegzukommen. Du solltest aber, wenn du das machst, weiterhin auf qualitativ hochwertige Antworten setzen – gib nicht den Laberfritze. Ein paar 1,0er-Schüler/innen haben auch ihre Strichlisten aufgehoben und zur Notenbesprechung mitgenommen. Viele haben aber davon abgeraten, da es möglicherweise einen komischen Eindruck erzeugt, wenn man das macht. Ich würde vorschlagen, Strichlisten aufzuheben und sie zum Beispiel an die Wand zu hängen, um den Fortschritt zu sehen und sie so als Motivation zu nutzen. Wenn man sich dann bei der Notenbesprechung extrem ungerecht behandelt fühlt, kann man die mitnehmen. Aber ich würde es wirklich nur in extremen Fällen empfehlen.

Fragen stellen

Der größte Grund, weswegen die 1,0er-Schüler in der mündlichen Mitarbeit besser als ihre Klassenkameraden waren, war ... (Trommelwirbel) ..., dass sie Fragen gestellt haben.

Du denkst jetzt vielleicht: »Hä? Wer Fragen stellt, zeigt offen, dass er nicht verstanden hat, was der Lehrer gesagt hat, und deswegen denkt der Lehrer, dass dieser Schüler schlecht in dem Fach ist, wenn er nachfragen muss, um den Stoff zu verstehen.«

Das ist aber komplett falsch. Die Vorteile vom Fragenstellen sind:

1. Du zeigst dem Lehrer, dass du lernen willst und dass du daran interessiert bist, das Unterrichtsthema wirklich zu verstehen.
2. Du musst viel weniger zu Hause lernen, wenn du den Stoff schon in der Schule verstehst. Warum darauf verzichten, denjenigen zu fragen, der es am besten weiß?
3. Im Gegensatz zu anderen Beiträgen können Fragen nicht falsch sein. Deswegen wird, egal, welche Frage du stellst, deine mündliche Note besser.

Das Problem ist: 90 Prozent der Schüler nicken immer nur mit dem Kopf und tun so, als hätten sie alles verstanden, weil sie nicht als der/die einzige Dumme aus der Klasse dastehen wollen, der/die nichts checkt. Die Leute vergessen aber, dass es vielen so geht. Der Lehrer ist dir oft sogar dankbar, wenn du Fragen stellst, da er selber merkt, dass alle nur »Ja« sagen, um nicht dumm auszusehen, und in Wirklichkeit nichts checken, und er aber natürlich nicht weiß, wo genau das Problem ist. ER kann es ja, und für Leute, die etwas können, ist es oft sehr schwierig nachzuvollziehen, warum andere es nicht kapieren. Durch deine Fragen hilfst du auch deinen Mitschülern, die sich nicht trauen, Fragen zu stellen, da sie vielleicht genau das Gleiche nicht verstehen.

Also trau dich, Fragen zu stellen, wenn du etwas nicht verstehst, und denk immer daran, dass der Lehrer es gut findet, wenn du nachfragst, und du dadurch deine mündliche Note verbesserst.

Hausaufgaben und Vorarbeiten

Du solltest immer deine Hausaufgaben machen, da es dich perfekt auf den Unterricht vorbereitet und du dich dadurch mehr melden kannst. Hausaufgaben sind der beste Weg, besser in einem Fach zu werden, in dem du kein Wissen hast oder nicht mitkommst, da du zu Hause ja alle Zeit der Welt hast, die Aufgaben zu lösen, und auch deine Eltern oder Google zu Hilfe holen kannst.

Es hilft auch extrem, wenn du dir im Bus auf dem Schulweg oder in den letzten Minuten vor den Stunden noch mal anguckst, was ihr in der letzten Stunde gemacht habt. So bist du sofort wieder im Thema und kannst dich perfekt melden, wenn der Lehrer fragt: »Was haben wir in der letzten Stunde gemacht?« Das sind easy Meldungen und somit Notenpunkte, die du locker einsammeln kannst. Du solltest dich besonders bei der Hausaufgabenkontrolle viel melden, da du zu Hause ausreichend viel Zeit hast, um eine qualitativ hochwertige Hausaufgabe zu machen. So kannst du als schwacher Schüler extrem viele mündliche Pluspunkte sammeln. Ein »No-Brainer« sollte sein, dass du natürlich keine extrem aufwendigen Hausaufgaben machst, wenn dein Lehrer sie eh nie überprüft.

Ausreichender Schlaf

Eine wichtige Sache, worauf die 1,0er-Schüler sehr oft hingewiesen haben, ist genug Schlaf. Ich kenne es von mir selbst und meinen Freunden: Je älter wir wurden, desto weniger haben wir geschlafen. Das kann sehr negativ für deine mündliche Mitarbeit sein. Du kannst dich nicht nur schlechter konzentrieren, worunter die Qualität deiner Beiträge sehr leidet. Es soll auch vorkommen, dass Schüler im Unterricht einschlafen. Das gehört zu den von Lehrern am meisten gehassten Aktionen von Schülern. Ich verspreche dir: Wenn du im Unterricht einschläfst, wird dein Lehrer mindestens für das nächste Halbjahr einen Hasskick auf dich haben. Deswegen verbringe vor dem Schlafengehen ein bisschen weniger Zeit an deinem Handy und gib am nächsten Morgen in der ersten Stunde Top-Beiträge, wenn alle anderen noch damit kämpfen, dass ihre Augen nicht wieder zufallen.

Bonus: Nicht ungewollt drankommen

Wenn du dich viel meldest, hat das den zusätzlichen Vorteil, dass du bei kritischen Fragen oft nicht drangenommen wirst. Jeder, der in einem Fach schlecht ist, kennt diese Angst, plötzlich aufgerufen zu werden und nichts, aber auch gar nichts Sinniges sagen zu können. Für mich persönlich ist das eins der ekeligsten Gefühle, die man haben kann. Dasselbe Gefühl hast du auch bei der Hausaufgabenkontrolle, wenn du keine Hausaufgaben hast. Du denkst nur die ganze Zeit: »Bitte nimm mich nicht dran. Bitte, bitte, bitte!« Dieser Angst kannst du vorbeugen, indem du dich viel meldest. Wenn du dich zum Beispiel bei der Hausaufgabenkontrolle bei Aufgabe 1 gemeldet hast (die du vielleicht gerade noch so vor der Stunde von deinem Sitznachbarn abgeschrieben hast), ist die Chance extrem niedrig, dass du bei den Aufgaben 2 bis 6 (die du nicht hast) wieder drangenommen wirst, da es noch mindestens 20 weitere Schüler gibt, die noch gar nichts gesagt haben. Dasselbe gilt für schwere Fragen im Unterricht. Wenn du in einem Fach schlecht bist, dich aber bei den einfachsten

Fragen immer meldest, wird der Lehrer dich nie bei den extrem schweren drannehmen. Du baust quasi einen Puffer auf.

Feedback – leicht geholte Punkte

Eine der einfachsten Arten, einen mündlichen Beitrag abzugeben, ist, bei Referaten und Vorträgen Feedback zu geben. Höre einfach beim Vortrag gut zu und gib eine qualitativ hochwertige Rückmeldung. Das Gute ist, dass du kein Fachwissen brauchst, um einen guten Beitrag abzugeben. Da reicht natürlich nicht »Ich fand es gut«, da kannst du dir direkt die ganze Meldung sparen. Drücke dich halbwegs gewählt aus und erwähne irgendetwas, was der Vortragende gesagt hat, und ergänze, was daran gut oder schlecht war. So gibst du ohne Anstrengung einen Beitrag ab, der den Unterricht weiterbringt. Durch solche kleinen Tricks verbessert sich deine mündliche Mitarbeit mit null Anstrengung. Was willst du mehr?

Hausaufgaben abgeben

Falls du nicht zu den größten Rednern gehörst, ist das nicht schlimm. Auch ohne viel zu reden, kannst du eine gute mündliche Note bekommen. Die beste Art ist, einfach mal deine Hausaufgaben oder Aufgaben aus dem Unterricht abzugeben. Viele Lehrer werden sie gerne annehmen. Gerade wenn du zu den eher Leiseren im Unterricht gehörst. Das Gleiche gilt für Aufgaben aus dem Unterricht. Wenn du ein Thema sehr gut verstanden hast oder das Gefühl hast, dass du ein paar Aufgaben richtig »gerockt« hast, gehe einfach am Ende der Stunde zu deinem Lehrer und frage, ob du sie abgeben kannst. Da Hausaufgaben entgegenzunehmen noch mal extra Arbeit für den Lehrer bedeutet, ist es dafür aber essenziell, dass du eine gute Beziehung zu deinen Lehrern hast.

Vorträge

Du solltest bei Gruppenarbeiten immer derjenige sein, der vorträgt, da du dann noch mal besonders auffällst und Vorträge, die benotet werden, natürlich auch als Teil der mündlichen Mitarbeit gewertet werden. Du kannst auch, wenn du das Gefühl hast, dass deine mündliche Note sehr wahrscheinlich nicht so gut werden wird, Referate machen, aber dazu später mehr. Wenn du eine Gruppenarbeit machst, frage die anderen in der Gruppe, ob du vorstellen kannst. Vermutlich werden sie sich freuen, da bekanntermaßen niemand gerne vorträgt. So machst du dich beliebt und bekommst eine bessere mündliche Note – Win-win.

Löchriges Gehirn? Kein Problem!

Du kennst bestimmt diesen Moment, wenn du dich zehn Minuten meldest und dann endlich vom Lehrer drangenommen wirst, aber auf einmal nicht mehr weißt, was du sagen wolltest. Das wirft ein schlechtes Bild auf dich, weil es so rüberkommt, als hättest du dich nur gemeldet, ohne drangenommen werden zu wollen, und es ist sehr peinlich. Um dieser Situation zu entgehen, schreib einfach deine Gedanken in Stichpunkten auf, wenn du dich melden willst. So kannst du dem Unterricht folgen, ohne Angst zu haben, deinen Beitrag zu vergessen. Außerdem kannst du so deinem Beitrag noch weitere Facetten geben und eine qualitativ höhere Antwort geben.

Zusammenfassen

Wenn du mal im Unterricht keinen Plan hast, ist das kein Problem, da du einfach aufpassen kannst und, wenn du Glück hast, nicht drangenommen wirst. Es ist aber ein Problem, wenn du etwas zum Unterrichtsgeschehen beitragen willst, ohne Ahnung von dem Thema zu haben. Am besten kannst du das Problem lösen, indem du am Ende eines Aspektes oder nach einer Frage des Lehrers und folgenden Wortbeiträgen von Mitschülern noch mal das Gesagte zusammenfasst. Um das zu machen, musst du nur zuhören. Oft gefällt es dem Lehrer sogar, wenn nach vielen verschiedenen Meldungen am Ende in einem Beitrag alle gesagten Aspekte zusammengefasst werden. Wenn du dich aber immer nur am Ende meldest und das Gesagte zusammenfasst, hilft das deiner Note auch nicht sehr –

irgendwann fällt es auf, dass du selbst nicht wirklich etwas beiträgst. Also verlass dich nicht nur auf diese Taktik.

Am besten strukturierst du deinen Beitrag eher als Frage. Sag einfach: »Das heißt also zusammengefasst ...?« So machst du die Zusammenfassung unauffälliger und dein Lehrer checkt nicht zwingend, dass dein Beitrag keine Eigenleistung war. Deinem Lehrer wird die Zusammenfassung vermutlich gefallen, da es zeigt, dass du als sein Schüler (vermeintlich) durch seine Erklärungen das Thema zu 100 Prozent verstanden hast.

Zweimal mit einem Beitrag melden

Dieser Trick ist der beste Tipp, den ich je zur mündlichen Mitarbeit gehört habe. Als ich ihn durch die Interviews kennenlernte, dachte ich mir: »Das ist genial!« Ich wette, es wird dir gleich auch so gehen.

Der Trick geht so: Wenn du dich meldest, drangenommen wirst und einen Beitrag leistest, der durchschnittliche oder gute Qualität hat, meldest du dich sofort danach zur nächsten Frage wieder. Es ist egal, ob du die Antwort weißt oder nicht (natürlich ist es besser, wenn du sie weißt). Du denkst dir jetzt bestimmt: »Das ist viel zu risikoreich! Was ist, wenn ich drangenommen werde?« Das habe ich am Anfang auch gedacht. Mir haben dann aber die 1,0er-Schüler erklärt, dass du mit einer 99-prozentigen Chance nicht drangenommen wirst. Der Lehrer will ja fair sein und so vielen Schülern wie möglich die Chance geben, einen Beitrag für eine bessere Note zu leisten. Darum wird er dich nicht zweimal hintereinander drannehmen, wenn es noch zehn weitere Schüler gibt, die sich melden. Als ich das hörte, machte es bei mir »klick«. Es ist logisch, wenn du dich in den Lehrer hineinversetzt. Würdest du, wenn zehn Leute sich melden, eine Person einmal drannehmen und dann sofort noch mal dieselbe, ohne auf die anderen zu achten, die sich auch melden? Sehr wahrscheinlich nicht. So schaffst du es, durch einen Beitrag zwei Meldungen zu bekommen. Genial, oder?

Diesen Trick kannst du dir immer zunutze machen, wenn sich noch mindestens vier andere mit dir melden (wenn du der oder die Einzige bist, der oder die die Hand oben hat, hast du ein Problem) und du dich regelmäßig meldest. Wenn du dich einmal im Monat meldest, kann es passieren, dass der Lehrer, wenn du dich sofort noch mal meldest, denkt: »Oh er/sie meldet sich noch mal. Den/die nehm ich noch mal dran. Man weiß ja nie, wann da wieder mal was kommt.« Deswegen probiere diese Strategie nur aus, wenn du dich regelmäßig beteiligst. Abgesehen von diesem kleinen Problem gibt es keinen Haken bei dieser unglaublichen Taktik.

Konstant sein

Wenn du mündlich Top-Noten bekommen willst, musst du konstant alles geben und immer zu den Besten gehören. Wenn du nur in den ersten drei Wochen des Jahres der Allerbeste bist, bekommst du am Ende des Jahres immer noch eine schlechte Note. Du solltest dich besonders in den letzten drei Wochen vor der Notenabgabe anstrengen. Wenn der Lehrer deine Note eintragen muss, wird er sich am besten an die letzten drei Wochen erinnern können. Also besonders am Ende des Jahres noch mal extra Gas geben, aber auch sonst immer eine konstante Leistung abliefern. Es ist wie beim Fußballspielen: Da gibst du ja auch nicht nur die ersten und letzten zehn Minuten alles, und sonst setzt du dich nur auf den Rasen. Du willst konstant gut sein und besonders in der 80. Minute noch mal alles aus dir rausholen. Den gleichen Ansatz solltest du in der Schule haben.

Der mündliche Masterplan

Der »mündliche Masterplan« ist eine Zusammenfassung der wichtigsten Tipps aus diesem Kapitel und gibt dir eine Art Checkliste, an der du dich langsam hocharbeiten kannst, bist du ein mündlicher Gott oder eine mündliche Göttin bist.

Dieser Masterplan ist wie ein Videospiel in Leveln strukturiert. Erst wenn du Level 1 erfolgreich bestanden hast, darfst du weiter zu Level 2 gehen. Die Level sind nicht fächer-/kursübergreifend. Das heißt, dass du zum Beispiel in Kunst schon Level 4 sein kannst, aber in Mathe noch Level 1 bist. Verstanden? Okay, los geht's!

Anmerkung: Die Zahlenangaben in dem Masterplan basieren auf den persönlichen Erfahrungen der 1,0er-Schüler. Sie hängen sehr stark davon ab, wie leistungsstark deine Klasse/dein Kurs ist. Falls du also merkst, dass du zu den besseren Schülern gehörst, aber immer noch in Level 1 feststeckst, weil du in einem extrem leistungsstarken Kurs bist, kannst du die Anzahl der Meldungen, die benötigt werden, um ein Level zu bestehen, senken. Denk daran, dass das ultimative Ziel sein sollte, dass du immer als Letztes drangenommen wirst.

Level 1: Versuche, dich immer zu melden, wenn du dir zu 100 Prozent sicher bist, dass deine Antwort richtig ist. Das sind meistens einfache Fragen, zum Beispiel, was ihr letzte Stunde gemacht habt, oder einfache Konzepte aus dem Unterricht. Einfache Pluspunkte kannst du auch sammeln, wenn du dich bei den Fragen meldest, für die du kein Vorwissen brauchst, wie zum Beispiel bei Bildbeschreibungen oder Rückmeldungen. Wenn ein/e gute/r Schüler/in neben dir sitzt, kannst du diese Person auch fragen, ob deine Antwort richtig ist, bevor du dich meldest. Versuche, viele Fragen im Unterricht zu stellen, da Fragen nicht falsch sein können und du dafür null Vorwissen brauchst. Um dieses Level zu bestehen, musst du mindestens eine Woche lang jeden Tag ein- bis zweimal pro Stunde drangenommen worden sein.

Level 2: Da du extrem aufmerksam bist, wirst du die Themen viel schneller verstehen und du kannst anfangen, themenbezogene Beiträge zu geben. In dieser Phase kannst du auch anfangen, mehr Risiko einzugehen.

Sei dir zu 70 bis 100 Prozent sicher, dass deine Antwort stimmt. Gerade bei fachbezogenen Fragen, die etwas schwieriger sind, hilft es dir, wenn du neben einem guten Schüler sitzt, den du, bevor du dich meldest, fragen kannst, ob die Antwort sehr wahrscheinlich richtig sein wird. Um dieses Level zu bestehen, musst du eine Woche lang täglich drei- bis viermal in jeder Stunde zu einer themenbezogenen Frage drangenommen worden sein.

Level 3: In Level 1 und Level 2 ging es viel um Quantität. In Level 3 geht es um qualitativ hochwertige Antworten. Wenn du Level 3 erreicht hast, ist dem Lehrer aufgefallen, dass du angefangen hast, dich anzustrengen. Du gehörst zu den Schülern, die gut mitmachen und den Unterricht in Gang halten. Um dich von den anderen guten Schülern abzusetzen, musst du jetzt deine Qualität verbessern. Die Level 1 und 2 konntest du gut bestehen, selbst wenn du, wenn du drangenommen wurdest, »irgendeinen Müll« gelabert hast. Damit ist nun Schluss. Anstatt deinen Finger nach jeder Frage des Lehrers so schnell wie möglich in die Luft zu reißen, versuche jetzt, lieber ein bisschen länger nachzudenken und dadurch auch inhaltlich starke Beiträge zu liefern.

Du wirst dich jetzt vielleicht fragen: »Was ist eine qualitativ hochwertige Antwort?« Einfach gesagt ist es eine Antwort, die verschiedene Themenbereiche und Blickwinkel verbindet. Nehmen wir als Beispiel die Frage »Warum ist Hitler an die Macht gekommen?«. Eine schnelle und quantitative Antwort wäre: »Weil sich die Deutschen nach dem Ersten Weltkrieg betrogen fühlten.« Das ist keine extrem schlechte Antwort, aber sie ist relativ oberflächlich und betrachtet nur einen Aspekt. Wenn du nun zu den Allerbesten gehören möchtest, sollte deine Antwort eher so aussehen: »Es gibt viele Gründe dafür. Zum einen fühlten sich viele Deutsche nach dem sogenannten Schmachfrieden von Versailles von den etablierten Institutionen verraten und fingen deswegen an, radikalere Parteien wie die NSDAP zu wählen. Das ist aber nicht der einzige Grund. Ein weiterer wichtiger Grund ist die Finanzkrise in 1929, die Millionen von Deutschen in die Armut trieb. Es ist bewiesen, dass arme Menschen eher radikale Parteien wählen, weswegen die Finanzkrise ein bestimmender Faktor war. Außerdem waren zum Beispiel die Nazis die erste Partei, die für die Reisen im Wahlkampf ein Flugzeug benutzten und die das Radio für flächendeckende Wahlwerbung nutzten.«

Natürlich ist so was die »1 mit 10 Sternchen«-Antwort und nicht jeder deiner Beiträge muss so detailliert sein. Du solltest aber versuchen, Beiträge in dieser qualitativen Richtung abzuliefern. Dafür würde ich dir empfehlen, das Kapitel »Tiefe: Wie du den Lehrer zwingst, dir schriftlich eine 1 zu geben« genau durchzulesen.

Um Level 3 zu bestehen, musst du eine Woche lang pro Tag drei Antworten geben, die qualitativ so sind wie das Beispiel oben. Damit du das schaffst, würde ich dir empfehlen, dein Grundwissen zu verbessern, um Verknüpfungen herstellen zu können, wie es im Beispiel getan wird. Dazu gehört, dass du dich sowohl in Geschichte als auch in aktuellem Zeitgeschehen auskennst. Das hilft, um Zusammenhänge herzustellen, Vergleiche ziehen zu können et cetera.

Level 4: In diesem Level geht es darum, Quantität und Qualität in deinen mündlichen Beiträgen zu kombinieren. Fang nicht auf einmal an, nur drei Beiträge pro Stunde zu leisten, weil du denkst, jeder deiner Beiträge müsse das Niveau des Beispiels in Level 3 haben. Du solltest immer noch Beiträge auf Level 1 und Level 2 geben, denn einfache Meldungen bringen weiterhin Pluspunkte. Immer wenn du denkst, dass du die Antwort auf die Frage deines Lehrers weißt, solltest du dich melden. Wenn du Level 4 erreicht hast, kannst du dir sicher sein, dass deine Antworten meistens richtig sind, weil du dich jetzt mit den Unterrichtsthemen gut auskennst. Da du jetzt zu den Besten der Klasse gehörst, wirst du nicht mehr als Erstes drangenommen, sobald du deinen Finger nach oben streckst. Dadurch hast du beim Melden noch mehr Zeit, die Qualität deiner Beiträge zu verbessern. Solange du ungefähr einmal pro Stunde einen Beitrag mit

Top-Qualität raushaust und sechs bis acht Beiträge mit halbwegs guter Qualität, ist dir deine 1 mündlich mehr als sicher.

Um Level 4 zu bestehen, musst du nicht eine bestimmte Anzahl von Meldungen erreichen, sondern oft als Letzter drangenommen werden. Das bedeutet, wenn der Lehrer eine Frage stellt, nimmt er erst mal alle anderen Schüler dran, die sich melden, und dich nur, wenn kein anderer (mehr) seinen Finger oben hat. Das Level ist nicht bestanden, wenn du einmal zufällig als Letzter drangenommen wirst. Es sollte vielmehr schon fast die Norm sein.

Level 5: Herzlichen Glückwunsch! Du gehörst jetzt zu den zwei bis drei Besten aus deiner Klasse oder bist sogar der/die Allerbeste. Am Anfang kann es sehr deprimierend sein, wenn du auf einmal nicht mehr so oft drangenommen wirst. Aber es zeigt einfach, dass der Lehrer denkt, dass du eh die Antwort weißt, weswegen er den anderen auch eine Chance geben will, das Richtige zu sagen. Das zeigt, dass sich deine ganze harte Arbeit gelohnt hat. Du kannst dich ab jetzt entspannen und in deinem Stuhl zurücklehnen. Wenn zum Beispiel die Schlechtesten aus der Klasse sich einmal melden, kannst du dich automatisch mitmelden, auch wenn du die Antwort nicht weißt oder dir sehr unsicher bist, da du eh nicht drangenommen wirst. Falls doch, hast du beim Melden noch genug Zeit, um dir deine Antwort zu überlegen. Wenn du dann doch manchmal drangenommen wirst und nur vor dich hin stammelst, pausiere diese Strategie lieber und melde dich wieder nur, wenn du dir sicher bist. Habe aber keine Angst, es in zwei bis drei Wochen wieder auszuprobieren. Mit dieser Strategie kannst du deine Anstrengungen zurückfahren und bekommst immer noch eine 1.

Natürlich solltest du mit deinen Beiträgen nicht komplett aufhören, aber du kannst es entspannter angehen. Sei so tief im Unterrichtsthema drin, dass du für die Antworten nicht mehr lange nachdenken musst, falls du doch drankommst.

Wenn du Level 5 erreichst, wird das Melden ziemlich langweilig, weil du immer als Letzter drangenommen wirst und meistens schon jemand die richtige Antwort gesagt hat. Anstatt nur gelangweilt an deinem Tisch zu sitzen und deiner Hand beim Einschlafen zuzusehen, solltest du anfangen, deinem Sitznachbarn die Antworten vorzusagen oder einfach zu helfen, wenn dieser nichts dagegen hat. Er wird dir nicht nur extrem dankbar sein, dein Sitznachbar ist dann auch viel eher bereit, dir in Fächern zu helfen, in denen du schlechter bist. So kannst du deine Schwächen und Stärken perfekt in der Schule ausgleichen. Es schadet dir nicht, andere glücklich zu machen, und es macht dich selber glücklich.

Referate als Notenplus

Auf die Frage »Sollte ich Referate machen, um meine mündliche Note zu steigern?« haben 90 Prozent der 1,0er-Schüler mit »Ja« geantwortet. Referate sind eine super Gelegenheit, um in der Oberstufe noch einen Punkt mehr zu bekommen. Und in der Unter- und Mittelstufe kann es entscheiden, ob du am Ende eine 2+ oder 1− bekommst. vielleicht findest du es unfair, dass man mit einem kleinen Referat bis zu einer Note besser werden kann, aber es geht in der Schule nicht um Fairness. Es geht auch im Leben nicht darum, ob etwas fair ist. Denkst du wirklich, dass sich irgendjemand aufregen würde, wenn ein Athlet eine neue Strategie finden würde, durch die er 20 Prozent besser als seine Gegner ist? Solche Leute werden einfach als schlau angesehen. Dieselbe Einstellung solltest du auch in der Schule haben. Es ist dumm, keine Referate zu machen, besonders in Fächern, in denen du schwächer bist. Du kannst dich lange zu Hause vorbereiten und so einfach eine Top-Note kassieren.

Du solltest es aber auch nicht übertreiben. Mache in einem Fach allerhöchstens zweimal im Halbjahr ein Referat. Referate dürfen auf keinen

Fall andere Fächer behindern. Ein tolles Referat ist keine schlechte Klausur wert. Referate sind ein Extra. Klausuren gehen vor.

Wenn deine Referate nur vorgelesene Wikipedia-Artikel sind, kannst du es dir auch direkt sparen. Mach ein qualitativ hochwertiges Referat oder gar keins. Achte auch darauf, wann du es machst. Es kommt nie gut an, wenn du den Lehrer in der letzten Schulwoche, bevor die Noten eingetragen werden, fragst, ob du noch schnell ein Referat machen kannst, weil du endlich gecheckt hast, dass du dieses Jahr nichts gemacht hast und sehr wahrscheinlich eine schlechte Note in deinem Zeugnis stehen wird. Frage deinen Lehrer am besten schon drei Monate vor Schulschluss, ob du ein freiwilliges Referat innerhalb des nächsten Monats machen kannst. So hast du Zeit, dich vorzubereiten, und es ist kein »Last minute«-Referat.

Auch wenn gerade freiwillige Referate den Ruf haben, schleimerisch rüberzukommen, hat die Mehrzahl der 1,0er-Schüler genau das empfohlen. Es kann einfach den Unterschied ausmachen. Abgesehen davon beweist die Geschichte von Sarah J., dass der Wille, ein Referat zu halten, dir schon extrem weiterhelfen kann: Sie hat sich in Chemie bei einem Thema ziemlich schlecht gefühlt und dann ihre Lehrerin gefragt, ob sie noch ein Referat machen könne, damit sie das Thema besser versteht. Die Lehrerin hat dann aber gesagt, dass sie das nicht so sieht. Dass sie den Eindruck hat, dass sie immer gut mitmacht (der Halo-Effekt in freier Wildbahn!). So hat sie einen Pluspunkt bekommen, weil sie ihre Anstrengungsbereitschaft und ihren Willen gezeigt hat, ohne dass sie dann überhaupt ein Referat machen musste. Außerdem helfen dir Referate bei der mündlichen Abiprüfung extrem weiter, weil du durch sie Erfahrungen damit sammelst, vor einer Gruppe etwas zu präsentieren.

Ich hoffe, dass du nach diesem langen Kapitel den unglaublich großen Einfluss der mündlichen Mitarbeit auf deinen Schulerfolg verstanden hast.

Action: Überlege dir, welche der oben genannten Tipps du sofort am nächsten Schultag ausprobieren wirst.

Zusammenfassung für Faule

1. Mündliche Mitarbeit ist der am meisten unterschätzte Faktor in der Schule.
2. Qualität und Quantität der Beiträge sind beide extrem wichtig.
3. Um mündlich gut zu sein, muss deine Aufmerksamkeit sehr hoch sein. Versuche, 90 Prozent der Stunde mental anwesend zu sein.
4. Du musst unbedingt Fragen stellen, um deine Note zu verbessern. Im Gegensatz zu anderen Beiträgen können Fragen nicht falsch sein und bringen immer Pluspunkte.
5. Um den »mündlichen Masterplan« zu verstehen, solltest du ihn dir auf jeden Fall im Original im oberen Kapitel durchlesen.
6. Referate können dich, wenn du auf der Kippe zwischen zwei Noten stehst, »rausreißen«.

Meine Geschichte: Durchschnitt 1,9 – ich habe das Unmögliche möglich gemacht!

Es war der erste Schultag nach den Ferien. Seitdem es »klick« gemacht hatte, hatte ich nicht, wie du vielleicht annimmst, 24/7 gelernt, um perfekt auf das neue Schuljahr vorbereitet zu sein. Ich hatte in meinen Ferien, wie die Jahre davor und wie die meisten Schüler, kein Schulbuch angefasst. Was ich aber immer noch hatte, war mein 100-prozentiger Wille, alles zu geben, um besser zu werden. Es war nicht so, wie es viele schon erlebt haben, dass ich in den Ferien gesagt hätte: »Ich werde mich nächstes Jahr mehr anstrengen und endlich mal anfangen, in jedem Fach ein Heft zu haben und ein Inhaltsverzeichnis in jedem Heft führen«, und dann ist nach dem ersten Schultag diese ganze Motivation wieder weg.

Der Wille war wie tief in mir eingebrannt. Von der ersten Stunde im neuen Schuljahr an habe ich einfach versucht, mich bei jeder Frage zu melden und zu hoffen, dass ich mit der Antwort richtiglag. Ehrlich gesagt wusste ich in dieser Phase nicht, ob es funktionieren würde. Ich hatte einfach nur dieses Ziel, besser zu werden, und die Strategie, mich viel zu melden. Ob mir das wirklich zu besseren Noten verhelfen würde? Ich hatte keine Ahnung! In dieser Zeit habe ich mir, vielleicht durch Zufall oder Glück, die beste mündliche Strategie angeeignet, die es gibt. Durch sie habe ich es geschafft, in allen Fächern mündlich immer besser zu werden (im Kapitel »Mündliche Mitarbeit und Aufmerksamkeit« zeige ich dir diese Strategie). Nach jahrelangem Aus-dem-Fenster-Gucken, Hefte-aus-Langeweile-mit-dem-Füller-Durchlöchern (ja, das habe ich wirklich gemacht!) und Vom-Lehrer-angemotzt-Werden, fing ich endlich an zu verstehen, um was es im Unterricht ging. Auf einmal bemerkte ich, dass das eigentlich extrem interessant ist. Dadurch machte mir das Lernen immer mehr Spaß und ich wurde auch schriftlich besser.

Als ich eines Tages aus dem Klassenraum ging, ging meine Klassenlehrerin neben mir. Damals war unser Verhältnis noch nicht so gut, weil es in den Jahren davor sehr viele Konflikte zwischen uns gegeben hatte. Als sie mich ansprach, dachte ich, dass ich wieder Ärger bekommen würde. Aber dann kam zu meiner großen Überraschung: »Sag es nicht den anderen. Aber mir kommt es so vor, als wärest du ehrgeiziger geworden.« Als sie das sagte, wusste ich, dass ich auf dem richtigen Weg war. Ab diesem Moment hatte ich viel mehr Selbstvertrauen, weil ich endlich etwas hatte, in dem ich extrem gut war. Selbst in Sport, wo ich immer zu den Guten gehört hatte, war ich in keiner Sportart wirklich extrem gut. Und egal, welche Sportart ich neu anfing, mein Bruder war nach zwei Wochen immer besser als ich. Deswegen war ich jetzt das erste Mal in meinem Leben richtig stolz auf mich.

Ich bin ehrlich mit dir: Es war nicht alles wie im Disney-Film. Um besser zu werden, musst du auch viele Opfer bringen. Bis heute bin ich der Meinung, dass Schule mehr Spaß macht, wenn du nicht richtig aufpasst und irgendetwas Lustiges mit deinen Freunden machst. Wenn du aber gut in der Schule bist und keine Scheiße baust, macht es dich innerlich glücklicher. Ein Grund, warum ich unbedingt besser werden wollte, war, dass ich mich einfach nicht mehr mit den ganzen Anmotzereien der Lehrer und der Angst beim Elternsprechtag rumschlagen wollte.

Um besser zu werden, musste ich auch schwere Entscheidungen treffen. Schon damals war mir klar, dass man mit Sitznachbarn, die nur Scheiße machen, nicht gut in der Schule werden kann. Als ich mich wegsetzte, hatte ich extrem Angst, dass sie nicht mehr meine Freunde sein würden und ich dann nicht mehr zu den »Coolen« gehören würde. In Physik saß ich zum Beispiel immer ganz hinten an einem Gruppentisch und habe immer nur Scheiße gemacht und nie die Aufgaben. Am Anfang der 7. Klasse entschied ich mich, von diesem Tisch wegzugehen und mich nach ganz vorne zu setzen, an einen »Strebertisch«. In der ersten Stunde hatte ich extrem Angst, dass meine Freunde wütend wären. Aber mehr als ein paar fragende Blicke habe ich nicht abbekommen. Als ich mich für den »Strebertisch« entschied, dachte ich, es würde langweilig werden, aber dass ich zumindest gute Noten bekommen würde. Es kam aber ganz anders. Mit den »Strebern« hatte ich auch sehr viel Spaß und mir wurde klar, dass sie auch sehr korrekte Menschen waren. Bei meinen Freunden sind meine Ängste überhaupt nicht eingetreten. Auch wenn sie am Anfang verwirrt waren und mich gefragt haben: »Warum hast du dich umgesetzt?«, kam nach ein paar Wochen ein weiterer Freund von hinten nach vorne und setzte sich an unseren Tisch. Nach einem Monat gab es sogar einen kleinen Kampf darum, wer vorne sitzen konnte, da es natürlich nur eine bestimmte Anzahl von Plätzen gab.

Der letzte Schultag kam extrem schnell. Als ich in der letzten Stunde vor den Sommerferien nach dem traditionellen Frühstück in der ersten Stunde darauf wartete, dass bei der Zeugnisübergabe mein Name aufgerufen wurde, überlegte ich mir, welchen Schnitt ich wohl bekommen würde. Das ganze Jahr hatte ich mich so darauf konzentriert, mich so viel wie möglich zu melden und mein Leben zu verändern, dass ich nie wirklich an einen Traumschnitt gedacht hatte. Ich erinnerte mich an mein Ziel von 2,6 und hoffte, dass ich es jetzt erreicht hatte. Mein Name wurde aufgerufen und ich ging nach vorne. Mein Lehrer lächelte verschmitzt. Er gab mir das Zeugnis und sagte: »Dein Zeugnis sieht echt gut aus.« Da er das zu jedem sagte, nahm ich es nur entgegen und setzte mich, um meinen Schnitt auszurechnen. Ich nahm meinen Taschenrechner und gab meine Noten ein.

Ich konnte nicht glauben, was auf dem Display in grauen Ziffern stand: 1,9. Zuerst war ich extrem verwirrt, da ich noch nie einen

1er-Schnitt gehabt hatte oder überhaupt besser als 2,6 gewesen war. Nach nochmaligem Nachrechnen realisierte ich, was ich im letzten Jahr geschafft hatte: Ich hatte mich von 3,0 auf 1,9 verbessert. Um 1,1 in einem Jahr! Alle meine Freunde waren genauso geflasht wie ich und meinten, das sei das beste Zeugnis, das ich je haben würde. Tief in meinem Inneren wusste ich aber, dass mein Potenzial noch lange nicht voll ausgeschöpft war und dass es noch deutlich besser ging. Durch diesen Erfolg habe ich Blut geleckt und hatte ein neues Ziel: »Im nächsten Jahr werde ich 200 Prozent geben, um meine alten Grenzen weiter zu überschreiten, und gucken, wie weit mich mein Potenzial bringt.«

Richtig Notizen machen und organisieren

»Die Post-its haben mich echt gerettet.«
Elisabeth D.

»Ein Locher, dass man von Anfang an keine Zettelwirtschaft anlegt.«
Felix S.

Eine der wichtigsten Fähigkeiten in der Schule ist, gute Notizen zu machen. Sie sind am Ende das Rüstzeug, mit dem du für die Klausuren und sogar fürs Abitur lernst. Aber bitte schreib nicht alles eins zu eins ab, was der Lehrer sagt und an die Tafel schreibt. Du solltest immer alles in deinen eigenen Worten festhalten. Damit du dich auch noch melden kannst und nicht nur die ganze Zeit schreibst, schreib nur in Stichpunkten mit.

Benutze für deine Mitschriften in der Schule am besten einen Collegeblock und Hefter oder Ordner. Hefte bringen nicht viel, da du hier keine Blätter einfügen oder herausnehmen kannst. Achtung! Hefte deine Mitschriften immer sofort sauber ab, lass die Zettel nicht im Block oder irgendwo lose herumfliegen. So verlierst du wertvolle Mitschriften für deine Klausuren. Ich empfehle dir sehr, dir einen kleinen Locher aus Plastik zu kaufen, um die Blätter direkt zu lochen. Auch wenn die meisten Collegeblöcke gelocht sind, gibt es extrem viele Lehrer, die zu faul sind, ihre Arbeitsblätter zu lochen, und dann ist das Risiko, dass du sie in deinem Rucksack zerknitterst oder sie ganz verloren gehen, sehr hoch.

Benutze am besten für jeden Grundkurs einen Schnellhefter und für deine Leistungskurse (oder wie immer das in deinem Bundesland heißt, Seminar oder Kernkompetenzfach oder wie auch immer) einen fetten Ordner, da du dort deutlich mehr Stoff machst und deswegen mehr abheften musst. Alle 1,0er-Schüler sagten, dass Organisation extrem wichtig sei. Sie haben empfohlen, ein Inhaltsverzeichnis in jedem Hefter zu führen und in den dicken Ordnern für deine Leistungskurse Trennblätter zu verwenden. So weißt du immer, wo alles ist, wenn du für eine Klausur lernst oder in der Schule alte Mitschriften überfliegen musst. Was ein paar 1,0er-Schülern auch extrem weitergeholfen hat, sind Post-its. Immer wenn der Lehrer sagte »Das ist wichtig für das Abi/die nächste Klausur«, haben sie ein Post-it an der Stelle in ihren Ordner gemacht und später beim Lernen genau gewusst, welche Themen sehr wahrscheinlich drankommen werden.

Ein paar Schüler haben auch empfohlen, mit Füller anstatt mit dem Kuli zu schreiben, weil man schneller schreiben kann und es schöner aussieht. Eine 1,0er-Schülerin hat aus diesem Grund in den Klausuren/Arbeiten immer mit einem Füller geschrieben; auch um noch die extra Formpunkte abzusahnen. Ich persönlich habe nach der Grundschule angefangen, mit Kuli zu schreiben, weswegen ich nie einen Füller benutzen würde. Aber ich kann mir vorstellen, dass es in der Klausur hilft, wenn du deine ganze Schulzeit lang schon mit einem schreibst.

Sehr viele haben empfohlen, sich anzugewöhnen, leserlich zu schreiben. Dann kann man später besser lernen und der Lehrer gibt in der Klausur/Arbeit mehr Formpunkte. Außerdem ist es so, als hättest du die ganze Stunde geschwänzt, wenn du deine eigenen Notizen wegen deiner Sauklaue nicht lesen kannst.

Es ist auch extrem wichtig, immer eine Ersatzpatrone für einen Kuli oder Füller dabeizuhaben, falls dein Schreibgerät in der Klausur leer sein sollte. Dann wärst du nämlich ziemlich aufgeschmissen. Du solltest auf jeden Fall auch noch ein paar Buntstifte, einen Textmarker, ein Lineal, einen Bleistift, einen Radiergummi und einen Taschenlocher haben. In Mathe hilft ein Taschenrechner extrem weiter.

Notizen richtig strukturieren

Natürlich gibt es hier endlos viele Möglichkeiten, und du musst herausfinden, was am besten zu dir passt. Im Internet findest du jede Menge Vorschläge dazu. Ich empfehle dir hier eine Methode, die ich am geeignetsten finde.

Zuerst würde ich vorschlagen, immer auf karierte Blätter zu schreiben. Die Kästchen helfen beim Strukturieren und beim übersichtlichen Organisieren. Zuerst schreibst du oben rechts in die Ecke das Datum und in die Mitte oben eine Überschrift, damit du am Ende beim Lernen alles einfacher findest. Dann ziehst du dir einen Rand von circa 5 Zentimetern auf der rechten Seite des Blattes. Wenn der Block schon einen Rand hat, kannst du den nutzen. Im linken größeren Teil des Blattes schreibst du stichpunktartig alles chronologisch mit. Versuche, wie schon gesagt, alles, was an der Tafel steht oder der Lehrer sagt, noch mal in deinen eigenen Worten aufzuschreiben. In den Rand schreibst du Anmerkungen und Fragen, die in der Stunde aufkommen. Wenn du ein Thema einfach findest, kannst du in den Rand »easy« schreiben. Wenn der Lehrer gesagt hat, dass dieses Thema in der nächsten Klausur vorkommt, kannst du in den Rand ein großes Ausrufezeichen schreiben oder ein Post-it kleben. Wenn dir eine Frage in den Sinn kommt, kannst du sie ebenfalls notieren, zum Beispiel »Was war noch mal Fotosynthese?«.

Jetzt trennst du unten am Blatt noch mal zwei schmale Bereiche mit zwei Linien ab. Der unterste sollte schmaler sein als der darüber. In den untersten schreibst du deine Hausaufgaben oder machst dir eine Notiz, dass du zum Beispiel zu Hause noch eine Frage googeln musst. In die breitere Zeile schreibst du eine Zusammenfassung der Seite. So kannst du selber überprüfen, ob du die Themen auf dem Blatt verstanden hast. Wenn du lernst, kannst du dir diese Zusammenfassung durchlesen und musst nicht mehr alle Blätter von oben bis unten lesen. Da das Zusammenfassen sehr zeitaufwendig ist, solltest du es direkt jeden Tag bei deiner Nachbereitung machen. Setz dich nach der Schule kurz an den Schreibtisch, gehe noch mal kurz alles durch, was du gelernt hast, und schreibe die Zusammenfassungen. In dieser Zeit googelst du auch alles, was du noch nicht verstanden hast, oder schlägst im Buch nach.

Durch diese Nachbereitung bist du perfekt auf die nächsten Schultage vorbereitet und lernst auch nachhaltig, anstatt nur »Bulimielernen« zu betreiben (Bulimielernen bedeutet, dass du dir vor der Klausur den Kopf last minute mit allen Informationen vollstopfst, aber eine Stunde nach der Klausur wieder alles vergessen hast). Außerdem hast du für alle Klausuren von Anfang an die perfekten Lernzettel und sparst dir so bei der Klausurvorbereitung extrem viel Zeit. So musst du am Ende beim Abi auch viel weniger lernen, weil du das meiste schon weißt und die Lernzettel aus den Vorjahren zum Lernen benutzen kannst. Diese kleinen Gewohnheiten unterscheiden 1er-Schüler von durchschnittlichen Schülern.

PS: Wenn du noch nicht richtig gecheckt hast, wie dein Blatt jetzt aussehen soll und wo welche Linie wie gezogen werden muss, ist das nicht schlimm. Geh einfach auf die Webseite zum Buch (einskommanullacademy. de). Dort findest du Beispielvorlagen, wie dein Blatt aussehen sollte.

Denke daran, dass Organisation das Rückgrat für deinen Erfolg ist. Wenn du schlechte Mitschriften machst oder alle deine Mitschriften verlierst, wirst du nie ein gutes Abi machen.

Action: Nimm dir für morgen oder den nächsten Schultag vor, dein Blatt so wie oben beschrieben zu strukturieren.

Zusammenfassung für Faule

1. Organisation ist das A und O in der Schule.

2. Benutze Schnellhefter und Collegeblöcke anstatt Hefte.

3. Ein Taschenlocher ist ein Muss. So verlierst du keine wichtigen Mitschriften und Arbeitsblätter.

4. Lies dir den Abschnitt über die Strukturierung des Blattes durch. Er enthält so viele wichtige Informationen, dass man sie nicht alle in die Zusammenfassung packen kann.

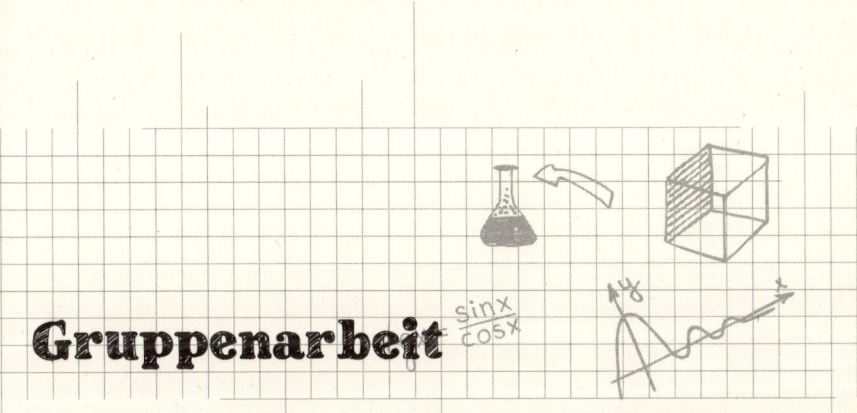

Gruppenarbeit

»Es ist viel produktiver, wenn andere andere Sichtweisen einbringen«
Jule H.

Gruppenarbeit wird in der Schule heutzutage sehr viel gemacht. Deswegen ist es wichtig, genau zu wissen, worauf du bei Gruppenarbeit achten musst und wie du dich verhältst, um bei Gruppenarbeiten immer eine 1 zu bekommen.

Die Gruppenzusammensetzung

Mit den richtigen Leuten in einer Gruppe zu sein, ist extrem wichtig. Jeder war schon mal in der Gruppe, wo keiner Bock hatte, und am Ende versucht man, irgendwie die Note zu retten, aber man hat nur gestottert und Müll gelabert und am Ende die schlechte Note kassiert. Jeder von uns war aber bestimmt auch mal in einer Gruppe, in der jeder Bock hatte und alle sich gegenseitig gepusht und geholfen haben, um den besten Vortrag ever zu halten. Meistens war man dann auch bei Weitem die beste Gruppe.

Die richtige Gruppenzusammensetzung ist das A und O. Wenn du die Wahl hast, solltest du dir für Gruppenprojekte immer die schlausten Leute aus deinem Kurs oder deiner Klasse suchen. Die Chance, eine gute Note zu bekommen, ist dann extrem hoch. Selbst wenn du schlecht bist, profitierst du vom Halo-Effekt deiner Gruppe und bekommst automatisch eine bessere Note. Du selber musst der Gruppe aber auch einen Mehrwert geben! Die Guten wollen auch nur mit Guten in einer Gruppe sein und haben keinen Bock, einen Faulpelz mitzuschleifen und für ihn mitzuarbeiten. Es kann dir sehr helfen, wenn du mündlich gut bist, da die anderen guten Schüler dann merken, dass du in dem Fach was draufhast und gut reden kannst.

Achte darauf, dass die Gruppenmitglieder zuverlässig sind und auch Top-Noten wollen. Es kann passieren, dass du in einer guten Gruppe bist, die Leute sich anstrengen und arbeiten, aber ihr Ziel nur eine 2 anstatt einer 1 ist. Sei außerdem ehrlich zu dir und überlege, ob es schlau ist, mit deinem besten Freund/deiner besten Freundin in einer Gruppe zu sein. Würdest du die ganze Zeit nur vom Thema abweichen und fast nicht arbeiten oder würdet ihr beide euch noch mal extra anstrengen?

Deine Rolle in der Gruppe

Die meisten 1,0er-Schüler sagen, dass sie meistens eine führende Rolle übernommen haben. So konnten sie die Gruppenarbeit nach ihren Vorstellungen steuern und sicherstellen, dass am Ende eine gute Note herauskam. Sie haben die Aufgaben aufgeteilt und dann Deadlines gesetzt. Wenn du in einer extrem guten Gruppe mitarbeitest, ist es nicht nötig, eine führende Rolle zu übernehmen, meistens »läuft es« von allein. Aber es passiert auch, dass der Lehrer einfach die Gruppen einteilt. Wenn das passiert, ist es wichtig, dass du eine führende Rolle übernimmst, um das

Ergebnis der Gruppenarbeit nach deinen Vorstellungen zu gestalten. Sonst kann es passieren, dass die Qualität des Vortrages den Bach heruntergeht.

Wenn du eine führende Rolle übernimmst, ist es sehr wichtig, dass du den anderen immer noch zuhörst und ihre Ideen mit einfließen lässt. Dein Ziel sollte nicht sein, unbedingt deine Version des optimalen Ergebnisses zu erzwingen, sondern darauf zu achten, dass die Qualität des Ergebnisses so hoch wie möglich sein wird. Das kann auch heißen, eine andere Idee als deine zu nehmen, weil die andere einfach besser ist.

Falls nicht gefordert ist, dass alle Gruppenmitglieder am Vortrag teilnehmen, biete freiwillig deiner Gruppe an, alleine oder zusammen mit einem anderen Mitglied der Gruppe vorzutragen. Deine Mitschüler werden froh sein, dass du es machst, weil viele nicht vortragen wollen. Außerdem wird dir der Lehrer eine bessere Note geben, weil du dich getraut hast vorzutragen. Also eine Win-win-Situation.

Was tun mit Leuten, die keinen Bock haben?

Eine gute Strategie gegen »Störenfriede« ist, von Anfang an jedem Gruppenmitglied eine klare Aufgabe zu geben. Du solltest auch jedem das Gefühl geben, dass seine/ihre Aufgabe den Vortrag voranbringt; auch wenn es nur das Plakat gestalten ist. Wenn dann am Ende einer seinen Teil nicht gemacht hat, sieht der Lehrer sofort, wer gearbeitet hat und wer nicht. Was auch extrem hilft, ist zu sagen: »Wer nicht mitarbeitet, muss präsentieren!« Da sehr viele Leute Angst davor haben, machen in 99 Prozent aller Fälle die faulen Säcke dann doch mit.

Viele 1,0er-Schüler haben auch empfohlen, selbst den Teil von jemandem zu machen, wenn es einen Tag vor dem Vortrag nicht klar ist, ob eine Person ihren Teil noch liefern wird. Auch wenn dieser Mehraufwand für dich selber scheiße ist. Ihre Aussage war klar: Auch wenn alle anderen aus der Gruppe einen Top-Vortrag halten, aber ein Teil nicht vorgetragen werden kann, weil eine Person nichts gemacht hat, hat der Lehrer immer noch im Hinterkopf, dass etwas in der Gruppe nicht funktioniert hat. Dadurch ist die Chance höher, dass alle eine schlechtere Note als verdient bekommen. Falls diese Person dann am Vortragetag ohne ihren Teil in der Schule ist, solltest du dem Lehrer klar sagen, dass diese Person ihren abgesprochenen Teil nicht gemacht hat und deswegen vom Vortrag ausgeschlossen wird. Dieser Fall tritt aber extrem selten ein, da Leute, die ihren Teil nicht machen, in neun von zehn Fällen auch am Tag des Vortrages schwänzen. Falls das Gruppenmitglied den Vortrag wirklich unglücklicherweise vergessen hat und so etwas noch nie vorgekommen ist, empfehle ich dir, demjenigen einfach das von dir erstellte Material zu geben. Diese Person wird dir sehr dankbar sein und es kommt eben auch besser beim Lehrer an, wenn es keine Probleme in einer Gruppe gab.

Zum Glück gaben die meisten meiner Interviewpartner an, dass ab der Oberstufe die meisten Leute sich wirklich anstrengen und alles geben, weil sie wissen, wie wichtig die Noten sind.

Kurzer Tipp für die Jungs

Viele Jungs unter den 1,0er-Schülern haben empfohlen, als Junge in Gruppenarbeiten in kreativen Fächern am besten mit Mädchen zusammenzuarbeiten, da sie im Allgemeinen in diesen Fächern deutlich besser sind. So färbt der Halo-Effekt auch auf dich ab und du kannst, selbst wenn du zum Beispiel als Kind nie mit Wasserfarben gemalt hast, eine gute Note in Kunst bekommen.

Dieses Kapitel ist sehr kurz geraten, weil Gruppenarbeiten so unterschiedlich ablaufen, dass es schwer ist, hier allgemeingültige Tipps zu geben. Such dir die richtigen Gruppenmitglieder, zeig ihnen, dass du sie und ihre Arbeit wertschätzt, und pusht euch gegenseitig. Wenn du wissen willst, wie man einen perfekten Vortrag macht, dann lies dir das nächste Kapitel durch.

Action: Überlege dir, wen du bei der nächsten Gruppenarbeit gerne in deiner perfekten Gruppe dabeihättest.

Zusammenfassung für Faule

1. Gute Leute in deiner Gruppe zu haben ist entscheidend, wenn du eine gute Note in einer Gruppenarbeit haben möchtest.
2. Sei mit Leuten in der Gruppe, deren Ziel eine 1 ist.
3. Übernimm eine führende Rolle, um sicherzugehen, dass die Qualität des Vortrages hoch ist.
4. Wenn es Störenfriede in deiner Gruppe gibt, sage ihnen, dass, wer nichts macht, vortragen muss. So kriegst du sie zum Arbeiten.
5. Falls du ein Junge bist, hilft es gerade in den kreativen Fächern, mit Mädchen in einer Gruppe zu sein.

Vorträge und Referate

»Zu Hause ohne Publikum und nur mit der Gummiente oder
mit den Eltern durchgehen hilft extrem.«
Ben S.

»Niemals mit DIN-A4-Blättern da hinstellen.«
Sarah T.

Vorträge sind extrem wichtig in der Schule und auch später im Leben
wirst du ziemlich wahrscheinlich immer wieder in die Situation kommen,
etwas präsentieren zu müssen. Du kannst mit Referaten perfekt noch mal
ein paar Punkte im einen oder anderen Fach rausholen, und sogar eine
deiner Abiprüfungen ist einen mündlicher Vortrag. Deswegen empfehle
ich dir, schon in den Jahren vor dem Abi oft Vorträge und Referate zu halten, damit du dann bei deiner mündlichen Abiprüfung locker 15 Punkte
bekommst. In diesem Kapitel zeige ich dir, mit welchen Tricks du genau
das schaffst.

Basics

Es gibt ein paar Basics, die du wahrscheinlich schon draufhast, aber ich handle das trotzdem mal kurz ab. Vielleicht ist ja was dabei, was du auch noch nicht auf dem Schirm hattest. Wegen solcher dummen Sachen sollte niemand Punkte verlieren:

- Achte auf dein Redetempo. Rede nicht zu schnell oder zu langsam. (Vorher proben! Am besten mit dem Handy aufnehmen!)
- Wie lang ist dein Vortrag? Was erwartet der Lehrer? Mache deinen Vortrag nicht zu lang, zu kurz ist aber noch schlimmer. (Vorher proben!)
- Achte auf deine Lautstärke. Gerade wenn du schüchtern bist, achte darauf, nicht zu leise zu sprechen. Du solltest aber auch nicht den ganzen Raum vollschreien.

Ich hoffe, du kanntest diese Basics und wendest sie schon an. Wenn nicht, hast du in der Vergangenheit viele einfache Punkte verschenkt. Aber ab heute kannst du ja bei deinen Vorträgen darauf achten.

Vorträge – allein oder mit anderen?

Wenn du gut in dem Fach bist und denkst, dass du das gut alleine hinkriegst, dann: allein. Es ist viel einfacher, da man nicht abhängig von anderen ist. Es dauert auch nicht wirklich länger, denn was du an Arbeit am Vortrag sparst, geht oft für die Abstimmung mit Partnern drauf. Wenn du allein vorträgst, musst du dich nicht mit anderen abstimmen und treffen und kannst deine Ideen zu 100 Prozent umsetzen. Im schlimmsten Fall zieht ein nicht so guter Vortragspartner sogar deine Note runter.

Wenn du aber schwach in einem Kurs bist, lautet die Empfehlung der 1,0er-Schüler, zu versuchen, mit guten Schülern zusammenzuarbeiten. Du musst aber immer noch alles geben und eigene Ideen einbringen, sodass die guten Schüler in Zukunft wieder mit dir arbeiten wollen. Wenn du mittelgut in dem Fach bist und einen guten Vortragspartner hast, dann kannst du den Vortrag auch mit ihm zusammen machen. Er sollte aber schon richtig gut sein, um das zu rechtfertigen, weil alleine arbeiten einfach extrem viele Vorteile hat. Deswegen haben die meisten 1,0er-Schüler ihre Vorträge meistens alleine gemacht.

Roter Faden

Die meisten Leute verzetteln sich total in der Vorbereitung von Vorträgen, darum zeige ich dir hier meine Methode. Am besten gehst du beim Erstellen des Vortrages so vor:

Als Allererstes entwickelst du den roten Faden des Vortrages. Das heißt, du überlegst VORHER, welche Themenbereiche du wie in deinen Vortrag einbauen willst. Dazu musst du möglicherweise eine kleine Recherche machen, aber halte sie kurz – steig an diesem Punkt nicht tief ein, sonst kann es passieren, dass du im Thema versinkst. Verschaffe dir nur kurz einen Überblick über das Thema und seine Unterthemen. Das geht oft mit einem Blick auf Wikipedia!

Wenn du das gemacht hast und weißt, welche Aspekte du in welcher Reihenfolge behandeln willst, fängst du mit der richtigen Recherche an. Wenn du alle Informationen mithilfe von seriösen Quellen recherchiert hast, kannst du sie an den roten Faden »hängen«. Mit dieser Roter-Faden-Strategie sparst du dir extrem viel Zeit, die du sonst unnötig im Internet beim planlosen Herumsurfen verbracht hättest.

Die Präsentationsgestaltung

Als Präsentationssoftware solltest du immer PowerPoint nehmen. Du könntest auch Prezi nehmen, um deinen Lehrer zu beeindrucken und dich von deinen Klassenkameraden abzuheben. Aber wenn überhaupt, benutze es nur in besonderen Fällen. Dein Aufwand ist bei Prezi höher und der »Wow«-Effekt ist fast nur da, wenn dein Lehrer es das erste Mal sieht, dann nimmt er mit jeder weiteren Präsentation schnell ab. Wenn du denkst, dass dein Lehrer noch nie Prezi-Präsentationen gesehen hat und du genug Zeit für die Vorbereitung hast, wird dir eine Prezi eine deutlich bessere Note einbringen. Wenn du dir aber nicht sicher bist, bleibe am besten bei PowerPoint. Jeder hat PowerPoint auf seinem Computer, es ist easy zu bedienen und du bekommst ohne viel Schnickschnack schnell eine solide Präsentation hin. Eine solide Präsentation ist alles, was du für deinen Vortrag brauchst. Ein Referat ist kein Jobinterview für Grafikdesigner!

Egal, welche Präsentationssoftware du benutzt, die Faustregel ist: immer mehr Bilder als Text. Packe auf keinen Fall ganze Sätze in deine Präsentation. Am besten nur Fakten, Daten (zum Beispiel Statistiken) und Bilder/Videos. Die PowerPoint-Präsentation ist dazu da, um den Vortragenden zu unterstützen, und nicht andersherum. Die Idee ist nicht, dass deine Zuhörer alles, was du sagst, eins zu eins in deiner Präsentation mitlesen können. Die Präsentation ist nur das Gerüst, das Skelett – das Fleisch auf den Knochen ist dein Vortrag. Wenn in der Präsentation zu viel zu lesen ist, dann hört dir auch irgendwann keiner mehr zu, und das ist ja nicht Sinn der Sache. Benutze die Präsentation, um bildlich zu unterstreichen, was du sagst, nicht als Ersatz für deinen Vortrag.

Achte auf jeden Fall darauf, dass deine Präsentation sauber aussieht. Das heißt: einheitliche Schrifttypen und Schriftgrößen, keine Rechtschreib- und Grammatikfehler, keine Fehler beim Zitieren und nicht zu viel Text auf einer Folie. Wenn du weißt, dass dein Lehrer gerne Animationen mag, kannst du sie auch in deine Präsentation einbauen. Lasse aber in ganz normalen Präsentationen Animationen eher weg, da sie nur von deinem Inhalt ablenken, der das Wichtigste ist.

Es kann extrem helfen, an den Anfang der Präsentation eine Gliederung zu stellen. So wissen die Zuschauer und der Lehrer, welche Themen du behandeln wirst und was auf sie zukommt. Dieser Tipp ist jetzt nicht wirklich außergewöhnlich, aber es kann zu Abzügen kommen, wenn du es nicht machst.

Ebenso gehört auf die letzte Folie der Präsentation eine Quellenangabe. Das kann den Unterschied zwischen 14 und 15 Punkten ausmachen. Klatsche die Infos nicht nur nacheinander auf eine Folie, sondern strukturiere sie ähnlich wie ein Inhaltsverzeichnis. Mache zwei ungefähr gleich große Spalten auf der Folie. In die linke Spalte schreibst du die Seitenzahlen der Folien, auf die sich die Quellen beziehen. Die rechte Spalte ist für die Quellenangabe selbst. Anstatt nur die URL der Internetseite in die Quellenangabe zu hauen (und dann steht da so was wie: www.zeit.de/hj2db820shsh), sollest du zusätzlich den Namen der Webseite als Quelle auflisten, also in dem Beispiel: ZEIT online. Ideal ist es, wenn du dann noch den Titel des Artikels dazuschreibst, den du benutzt hast. So sieht deine Quellenangabe professionell aus und du wirst bestimmt einen Extrapunkt einsammeln. Mit einer guten Quellenangabe stichst du noch mal besonders aus der Masse heraus, weil nur die wenigsten eine in ihren Vortrag einbauen und Lehrer sie lieben.

Speichere als Grundregel immer alles, was du in der Schule benutzen willst, zusätzlich als PDF ab. Dieses Format funktioniert auf 99 Prozent aller Computer. So sparst du dir die Panikattacke oder im schlimmsten Fall die 6, weil du deinen Vortrag nicht halten kannst, wenn sich deine Präsentation wegen Formatproblemen nicht auf dem Schulcomputer öffnen lässt oder alles in der Präsentation verschoben ist (kommt schon mal vor). Der einzige Nachteil besteht darin, dass man im PDF-Format Videos und besondere Effekte, die man vielleicht in der Präsentation hat, nicht abspielen kann (Videos kannst du aber verlinken – wenn die Schule anständiges WLAN hat, läuft das). Deswegen solltest du die Präsentation immer in beiden Formaten dabeihaben (PowerPoint und PDF). Falls die PowerPoint-Version nicht funktioniert, hast du immer noch die PDF-Version als Back-up.

Quellen

Seriöse Quellen zu haben, ist ein wichtiges Qualitätskriterium bei einem Vortrag. Jeder kennt diese Leute, die alles von Wikipedia haben und dann am Ende eine schlechte Note bekommen, denn aus einem Wiki-Artikel abschreiben kann jeder. Wenn du ausreichend Zeit hast, empfehle ich dir, nicht mit Wikipedia als Quelle zu arbeiten, da es einfach unseriös rüberkommt. Nimm stattdessen andere Webseiten mit einem guten Ruf. Suche zum Beispiel auf den Webseiten großer Zeitungen oder Zeitschriften, von denen bekannt ist, dass sie hochwertige Artikel haben, etwa bei *Die Zeit, Frankfurter Allgemeine Zeitung (FAZ), Süddeutsche Zeitung, Die Welt, Der Spiegel, The Economist* oder bei der Bundeszentrale für politische Bildung. Weitere seriöse Quellen findest du auf meiner Website.

Falls du aber mal eine Notlösung brauchst und nicht unbedingt auf 15 Punkte aus bist, ist Wikipedia die beste Quelle, um schnell alle Basisinformationen über ein Thema zu bekommen. Dann kommen aber eben deine Quellenangaben nicht mehr seriös rüber. Die 1,0er-Schüler haben auch für dieses Problem eine Lösung: Anstatt Wikipedia als Quelle hinzuschreiben, musst du auf der genutzten Wikipedia-Seite nach unten scrollen zu den »Einzelnachweisen«. Wikipedia ist ja auch nur eine Zusammenfassung von Quellen und du findest überall im Text kleine Zahlen, die auf diese Einzelnachweise verweisen. So weißt du, welcher Teil des Textes auf Wikipedia mit welchen Quellen erstellt worden ist und kannst dann entsprechend die verlinkten Webseiten als Quelle benutzen, anstatt Wikipedia anzugeben. So erstellst du schnell deinen Vortrag und hast immer noch seriöse Quellen.

Vermutlich weißt du das, aber der Vollständigkeit halber: Es ist ein absolutes No Go, irgendetwas eins zu eins von Wikipedia zu kopieren. Das ist einfach viel zu auffällig. Lehrer merken solche Stunts ziemlich schnell.

Handout

Eine weitere Sache, die den Ausschlag geben kann, ob du eine 1 oder eine 1– bekommst, ist ein Handout, in dem alle wichtigen Punkte aus deinem Vortrag zusammengefasst sind. Das ideale Handout ist ein Lückentext. Am Ende des Vortrages teilst du das Handout aus und gibst den Zuhörern kurz Zeit, um alles auszufüllen. Dann gehst du mit der Klasse die Lösungen durch wie dein Lehrer in der Grundschule. Am Ende fragst du nach, wie viele jeder richtig hatte. Um deine Kameraden besonders zu motivieren, kannst du irgendwelche Süßigkeiten als Preis für die Besten dabeihaben. So sind die anderen gezwungen, dir zuzuhören. Außerdem werden Lehrer diese Methode lieben, da so die Informationen wirklich bei den Schülern hängen bleiben und nicht nach zwei Minuten wieder weg sind (wie bei 99 Prozent aller anderen Vorträge).

Wenn du dich – warum auch immer – gegen ein Handout mit Lücken entscheidest, solltest du immer noch beachten: Ein optimales Handout gibt dem Zuhörer die wichtigsten Informationen, aber er sollte immer noch gezwungen sein zuzuhören, damit er sie versteht. Schreibe auf keinen Fall alles, was du sagst, in das Handout. Sonst hört niemand mehr zu. Außerdem hilft es, in jeder Art von Handout Bilder oder Witze einzubauen. So sticht dein Handout noch mal mehr heraus und die Zuschauer merken sich das Gesagte besser. Ein No-Brainer sollte sein, dass du auch immer dem Lehrer ein Handout gibst, damit er deine Anstrengungen mit in die Bewertung einbezieht.

Proben, proben, proben

Vorbereitung ist alles. Du solltest am besten ein paar Tage vor dem Vortrag schon anfangen zu proben. Verdonnere deine Eltern oder deine Geschwister zum Zuhören und halte die Präsentation mit allem Drum und Dran. Trage nicht nur den Text vor, sondern benutze auch deine Power-Point-Präsentation und geh die Folien durch. Wichtig ist auch, dass du beim Üben bereits deine Gestik mit einbaust. So gewöhnt sich dein Körper an die Vortragssituation, du wirst weniger Lampenfieber vor dem Vortrag haben und flüssiger sprechen. Frage außerdem deine unwissenden Eltern oder Geschwister nach deinem Vortrag, ob sie alles verstanden haben. Vielleicht kommt ein wichtiger Punkt noch nicht richtig rüber. Den kannst du dann noch verändern.

Falls gerade deine Eltern oder Geschwister nicht zur Verfügung stehen, dann nimm dich beim Üben auf. Stell dein Handy einfach in dein Regal und drück auf die Aufnahmetaste. Zuerst wird es komisch sein, dich selbst vortragen zu sehen. Aber es wird dir sehr weiterhelfen. So siehst du, wie deine Körpersprache und Stimme rüberkommen. Falls du zum Beispiel schief stehst, den Kopf zur Seite kippst oder es komisch aussieht, wie du deine Hände hältst, kannst du das verbessern. Da das wirklich keiner macht, wirst du einen extremen Vorteil haben und kannst deinen Vortrag zu Hause immer weiter optimieren, bis er perfekt rüberkommt.

Kenne dich in deinem Thema top aus

Wenn du dein Thema frei wählen darfst und nichts zugewiesen bekommst, ist es schlau, ein Thema zu nehmen, in dem du dich schon gut auskennst. Das spart Arbeit. Du musst im Thema absolut firm sein, damit du die Fragen des Klugscheißers, der versucht, irgendeine Wissenslücke zu finden und dich damit schlecht aussehen zu lassen, beantworten kannst. Aber unterschätze auch die Fragen der Lehrer nicht, die testen wollen, ob du das Thema wirklich verstanden oder deinen Vortrag nur mal eben hingeschludert hast. Daher musst du dich so gut in deinem Thema auskennen wie mit den Transfers deines Lieblingsvereins. Dein Vortrag sollte sich im Idealfall für dich so anfühlen, als würdest du jemandem etwas über dein Hobby erklären. Um das zu schaffen, suche dir wenn möglich immer ein Thema aus, welches dich interessiert und in dem du schon viel Vorwissen hast. Wenn du das Thema zugeteilt bekommst, hast du natürlich Pech – dann musst du umso mehr Arbeit in die Recherche stecken, damit du auf keinen Fall auf die Nase fallen kannst.

Frei vortragen

Eine wichtiger Tipp der 1,0er-Schüler ist, möglichst keine Karteikarten zu benutzen, sondern frei vorzutragen, wenn man eine 1 haben möchte. Natürlich sind Karteikarten mit Stichpunkten besser, als wenn du von einem DIN-A4-Blatt einen Text abliest (das ist ein absolutes No-Go – solche abgelesenen Vorträge, bei denen der Redner nie auch nur mal kurz hochguckt, sind grottenlangweilig, das weißt du garantiert selber schon). Aber wenn du gar keine Hilfe brauchst, um deine Fakten zu wissen, wird deine Endnote um einiges besser sein. So stichst du auch noch mal deutlich aus der Masse heraus.

Lerne darum die Fakten und Stichpunkte, die du auf deine Karteikarten schreiben würdest, auswendig und bilde dann mit diesen Stichworten in deinem Kopf Sätze. Deinen ganzen Vortrag auswendig zu lernen ist ein klares No-Go. Das hört sich dann nicht nur doof an, weil man dann dazu neigt, den Text nur so runterzuleiern. Es ist einfach auch viel zu viel Arbeit. Ich weiß, dass ich in diesem Buch oft darauf hinweise, viel zu machen. Aber man kann es auch übertreiben.

Der perfekte Vortrag

Das Ziel bei deinen Vorträgen und Referaten ist immer, dass sie so gut sind, dass dir sogar deine Klassenkameraden gerne zuhören. Das kannst du nur erreichen, indem du den Vortrag interessant oder außergewöhnlich gestaltest. Überlege dir, wenn du deinen Vortrag planst, wie die anderen darauf reagieren werden. Versuche, dich in sie hineinzuversetzen, und frage dich: »Wie würde ich den Vortrag als Zuschauer finden? Würde ich einschlafen oder aktiv aufpassen?« Der Vorteil daran ist: Wenn alle freiwillig zuhören, merkt der Lehrer auch, dass dieser Vortrag extrem gut ist, und wird dir eine richtig gute Note geben. Denn es kommt selten vor, dass die anderen Schüler bei Vorträgen wirklich aktiv zuhören.

Der Start ist das A und O

Du solltest unbedingt einen guten Start hinlegen. Hier entscheidet sich, ob die Leute dir zuhören werden oder nicht. Starte auf keinen Fall deinen Vortrag mit: »Unser Thema ist die Französische Revolution und Tom und ich tragen es jetzt vor.« Um eine gute Note zu bekommen, musst du am Anfang eine kurze Geschichte erzählen, oder steige mit einem unerwarteten Fakt ein. Hab irgendetwas Erstaunliches, Überraschendes im Ärmel oder eine (provokante) Frage, die du dann am Ende mit dem neu gelernten Wissen beantwortest. Mach die Leute wach! Eine weitere Möglichkeit ist, mit einem kurzen Video oder einem Zitat deinen Vortrag zu starten. Egal, welchen Start du dir aussuchst: Dieser Vorgeschmack zeigt von Anfang an deine Professionalität und dass dein Vortrag nicht 08/15 ist.

Das Ende ist (auch) das A und O

Genau wie der Start muss auch das Ende des Vortrags besonders sein. Ideal ist es, wenn du noch mal am Schluss einen Treffer landen kannst, indem du zum Beispiel deine Frage vom Start beantwortest oder mit einem Zitat einer Person aus dem Vortrag schließt. Verdirb dir die gute Schlussnote dann nicht durch ein verlegenes »Jo, das war's ...« oder etwas Ähnliches, sondern sage: »Das ist das Ende meiner Präsentation. Hat noch irgendjemand eine Frage?« So ziehst du souverän einen Schlussstrich und zeigst, dass du selbstbewusst bist, um gerne noch Fragen zu beantworten.

Nachdem du eventuelle Fragen beantwortet hast, kannst du die Zuschauer auffordern, ihr Lücken-Handout auszufüllen. Eine Alternative ist, vom Vortrag fließend in eine Klassendiskussion überzugehen. Am besten schaffst du das mit einer Frage, zum Beispiel wenn du über Gentechnik gesprochen hast, mit: »Was ist mit euch? Würdet ihr irgendetwas an eurem Baby genetisch verändern, wenn ihr könntet?« So schaffst du es, direkt in die Diskussion überzugehen. Mit einer Diskussion am Ende wirst du bei deinem Lehrer wieder punkten, da es außergewöhnlich ist, wenn sich so etwas entwickelt, und bei den Schülern das Wissen hängen bleibt, wenn sie sich durch die Diskussion intensiver mit dem Thema beschäftigen.

Benutze Fachwörter

Du solltest unbedingt Fachbegriffe benutzen. Die 1,0er-Schüler haben aber empfohlen, die Fachbegriffe dann noch mal zu erklären, da es sein kann, dass nicht jeder aus deinem Publikum jeden Fachbegriff kennt. Schreibe die Wörter an die Tafel oder baue sie in deine PowerPoint-Präsentation ein und erkläre sie, damit alle den Vortrag verstehen.

Keine Angst vor der Meinung der Mitschüler

Egal, wie selbstbewusst jemand ist, vor einem Vortrag ist jeder wenigstens ein bisschen aufgeregt. Eine der größten Angstquellen ist die Ungewissheit, was andere von einem denken, wenn man einen Vortrag hält. Soll ich dir ein Geheimnis verraten, das dieses Problem löst? Die meisten passen eh nicht auf! Da der Lehrer auf dich guckt, nutzen die meisten anderen die Zeit eher, um Schlaf nachzuholen oder ihr Insta zu checken, anstatt auf dich zu achten. Wenn du mit diesem Wissen in deinen Vortrag reingehst, wird deine Angst sehr stark zurückgehen.

Hole dir Inspiration

Wenn du dir Inspiration suchst und mal sehen willst, wie ein Weltklassevortrag aussieht, dann schau dir auf YouTube TED Talks an. TED Talks ist eine Organisation, die überall auf der Welt Veranstaltungen organisiert, bei denen Menschen, die sich in irgendeinem Bereich extrem gut auskennen, Weltklassevorträge halten. Du kannst von diesen Leuten extrem viel darüber lernen, wie man einen Vortrag hält, und die meisten Dinge fast eins zu eins in der Schule anwenden.

Geheimtipp: Presenter

Ein extrem guter Tipp, der mir vorher nie in den Sinn kam, ist, bei der Präsentation einen Presenter zu benutzen. Ein Presenter ist so eine kleine Fernbedienung, mit der du bei Präsentationen zur nächsten Folie wechselst. Die Dinger sind nicht sonderlich teuer und unglaublich praktisch. Die meisten lassen sich mit jedem handelsüblichen Computer koppeln. Mit einem Presenter musst du nicht immer sagen: »Kevin, drück eine Folie weiter«, oder selber zum Computer gehen und auf die Taste drücken. Diese kleinen Unterbrechungen zerstören den Flow deines Vortrags. Mit einem Presenter wirkst du professionell und kannst von überall im Raum deine Präsentation steuern. Durch diese Professionalität wird der Lehrer auch eher zu einer besseren Note bei der Notenvergabe tendieren.

Der Eine-Stunde-Vorbereitung-1er-Vortrag

Jeder Fan der 80/20-Regel wird diese Technik lieben – kleinstmöglicher Aufwand kombiniert mit bestmöglichem Ergebnis.

5 Minuten: Zuerst musst du das richtige Thema wählen. Mit »richtig« meine ich das einfachste. Nimm eins, in dem du schon Vorwissen hast und bei dem du weißt, auf welchen Internetseiten du easy Informationen bekommst. Wenn du das perfekte Thema gefunden hast, geht es los. Zuerst holst du dir ein Blatt und strukturierst grob, welche Aspekte des Themas in deinen Vortrag kommen. Es sollten um die fünf sein, das kommt aber natürlich auch auf die geplante Länge an. Faustregel ist: nicht weniger als vier und nicht mehr als sieben Aspekte. Dann planst du, in welcher Reihenfolge du die Aspekte des Themas hintereinander vorstellst. Überlege auch, wie lang dein Vortrag sein soll. Reicht die Zeit für deine Aspekte aus oder sind es zu viele? Diese Strukturphase sollte nicht länger als fünf Minuten dauern.

30 Minuten: Der nächste Schritt ist, sich an den Computer zu setzen und (knapp und zielgerichtet) zu recherchieren und eine PowerPoint-Präsentation zu bauen. Du solltest pro Aspekt eine Folie mit nur einem fetten passenden Bild haben und eine Folie mit Fakten und Daten in Stichpunkten. So kannst du frei über das Bild reden und dann die wichtigsten »harten« Informationen präsentieren. Der Vortrag muss sauber aussehen und darf keine Fehler haben. Wenn du Wikipedia als Hauptinformationsquelle hast, benutze den »Wikipedia-Trick«, um das zu verschleiern. Diese Phase sollte ungefähr 30 Minuten dauern.

5 × 5 Minuten: Jetzt kommt die wichtigste Phase der Vorbereitung: das Üben des Vortrages. So viele Schüler machen da einen Denkfehler. Sie setzen sich lieber drei Stunden an eine super PowerPoint-Präsentation, bekommen aber am Ende eine 2, weil sie nicht wirklich geübt haben, ihre Informationen gut vorzustellen. Vier Tage vor dem Vortrag solltest du anfangen, jeden Abend vor dem Ins-Bett-Gehen deinen Vortrag mit Gestik,

PowerPoint, Presenter et cetera (also mit allem Drum und Dran) vor deiner Familie oder vor deinem Handy zu präsentieren. Mach das nicht nach 22 Uhr, weil es wissenschaftlich bewiesen ist, dass nach dieser Uhrzeit dein Kopf nicht mehr richtig arbeiten kann.

Es ist sehr wichtig, dass du am Morgen des Tages, an dem du vorträgst, auch noch mal probst. Durch diese viele Übung weißt du fast auswendig, was du sagen willst. Wenn du trotzdem Karteikarten als Gedächtnisstütze brauchst, kannst du sie am letzten Abend noch schreiben. Wahrscheinlich ist aber, dass du deinen Vortrag nach fünfmal intensivem Üben schon gut kannst. Die PowerPoint-Folie dient ja auch als Stütze, wenn du mal etwas vergisst.

So investierst du nur eine Stunde. Aber am Ende bist du der Beste, weil du deinen Stoff perfekt vortragen kannst.

PS: Es kann sein, dass du ein wenig länger für die Recherche und Erstellung der PowerPoint-Präsentation brauchst. Du solltest aber mit dieser Technik nie mehr als 1,5 Stunden brauchen. So hast du mehr Zeit, nach der Schule Fortnite zu spielen oder einfach Musik zu hören, während deine anderen Klassenkameraden stundenlang an ihrem Vortrag fummeln.

Action: Nimm dir für deinem nächsten Schultag vor, in dem Fach, in dem du am meisten Probleme hast, deinen Lehrer zu fragen, ob du einen Vortrag machen kannst. Such dir fünf Tipps in diesem Kapitel raus, die dir gefallen, und wende sie bei deinem Vortrag an. Ich verspreche dir, dass dein Lehrer verblüfft sein wird.

Zusammenfassung für Faule

1. Entwickle zuerst einen roten Faden und hefte dann die Informationen an diesen Faden. So sparst du dir sehr viel Zeit.

2. Benutze immer PowerPoint für deine Vorträge.

3. Eine seriöse Quellenangabe am Ende des Vortrages ist ein Muss.

4. Du musst deinen Vortrag proben, proben, proben.

5. Kenne dein Thema so gut, dass du keine Karteikarten brauchst.

6. Der Start und das Ende sind am wichtigsten. Also überleg dir eine kreative Einleitung und einen außergewöhnlichen Schluss.

7. Benutze Fachwörter, um dem Lehrer zu zeigen, dass du dich wirklich mit dem Thema beschäftigt hast.

8. Wenn du einen Top-Vortrag in wenig Zeit erstellen willst, guck dir oben den »Eine-Stunde-Vorbereitung-1er-Vortrag« an.

Abitur mit 0,69: Wie Jakob Nowicki-Koth der beste Schüler Deutschlands wurde!

Als ich die E-Mail bekam, dachte ich, ich hätte mich verlesen. Ich dachte, das Krasseste, was man bekommen kann, sei ein Schnitt von 0,8. Als mir aber klar wurde, dass es kein Traum war und Jakob Nowicki-Koth in den zwei Jahren der Oberstufe wirklich 896 (!) von 900 möglichen Punkten bekomme hatte und deswegen einen Abischnitt von 0,69 hatte, wurde mir klar, dass ich ihn unbedingt interviewen muss. Das Interview hat mehrere Stunden gedauert; ich habe die besten Antworten herausgesucht und in dieses Kapitel gepackt. Du wirst herausfinden, wie der beste Schüler Deutschlands tickt. Viel Spaß beim Lesen. (Lies unbedingt seine Antwort über Deutsch. Die hat mich echt umgehauen.)

Frage: Kannst du dich bitte einmal selbst beschreiben?

Jakob: Mein Name ist Jakob Nowicki-Koth und ich bin 18 Jahre alt. In meiner Freizeit mache ich Langstreckenlauf und Leichtathletik und treffe mich gerne mit meinen Freunden. Würde man vielleicht von mir nicht erwarten, aber Schule ist immer eine große Ambition gewesen. Sonst hätte ich das Abi nicht so geschafft. Aber ich bin auf keinen Fall so der typische »Streber«. Ich bin jetzt nicht so der Typ, der sich zu Hause an den Tisch gesetzt hat und gelernt, gelernt, gelernt hat, sondern das hat bei mir alles ein wenig anders funktioniert. Das wirst du später im Interview auch noch merken.

Frage: Haben deine Eltern das Abitur und studiert?

Jakob: Meine Mutter ja. Sie hat das Abitur in Polen gemacht und ist dann hier nach Deutschland gekommen. Mein Vater hat das Abitur nicht und hat, glaub ich, den Hauptschulabschluss.

Frage: Hast du schon mal in einer Arbeit/Klausur gespickt?

Jakob: Gespickt habe ich auf jeden Fall schon mal. Da kann sich, glaub ich, keiner entsagen. Es war jetzt nichts Dramatisches, aber ich kann sagen, dass ich im Französischtest auch schon mal Vokabeln auf die Hand geschrieben habe.

Frage: Wie oft hast du ungefähr im Jahr gefehlt?

Jakob: In der Grundschule hatte ich ungefähr so 26 Fehlstunden, also ungefähr vier Tage. Ab der weiterführenden Schule war es tatsächlich so, dass ich immer um die null bis maximal fünf Fehlstunden hatte. In der Oberstufe hatte ich null Fehlstunden. Da bin ich immer da gewesen.

Frage: Sollte man die Leute sorgsam aussuchen, neben die man sich setzt, oder ist das komplett egal?

Jakob: Komplett egal ist es auf keinen Fall. Selbst wenn man der totale Überflieger ist, sollte man sich auf keinen Fall Leute suchen, die die ganze Zeit nur labern oder den Unterricht immer stören. Das kann oft dazu führen, dass Lehrer denken, man wäre selber daran beteiligt. Klar kann man sich Leute suchen, die mal einen Scherz machen oder quatschen. Ich habe auch oft im Unterricht mit meinem Sitznachbarn geredet. Das ist ganz normal. Man sollte sich aber auf keinen Fall jemanden suchen, der das permanent macht, da das nur negativ auf einen zurückkommt.

Frage: Hast du immer 15 Punkte geschrieben für deinen 0,69er-Schnitt?

Jakob: Ich habe nicht in jeder Klausur 15 Punkte geschrieben. In den Abiprüfungen habe ich in jeder 15 Punkte gehabt. Aber zum Beispiel im ersten Block, also die 600 Punkte, die man in Q1 und Q2 sammelt, hatte ich auch einige 14er auf meinen Zeugnissen stehen. Was mir dann zugute kam, war, dass ich nicht jedes Fach einfließen lassen musste. Zum Beispiel in Französisch hatte ich in der Q1 nur 13 Punkte, die ich dann aber nicht einfließen lassen musste. Die stecken nicht in meinem Abiturschnitt mit drin. Man kann sich auch schlechtere Noten leisten als 15 Punkte, wenn man ein 0,69er-Abi haben will. Man muss aber schon am besten vorher wissen: Was muss ich einfließen lassen und was nicht? – um dann zu gucken, ob das noch aufgeht.

Ich glaube aber, jetzt hier für ein 0,69er-Abi zu werben, ist eh ein bisschen unnötig, weil man braucht es eigentlich nicht. 1,0 reicht vollkommen aus für jeden Studiengang. Natürlich sollte man sich da auch anstrengen, aber da kann man ein bisschen entspannter an die Sache herangehen. Gehe aber anstatt, wenn es greifbar scheint, nicht nur auf 14 Punkte, sondern auch auf 15. 15 Punkte sind ein Punkt mehr, den man sich dann in einem anderen Fach als fehlend erlauben kann.

Frage: Denkst du, deine gute Beziehung zu Lehrern hat dir geholfen, so ein gutes Abitur zu bekommen?

Jakob: Auf jeden Fall. Das ist einer der Hauptpunkte, die ich erwähnen muss. Ich glaube, das Verhältnis, das man zum Lehrer hat und über die Jahre aufbaut, und dieses Bild, was dann bei dem Lehrer von einem selber entsteht, hat eine Nachwirkung bis zum Ende der Oberstufe. Es leugnen vielleicht viele Lehrer, aber ich glaube, die Sympathie, die man für einen Schüler hat, fließt noch in die Note ein. Wenn ein Lehrer schon von Anfang an weiß, dass ein Schüler immer so 14 oder 15 Punkte schreibt, dann geht er mit dieser Erwartung auch an eine Klausur, die vielleicht doch eigentlich 13 Punkte ist, und gibt am Ende doch 14 oder 15 Punkte. Ich will nicht sagen, dass Lehrer Fehler übersehen oder so etwas, aber ich denke, dass sie dann einfach mit diesem Hintergedanken anders korrigieren.

Frage: Was kann man tun, um die Beziehung mit Lehrern zu verbessern?

Jakob: Höflichkeit ist ein wichtiger Schlüssel. Das klingt vielleicht banal, aber viele, die in einen Raum kommen, die begrüßen den Lehrer nicht oder sagen nicht »Guten Morgen«. Das kommt, glaub ich, bei vielen Lehrern schlecht an. Das sollte man auf jeden Fall immer machen.

Frage: Denkst du, man kann beliebt und gleichzeitig gut in der Schule sein?

Jakob: Es wäre jetzt ein bisschen überheblich von mir, jetzt zu behaupten, dass ich sehr beliebt war. Aber mich mochten die meisten und ich hatte mit niemandem ein Problem. Ich hab mich mit vielen aus der Stufe echt richtig gut verstanden. In unserem Abibuch, in dem es so Kategorien wie »Lehrerliebling« oder »schwärzeste Lunge« gibt, wurde ich zur Sportskanone gewählt, weil ich viel Leichtathletik mache. Das hat mich dann bei den Leuten noch sympathischer gemacht, dass ich nicht nur psychisch gut war, sondern auch physisch. Deswegen würde ich mich nicht als den allerbeliebtesten Kerl aus der Stufe bezeichnen, aber ich war auf keinen Fall unbeliebt. Zu der Frage: Das geht auf jeden Fall. Das ist überhaupt kein Problem.

Frage: Was war deine Taktik/Strategie beim Thema »mündliche Mitarbeit«?

Jakob: Meine Taktik war immer, bei jeder Nachfrage die Hand zu heben und mich zu beteiligen. Was bei der mündlichen Beteiligung auch extrem wichtig ist, wenn man in das höhere Notensegment hineinrutschen möchte – also 13, 14, 15 Punkte –, ist Eloquenz, also Redegewandtheit. Wenn man das gut kann, ist man schon richtig gut dabei in jedem Fach. Wenn zum Beispiel in Deutsch eine komplexe Frage gestellt wird, dann sollte man nicht stumpf sagen: »Ich denke, dass ...« Man sollte eher versuchen, die eigene Antwort rhetorisch auszuschmücken und vielleicht ein bisschen in die Länge zu ziehen. Auf keinen Fall solltest du im Unterricht »einschlafen« oder abwesend sein und Fragen an dir vorbeiziehen lassen oder dich nicht beteiligen. Das sollte nie passieren, wenn man sehr gut sein will. Immer melden, immer zuhören, sodass, wenn eine Frage gestellt wird, man sich immer melden kann.

Frage: Wie, denkst du, kann man die Zahl seiner Meldungen erhöhen, wenn man sich nicht oft meldet?

Jakob: Die Zahl der eigenen Meldungen kann man auf jeden Fall erhöhen, wenn man sich zu Hause noch mal mit den Sachen auch zusätzlich beschäftigt. Nicht in dem Sinne, dass man einfach nur, was man im Unterricht schon gemacht hat, noch mal zehnmal durchliest. Sondern, wenn man merkt: »Ich interessiere mich für dieses Thema«, dann guckt man einfach mal im Internet herum, was es noch so gibt. So wirst du oft im Unterricht dann merken, dass diese Sachen, die du dir aus Spaß zu Hause angeguckt hast, dir die Möglichkeit geben, dich viel öfter zu melden als normalerweise. So kann man immer mehr sagen als die anderen, was immer sehr gut bei den Lehrern ankommt.

Frage: Denkst du, dass, wenn man aufmerksam ist, man schon über 50 Prozent automatisch im Unterricht lernt?

Jakob: Ja. Ich habe bestimmt 90 Prozent so gelernt. Zu Hause habe ich nur 10 Prozent der Zeit gelernt, wenn es um komplexe Themen ging, die man sich einfach noch mal angucken musste. Ich bin der Meinung, dass, wenn man wirklich gut aufpasst und dem Unterrichtsgeschehen immer gut folgt und das Gelernte direkt verarbeitet, anwendet und bei Problemen Nachfragen stellt, dass dann extrem viel hängen bleibt. Es kommt auf den Lerntyp an, der man selber ist. Aber es macht bestimmt 50 Prozent des Gelernten aus.

Frage: Wie kann man in sprachlichen Fächern bessere Noten bekommen?

Jakob: Was man in Sprachen auf jeden Fall machen muss, ist: ganz viel beteiligen. Englisch ist für mich ein Fach, wo es hauptsächlich darum geht, dass man seine Hand die ganze Zeit oben hat und sich bei jeder Kleinigkeit beteiligt. Auch wenn man denkt: »Boah, das ist jetzt viel zu einfach.« So darf man generell an gar kein Fach herangehen. Schon gar nicht in einer Sprache, da es hauptsächlich in Sprachen darum geht, dem Lehrer zu zeigen: »Ich kann in dieser Sprache sprechen.« Deswegen ist es von elementarer Bedeutung, dass man viel spricht.

Frage: Wie kann man in Mathe bessere Noten bekommen?

Jakob: Gut sein in Mathe kann auf jeden Fall jede Person durch Übung. Mathe ist wirklich ein absolutes Übungsfach. Wenn man diese ganzen Formeln immer wieder anwendet (auch in verschiedenen Fällen), dann wird es einem im Nachgang auch viel leichter fallen, in einer Klausuraufgabe zu erkennen, welche »Werkzeuge« (Ableitung, pq-Formel et cetera) man in den Klausuren anwenden muss. Wenn man einfach ganz viel übt, also zum Beispiel an der Tafel Aufgaben vorrechnet oder dann auch vielleicht noch etwas zu Hause macht, dann wird man auch in Mathe an gute oder sehr gute Noten kommen.

Frage: Wie kann man in Sport bessere Noten bekommen?

Jakob: Das kann ich am besten mit dem Sportunterricht aus der Oberstufe erklären: Ich hatte das Sportprofil »Schwimmen und Leichtathletik« genommen, weil ich bei Ersterem schlecht war. Ich muss dazu sagen: Damals hatte ich noch nicht das Ziel, so ein gutes Abitur zu machen. Die Note, die dabei rumkam, war mir relativ egal. Ich wollte es einfach nur machen, um für mich persönlich besser in den Sachen zu werden, die ich noch nicht so gut kann. Das war für mich einfach ein Bedürfnis, was ich dann auch verfolgt habe. Ich habe die persönliche Erfahrung gemacht, dass, wenn man einfach diese Ambitionen hat, persönlich in irgendetwas besser zu werden, dass es dann eigentlich fast automatisch auch funktioniert. Man muss wirklich nur diesen Willen aufbringen, um besser zu werden. In Sport geht es vor allem um die persönliche Entwicklung und nicht immer um feststehende Leistungen, die in einer Tabelle drinstehen. Sondern vielmehr darum: Wie war ich am Anfang und wie habe ich mich über den Lauf des Unterrichts entwickelt? Wenn der Lehrer dann sehen kann, dass man wirklich besser geworden ist, wirst du auch eine wirklich gute Note bekommen.

Frage: Wie kann man in Deutsch bessere Noten erzielen?

Jakob: Zu wissen, was in eine Analyse hineingehört, ist sehr wichtig. In Deutsch schreibt man in der Oberstufe immer nur Analysen. Es gibt zwei Ansätze, wie man an eine Analyse herantreten kann. Die gängige Strategie ist: Du gehst vor wie in einer Mine. Achte aber generell darauf, wie sich die Kurswahlen gegenseitig beeinflussen. Falls du einen besonderen Berufswunsch hast, zum Beispiel Ingenieur, hilft es dir später sehr weiter, wenn sich deine Leistungskurswahl nach deinem Berufswunsch richtet. So hast du schon Vorwissen für dein Studium.

Kurswahl

In den Interviews wurde mir der größte Unterschied zwischen 1,0er-Schülern und durchschnittlichen Schülern bei den Kurswahlen bewusst: Erstere planen bei der Kurswahl exakt, welche Halbjahre von welchen Fächern sie ins Abitur einbringen müssen und welche sie streichen beziehungsweise durch andere ersetzen können. In manchen Bundesländern musst du zum Beispiel nur ein Jahr Sport einbringen und kannst den Rest streichen lassen. Durch dieses Wissen haben viele 1,0er-Schüler, die sonst vielleicht einen 1,1- oder 1,3er-Schnitt hätten, die 1,0 geschafft. Informiere dich unbedingt bei deinen Oberstufenkoordinatoren.

Nicht zuletzt sind auch noch die Lehrer ein Faktor. Wie schon sehr oft erwähnt, haben Lehrer einen großen Einfluss auf deinen schulischen Erfolg. Deswegen empfehlen die 1,0er-Schüler: Falls du weißt, welcher Lehrer welchen Kurs bekommt, beziehe auch das in deine Wahl ein. Jeder kennt diese Lehrer, die gerne 4en und 5en verteilen, und auch den Lehrer, der perfekt erklären kann und alles aus seinen Schülern herausholt. Ebenso gibt es möglicherweise Lehrer, mit denen du dich einfach gar nicht verstehst, und du weißt, dass du bei dem nie auf einen grünen Zweig kommen wirst. Denke aber immer daran, dass du im Unterricht nicht nur auf die nächste Klausur vorbereitet wirst, sondern auf die Abiprüfung! Deswegen ist es tausendmal besser, einen Lehrer zu haben, der etwas strenger und anspruchsvoller ist, dir aber den Stoff gut beibringen kann, als einen Lehrer, der nett ist, aber null erklären kann, und du bist dann bei der Abiprüfung aufgeschmissen.

Der Schlachtplan fürs Traumabi

Nachdem du das Kurswahlsystem zu 100 Prozent verstanden hast, empfehlen dir die 1,0er-Schüler, in der Oberstufe von Anfang an einen Plan zu erstellen. Du guckst dir zuerst an, in welchen Fächern du welche Noten bekommen musst, um dein Traumabi zu bekommen. Diese Punkteziele schreibst du dann in eine Excel-Tabelle (haben zumindest mehrere 1,0er-Schüler gemacht). Wenn du den Plan und deine Notenziele hast, musst du dich jetzt nur noch voll darauf konzentrieren, mündlich und in den Klausuren die Zielnoten zu erreichen.

Natürlich läuft nicht immer alles so, wie man es plant. In manchen Fächern wirst du vielleicht schlechter, in manchen aber auch besser sein. Besonders nach dem ersten Quartal in der Oberstufe weißt du, wie die Lehrer, die du hast, dich benoten, und kannst den Plan noch mal überarbeiten. Ab dann bleiben die Notenziele aber eher gleich und du kannst 100 Prozent Fokus darauf legen, sie zu erreichen. Nichts anderes ist jetzt mehr wichtig. Wenn du es schaffst, diese »Mikro-Notenziele« zu erreichen, erreichst du gleichzeitig dein Hauptziel: dein Traumabi.

So vermeidest du, die ganze Zeit zu denken, notentechnisch laufe alles gut, um dann erst kurz vor deinen Abiturprüfungen zu merken (was vielen passiert), dass du dein Traumabitur nicht mehr erreichen kannst, da du in den Jahren davor zu wenig Punkte gesammelt hast. Mit diesem Plan weißt du immer, wo du stehst, und bleibst bei der Stange, weil du genau sehen kannst, wie sich jede schlechte Note auf deinen Schnitt auswirkt. Das wird dich immer wieder motivieren dranzubleiben.

Es wird Momente geben, in denen du mal dein »Mikro-Notenziel« nicht ganz erreichst oder sogar weit verfehlst. Lass dich davon nicht stressen oder herunterziehen. Kopf hoch und weiter Gas geben. Mit diesem Trick hast du immer Klarheit, wo du dich auf deinem Weg zum Traumabi befindest. Das entspannt.

Action 1: Nimm dir vor, am nächsten Schultag zu deinem Oberstufenkoordinator zu gehen und einfach mal zu fragen: »Welche Fächer kann ich eigentlich aus der Bewertung im Abi streichen lassen?«

Action 2: Erstelle deinen Notenzielplan am Computer, nachdem du alle Optionen bei der Kurswahl kennst.

Zusammenfassung für Faule

1. Du musst das Kurswahlsystem bis ins kleinste Detail verstehen, um in der Schule erfolgreich zu sein.
2. Wähle nach deinen Stärken und nicht einfach die Kurse deiner Freunde.
3. Wähle nicht nur nach deinen Noten aus der Unter- und Mittelstufe, sondern nimm die Fächer, die dir Spaß machen und dich wirklich interessieren.
4. Informiere dich, welche Fächer du am Ende aus der Bewertung streichen lassen kannst und welche nicht.
5. Mache dir einen Plan, welche Noten du in welchem Fach schreiben und mündlich bekommen musst, um dein Traumabi zu erreichen.

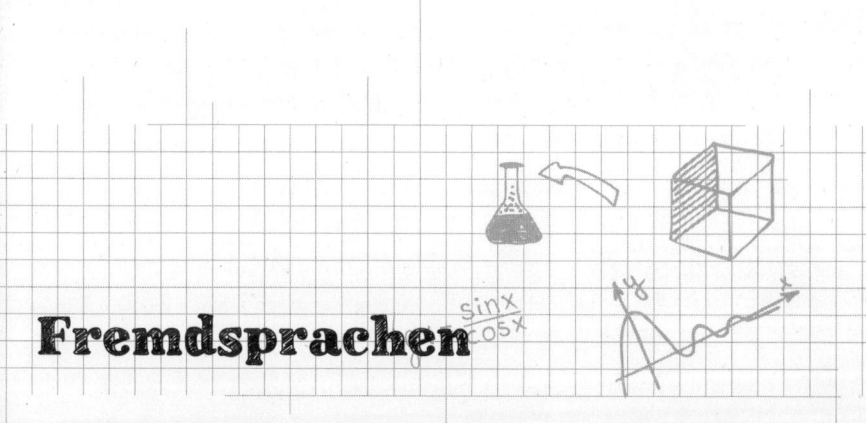

Fremdsprachen

»Was unglaublich viel hilft, sind Auslandsaufenthalte in den Ferien.«

Daniel J.

»Bei Fremdsprachen empfehle ich wirklich, diese auch im Alltag nutzen zu können. Dabei ist es egal, ob man ein Buch in der Sprache liest, fremdsprachige YouTube-Videos guckt oder ob man bei einem Computerspiel mit Menschen auf der ganzen Welt spielt. Ich schaue in meiner Freizeit zum Beispiel sehr viele englische YouTube-Videos und spiele auch mit englischsprachigen Menschen online Computerspiele, welches beides wirklich die sprachlichen Fähigkeiten verbessert hat. Und dabei war das nicht mal mein Ziel, sondern einfach nur die Folge daraus.«

Vincent B.

Auch wenn ich hier vor allem Englisch als Beispielsprache nenne, funktionieren diese Tipps genauso gut in Spanisch, Französisch und allen anderen Fremdsprachen.

Vokabeln sind das A und O

Entscheidend dafür, ob du gut oder schlecht in einer Sprache bist, ist zunächst einmal das Vokabellernen. Wenn du keine richtige Vokabellernroutine hast, kommst du in einen Teufelskreis: Du verstehst immer weniger und kannst dich gleichzeitig nicht vernünftig ausdrücken. So wird es einfach unmöglich, gute Noten in dieser Sprache zu bekommen. Deswegen ist eine richtige Vokabellernroutine essenziell. Entscheidend für den Erfolg ist, jeden Tag ein bisschen zu machen, anstatt einmal extrem lange zu lernen.

Die beste Routine, um Vokabeln zu lernen, ist das Kastensystem. Vielleicht kennst du das schon: Du holst dir Karteikarten und schreibst auf einer Seite ein Wort in der Fremdsprache und auf die andere Seite die Übersetzung auf Deutsch. Jetzt baust (oder kaufst) du dir einen Kasten mit sechs Fächern. Es ist wie ein Spiel: Alle deine Vokabelkärtchen sind in dem ersten Fach. Du holst dir Karte um Karte mit der deutschen Seite zu dir zeigend raus und sagst laut das Wort in der Fremdsprache. Dann buchstabierst du das Wort laut und drehst die Karte um. Wenn du richtig gelegen hast, kannst du das Kärtchen ein Fach weiter nach hinten stecken. Wenn nur das Wort richtig war, aber die Buchstabierung falsch, bleibt die Karte in dem Fach, in dem sie ist. Wenn beides falsch war, muss die Karte ein Fach nach vorne. (Wenn das Wort gleich im ersten Fach falsch ist, bleibt es selbstverständlich da.) Kleiner Twist: Außerdem musst du bei Fach 2 und Fach 4 die Karten so drehen, dass du beim Herausnehmen die Fremdwortseite zuerst siehst. Dann musst du das deutsche Wort sagen (natürlich ohne Buchstabieren). So trainierst du dein Gehirn, das Wort sowohl für das Hören als auch das Sprechen ideal abrufbar zu machen.

Jetzt gehst du jeden Abend nach dem Zähneputzen alle Karten in allen sechs Fächern durch. Wenn eine Karte aus dem sechsten Fach herauswandert, legst du sie in eine Schachtel und guckst sie dir 30 Tage später wieder an. Damit die Karten nicht durchmischt werden, lege, nachdem du eine neue Karte in die Schachtel gelegt hast, immer ein Zettel oben auf diese Karte drauf mit dem Datum des Tages. So werden die Karten nicht vermischt und du weißt immer ganz genau, wenn 30 Tage vorbei sind. Wenn du dabei einen Fehler machst, kommt die Karte wieder in Fach Nummer 1 (ich weiß, dass das hart ist, aber nur so lernst du die Vokabel langfristig).

Wenn du neue Vokalen aufbekommst, schreibe sie alle sofort auf Karteikarten und sortiere sie in deine Kartei ein.

Falls du jetzt denkst: »Ich lebe doch nicht in der Steinzeit! So etwas gibt es doch bestimmt auch als App«, stimmt das. Um ehrlich zu sein, benutze ich auch eher lieber eine App. Die digitale Form hat viele Vorteile, aber auch ein paar Nachteile. Positiv: Du musst die Karten nicht beschriften und keinen Kasten kaufen, du kannst überall, wo du bist, mit dem Handy lernen. Die negative Seite besteht darin, dass du keinen gestalterischen Spielraum in einer App hast und zum Beispiel nicht einstellen kannst, dass die Karten in Englisch zu Deutsch, aber auch in Deutsch zu Englisch in zum Beispiel Fach 4 abgefragt werden.

Am besten führst du deine Vokabellernroutine direkt vor dem Schlafengehen durch, aber nicht nach 22 Uhr (wie schon erwähnt ist wissenschaftlich bewiesen, dass das Gehirn danach nicht mehr lernfähig ist). So lernst du mit einem kurzen Zeitinvestment nachhaltig und extrem effektiv. Bei dieser Routine wird es nicht passieren, dass dir alte Vokabeln nicht mehr einfallen!

Was du schreibst, ist nicht so wichtig

In Sprachen geht es nicht nur darum, wie gut du dich mündlich ausdrücken kannst, sondern auch um den schriftlichen Ausdruck. Deswegen ist für den Lehrer das Niveau deines Textes viel wichtiger als der Inhalt. Deswegen musst du extrem viel Zeit darin investieren, dein sprachliches

Level zu verbessern, besonders wenn du eine Sprache als Leistungskurs hast. Lerne daher unbedingt wichtige Ausdrücke und Redewendungen auswendig, wie zum Beispiel in Englisch »On one hand ..., on the other hand ...«. Du solltest auch wie in Deutsch die verschiedenen Textarten wie Comment, Analysis, Essay et cetera draufhaben, um immer die perfekte Struktur zu haben. Um die Qualität deiner Texte zu verbessern, setze dich noch mal mit den Zeiten, »If«-Sätzen, »linking words« (wie zum Beispiel »however«) und fortgeschrittenem Vokabular auseinander. Es kommt gerade in Sprachen wie Englisch vor, dass du denkst, du hättest etwas richtig gelernt, aber in der Klausur stellt sich dann heraus, dass du es falsch in Erinnerung hast und falsch anwendest. Checke deswegen lieber noch mal die Basics, damit dir keine unnötigen Fehler unterlaufen. Nur so kannst du deine schriftliche Note und auch deinen Ausdruck verbessern.

Wenn du eine Sprache als Leistungskurs hast oder generell besser in einer Sprache werden möchtest, setze dich einfach jedes Wochenende eine halbe Stunde hin und bearbeite zwei oder drei Arbeitsblätter über ein bestimmtes Thema. (Die findest du auch auf der Webseite zum Buch: einskommanullacademy.de) So wirst du dein sprachliches Level Schritt für Schritt nachhaltig stark verbessern.

Eine Sprache besser sprechen lernen

Ein sehr guter Tipp, den du bestimmt schon oft gehört hast, ist, dir englischsprachige Serien im Original anzugucken. Fast alle Serien werden dadurch besser, da besondere Ausdrücke und Redensarten in der Originalsprache ganz anders wirken als in der Übersetzung. Wenn du zunächst nicht viel verstehst, gib nicht auf! Schalte die Untertitel in der Sprache des Filmes ein. Benutze nicht die deutschen Untertitel! Versuche am Anfang, Serien mit zu starkem Slang zu vermeiden. Wenn du gerne liest, kannst du auch deine Lieblingsbücher oder Buchreihen einfach in Englisch kaufen oder in der Bücherei ausleihen. *Harry Potter* ist auf Englisch zum Beispiel sehr beliebt.

Versuche, genau wie bei deiner Vokabelroutine, Regelmäßigkeit herzustellen: Lies oder gucke jeden Abend eine halbe Stunde fremdsprachige Bücher oder Serien. Kurzer Tipp am Rande: Das ist das perfekte Argument, um deine Eltern zu überzeugen, dir ein Netflix-Abo zu kaufen. Sag einfach: »Es ist für die Schule!« Wenn du Musik magst, hör dir auch mal Musik in der Fremdsprache aufmerksam an. Versuche, den Text zu verstehen. Häufig kannst du dir auch direkt die Texte (Lyrics) dazu anzeigen lassen. So kannst du deine Eltern überzeugen, dir ein Spotify-Abo zu kaufen.

Auch wenn du diese Tipps bestimmt schon extrem oft gehört hast: Du musst es einfach mal machen. Es hilft wirklich extrem viel: Du verbesserst deine Aussprache und du verstehst auch Alltagssprache viel besser. Wenn es dir Spaß macht zu kochen, probiere doch auch mal, Essen aus dem Land der Fremdsprache zu kochen, um noch mehr die Kultur der Sprache zu verstehen.

Ein Tipp, der mich total umgehauen hat, als ich ihn im Interview hörte, war: Wenn du wirklich gut in einer Sprache werden möchtest, dann führe ein Tagebuch in der Sprache. Setz dich jeden Abend für fünf Minuten hin und schreib deinen Tag in der Fremdsprache auf. Wenn du nicht so der »Schreib-Typ« bist, kannst du auch ein Videotagebuch machen. (Das mache ich.) Setz dich einfach auf dein Bett, nimm dein Handy heraus, nimm dein Gesicht auf und erzähl in der Fremdsprache von deinem Tag. Versuche es in einem »OneTaker«, also ohne Pausen, zu schaffen. Wenn dir ein Wort nicht einfällt, dann versuche es einfach zu umschreiben. Durch diese Routine lernst du, dich flüssig auszudrücken, und es ist extrem nah an Alltagssituationen dran. Genauso wie in der Schule musst du frei reden und improvisieren können. Dazu zwingt dich das Videotagebuch. Behalte die Aufnahmen, um nach einem Jahr deinen Fortschritt zu sehen. Wenn du zu den Leuten gehörst, die immer zu wenig Speicherplatz haben, behalte einfach pro Monat ein Video und lösche den Rest. Dein Fortschritt wird dich echt motivieren, dich weiter anzustrengen. Dieser Tipp ist wirklich Gold wert. Wenn du ihn anwendest, wirst du deinen Mitschülern weit voraus sein.

Wenn du die Möglichkeit hast, solltest du unbedingt in den Ferien in Länder reisen, in denen deine Fremdsprache gesprochen wird. Viele der 1,0er-Schüler haben ein Auslandsjahr gemacht oder zumindest längere Zeit im Ausland verbracht. Sie sagten, dass sie diese Zeit sehr geprägt hätte und stark dazu beigetragen hätte, dass sie ein 1,0er-Abitur geschafft haben. Da Auslandsjahre aber extrem teuer sind, kann sich das nicht jeder leisten. Es gibt aber einen Weg – der sehr unbekannt ist –, dieses Problem zu lösen und ein 100-Prozent-Stipendium zu bekommen. Es gibt zum Beispiel ein Partnerprogramm zwischen dem Deutschen Bundestag und dem Kongress in den USA. Jedes Jahr werden Schüler aus den USA nach Deutschland geschickt und andersherum; die Kosten werden durch das Stipendium abgedeckt. Wenn du dich bei deinem lokalen Bundestagsabgeordneten bewirbst, ist die Chance groß, dass du genommen wirst, da dieses Partnerprogramm recht unbekannt ist. Schreib eine gute Bewerbung und drücke die Daumen. Es gibt noch weitere Stipendien und Wege, relativ günstig eine längere Zeit im Ausland zu verbringen. Du findest einige auf der Website zum Buch (einskommanullacademy.de).

Wenn du dich gegen ein Auslandsjahr entscheidest, solltest du zumindest für ein paar Wochen in den Ferien ins Ausland gehen, um deine Sprachkenntnisse zu verbessern. Von den 1,0er-Schülern wurden aber keine Organisationen explizit für einen Ferienaufenthalt empfohlen.

Kostengünstig kommst du auch über Schüleraustausche ins Ausland. Alternativ kannst du auch Austauschschüler, die für eine besondere Veranstaltung in eure Stadt kommen oder an deiner Schule sind, bei dir wohnen lassen. So sprichst du kostenlos mit einem Muttersprachler. Selbst wenn die Muttersprache der Austauschschüler nicht Englisch ist, können die meisten Englisch als Fremdsprache sprechen.

Eine weitere extrem gute Idee, von der deine ganze Familie profitieren wird, ist, die Fremdsprache zu Hause im Alltag einzubauen. Zum Beispiel einigst du dich mit deiner Familie, dass am Abendbrottisch nur noch die Fremdsprache gesprochen wird. Das kann ziemlich lustig werden und Spaß machen. Am besten funktioniert das mit Englisch, da jeder wenigstens ein bisschen Englisch kann. Wenn mindestens einer aus deiner Familie deine Fremdsprache auch sprechen kann, solltest du dich mit dieser Person nur in der Fremdsprache unterhalten und mit den anderen auf Englisch oder Deutsch. So verbessert sich jedes einzelne Familienmitglied.

Ein paar 1,0er-Schüler sagten, dass du dir auch mal Influencer, die Content über deine Interessen machen, in der Fremdsprache angucken solltest. So lernt man auch wie nebenbei die Sprache und hört Muttersprachler. Allerdings ist die Sprache, je nach Thema, ziemlich spezifisch und nicht sehr alltagsnah. Deswegen würde ich dir empfehlen, mal Arma 3 Altis Life auszuprobieren. Es ist ähnlich wie GTA, nur dass es eine Art Alltagsrollenspiel ist. Zum Beispiel musst du in der Rolle des Gangsters lernen, dich vor der Polizei rauszureden, oder andere Sachen. So benutzt du deinen ganzen Wortschatz und lernst, während du etwas Spaßiges machst.

Ein weiterer extrem guter Tipp einer 1,0er-Schülerin: Auf privaten Ausflügen, zum Beispiel zum See, hat sie mit ihren Freunden beschlossen, den ganzen Nachmittag nur Englisch zu reden. Zitat: »Das hat zu manchen lustigen Situationen geführt.« Eine extremere Variante wäre, dass man auch mit fremden Personen nur in der Fremdsprache spricht. Wenn man das macht, ist der Spaßfaktor sicherlich extrem hoch. Deutsch sollte bei anderen Menschen das letzte Mittel sein, um sich zu verständigen.

PS: Sorry an alle, die auf spezielle Tipps für Latein gehofft haben. Irgendwie hat nur eine 1,0er-Schülerin Latein überhaupt erwähnt. Ihr Tipp: Befasse dich mit der Kultur der Römer und schau dir entsprechende Filme an. Da dieser Tipp nur von einer einzigen Schülerin kam, kann ich leider nicht sagen, wie hilfreich er ist.

Action: Setz dich heute Abend, bevor du ins Bett gehst, hin, hol dein Handy heraus und nimm dein erstes Videotagebuch auf.

Zusammenfassung für Faule

1. Vokabeln lernen ist das A und O, wenn du in Sprachen gut sein möchtest.
2. Fokussiere dich auf dein sprachliches Niveau und nicht so sehr auf den Inhalt.
3. Versuche, so viel wie möglich mit der Sprache in Kontakt zu kommen. Sei es über Netflix-Serien, Bücher, Musik oder indem du sie einfach mal in deinem Alltag sprichst.
4. Mache ein Videotagebuch in der Fremdsprache. Ich verspreche dir, du wirst über deine Fortschritte überrascht sein.

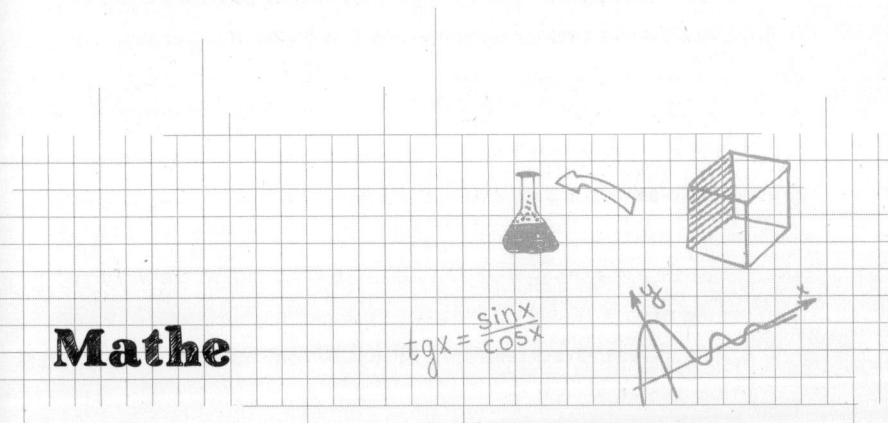

Mathe

*»Ich werde das Schwere nie verstehen,
wenn ich das Einfache nicht kann.«*
Miriam S.

Mathe ist für viele Leute das totale Hassfach. Es gibt endlos viele Schüler, die sagen: »Mathe kann ich einfach nicht«, und es dabei belassen – und damit ein gutes Abi verschenken. Denn Mathe hat echt nichts, aber auch gar nichts mit Talent zu tun. Sondern mit etwas ganz anderem.

Üben, üben, üben

Genauso wie bei den Sprachen gibt es bei Mathe eine Sache, die jeder 1,0er-Schüler im Interview erwähnt hat und ohne die gute Noten nicht erreichbar sind (es sei denn, du hast einen IQ wie Einstein): rechnen, rechnen, rechnen! Das Allerwichtigste in Mathe ist, mit den verschiedenen Rechenarten im Schlaf klarzukommen. Das bedeutet: Wenn du zum Beispiel gerade lernst, wie du Hochpunkt und Tiefpunkt einer Funktion berechnest, musst du es schaffen, zehn Aufgaben hintereinander mit Hochpunkt und Tiefpunkt ohne einen einzigen Fehler richtig auszurechnen. Wenn du das schaffst, verwende die Rechenart in verschiedenen Aufgabenstellungen, wie zum Beispiel in einem Sachtext. Versuche auch hier, zum Beispiel fünf Sachaufgaben richtig zu lösen. Falls du wirklich zu 110 Prozent eine 1 schreiben möchtest, lerne unter Stress. Stell dir einen Wecker irgendwann mitten in der Nacht, stehe für ein paar Minuten auf und rechne eine Aufgabe, die du dir am Abend bereitgelegt hast. Wenn du so alle Rechenarten und Methoden lernst, ist die Chance fast 100 Prozent, dass du in den Klausuren eine 1 schreiben wirst.

Grundlagen aufbessern

Voraussetzung für all das ist natürlich, dass du die Grundlagen kannst. Hast du zum Beispiel in der 8. und 9. Klasse in Mathe null aufgepasst, bist du ziemlich »am Arsch«, weil du später eben auch null verstehst, was Ableitungen sind, geschweige denn Vektoren. Wenn du merkst, dass du manche Themen nicht (mehr) so gut kannst (auch Bruchrechnung brauchst du ständig) und Übung brauchst, dann ist das überhaupt nicht schlimm. Nimm dir Zeit und übe die entsprechenden Aufgaben. Wenn du diese Lücken schließt, wirst du schnell einen großen Vorsprung vor deinen Klassenkameraden haben. Wenn du deine Lücken gefunden hast, mach dir für dein Wochenende einen Plan, um jedes Wochenende oder an jedem Ferientag eine halbe Stunde eines der Themen anzugucken, in denen du schwächelst, um deine Lücken so schnell wie möglich zu schließen. Sobald du in den Grundlagen wieder sicher bist, wirst du merken, wie du auch in deinen aktuellen Themen besser wirst. Denn in Mathe baut alles auf den Grundlagen auf.

Wenn es wirklich hakt

Wenn du wirklich Probleme in Mathe hast und dein größtes Problem nicht Faulheit ist, sondern dass du die meisten Mathethemen von Anfang an gar nicht verstehst, solltest du dir Hilfe suchen. Die beste und billigste Variante ist, wenn du einfach mal zu jemandem aus dem Mathe-Leistungskurs gehst oder zu einem älteren Schüler und fragst, ob er oder sie dir etwas erklären kann. Viele Leute werden dir bestimmt helfen, wenn du generell nett bist. Wenn alle aus dem Mathe-Leistungskurs aber nur Fachchinesisch reden und du null checkst, wenn sie versuchen, etwas zu erklären, dann solltest du dir professionelle Nachhilfe suchen (darüber später mehr.) Wenn du aber jemanden gefunden hast, der dir Mathe gut erklären kann, dann solltest du ihn oder sie fragen, ob ihr vor deinen Klausuren/Arbeiten üben könnt. Es kommt auch immer gut an, wenn du im Gegenzug anbietest, demjenigen in Fächern unter die Arme zu greifen, in denen er oder sie schwächelt.

Wenn du Mathe nicht verstehst, versuche, die Logik hinter den mathematischen Konzepten zu verstehen. Wenn du mal eine Aufgabe im Unterricht nicht verstanden hast, dann versuche nach der Schule, die Lösung der Aufgabe herauszufinden, und rechne die Aufgabe noch ein paarmal, damit sich das Gelernte festigt. Extrem gutes Mathecoaching gibt es in der kostenlosen App simpleclub und auf YouTube – schau dir dort mal die Videos von »Daniel Jung« an. Es ist am besten, sich die App und die YouTube-Videos anzugucken, da beide die Themen unterschiedlich erklären. Außerdem hat ein paar 1,0er-Schülern auch DorFuchs mit seinen Mathe-Songs sehr geholfen, sich Formeln zu merken.

Besonders in der Oberstufe ist es sehr hilfreich, dir das Lösungsheft zu deinem Mathebuch zu kaufen. So kannst du auch ohne Hilfe zu Hause oder in der Schule lernen und weißt immer, ob du richtig oder falsch gerechnet und wo du den Fehler gemacht hast. Allerdings findest du im Lösungsheft nicht immer eine ausführliche Erklärung, warum bestimmte Rechenschritte gemacht wurden oder wie etwas genau funktioniert. Wenn du also jemanden zu Hause oder in der Schule hast, der dir Mathe erklären kann, ist das immer besser.

Hausaufgaben – unbedingt machen!

Abgesehen davon ist es besonders in Mathe extrem wichtig, immer die Hausaufgaben zu machen, um im Unterricht gut mitzukommen und so auch die mündliche Note zu verbessern. Du musst dir bewusst machen, dass die mündliche Note auch in Mathe einen hohen Wert hat. Lass dir diese Möglichkeit, deine schriftlichen Matheschwierigkeiten ein wenig auszugleichen, nicht durch die Lappen gehen! Wie in allen Fächern hilft es auch in Mathe, Fachbegriffe zu lernen, besonders, wenn du deine schriftliche Note durch deine mündliche ausgleichen willst. Es kommt immer sehr gut beim Lehrer an, wenn du Fachbegriffe wie »Zähler« und »Nenner« benutzt, anstatt »die Zahl oben« und »die Zahl unten« zu sagen. Da sehr wenige Schüler Fachwörter benutzen, stichst du noch mal besonders heraus und bekommst eine sehr gute mündliche Note.

Mathe ist ein Werkzeugkasten

Um in der Klausur keine wertvolle Zeit beim Suchen in der Formelsammlung zu verschwenden, musst du die wichtigsten Formeln »im Schlaf« kennen. Abgesehen von Formeln und Regeln ist in Mathe Auswendiglernen allerdings keine gute Idee. Auch wenn es dir schwerfällt, weil du vielleicht nicht so gut in Mathe bist, solltest du immer versuchen zu verstehen, wie die verschiedenen Konzepte zusammenhängen und wie du sie anwenden musst, um eine Aufgabe zu lösen. Mathe ist wie ein Werkzeugkasten. Wenn du eine Aufgabe lösen musst, öffnest du deinen Werkzeugkasten und holst die richtigen Werkzeuge – die Mathekonzepte und Rechenarten – heraus und löst so die Aufgabe. Wenn du nur Schrottwerkzeuge hast oder nicht weißt, wie du sie benutzt, kannst du keine Aufgaben lösen.

Action: Guck dir an, welche Grundlagen du in Mathe für deine Klasse/ Stufe können musst. Auch wenn du dann denkst, dass du alles schon kannst, setz dich heute noch oder morgen hin und rechne ein oder zwei Aufgaben für jedes Thema, um zu sehen, was du wirklich kannst.

Zusammenfassung für Faule

1. In Mathe musst du einfach Übungsaufgaben bis zum Umfallen rechnen.
2. Du musst unbedingt die Grundlagen kennen. Ohne diese bist du auf Dauer aufgeschmissen.
3. Kenne dich mit den Rechenwerkzeugen aus. Weißt du, wann du welche Rechenwerkzeuge anwenden musst, um eine Aufgabe lösen zu können?
4. Der allererste Punkt ist der allerwichtigste!!

»Um in Mathe gut zu sein, muss man die Grundlagen sehr gut beherrschen« – DorFuchs im Interview

Ich bin ehrlich: Bevor ein paar der 1,0er-Schüler den DorFuchs empfohlen haben, wusste ich nicht, wer er ist. Als er mir dann aber öfters empfohlen wurde, schaute ich mir mal seinen YouTube-Kanal an und muss sagen, dass mir sein »pq-Formel«-Song geholfen hat, die Formel auswendig zu lernen. Deswegen habe ich ihn um ein Interview gebeten und er hat zum Glück zugesagt. In diesem Interview erfährst du, welche Dinge wichtig sind, um in Mathe gut zu sein, und wie er in der Oberstufe das Passwort des Taschenrechners seines Lehrers knackte. Viel Spaß.

Frage: Waren Sie gut in der Schule?
DorFuchs: Ich habe immer zu den sehr guten bis guten Schülern gehört. Das war immer so in allen Fächern, es gab also keine krassen Ausfälle.

Frage: Waren Sie »cool« oder ein »Streber« in der Schule?
DorFuchs: Ich glaube, ich war unter den Strebern der coolste. Ich habe oftmals das Gefühl gehabt, wenn ich in der Elektro-AG für Jugend forscht war, dass ich immer derjenige war, der die anderen animiert hat. In der normalen Klasse war ich dann eher doch der zurückhaltende Typ. Ich bin eher zwei Drittel introvertiert und ein Drittel extrovertiert. Das Drittel extrovertiert kam eher heraus, wenn ich mit noch introvertierteren Leuten zusammen war.

Frage: Was ist das Verrückteste, was Sie je in der Schule erlebt haben?
DorFuchs: Mir fällt eine Geschichte ein, die ich heute noch einem Kollegen erzählt habe. Wir hatten bei unserem Physiklehrer eine Klausur geschrieben, bei der wir unseren Taschenrechner benutzt haben. Wir konnten durch den Taschenrechner am Ende der Klausur unsere Punkt-

zahl direkt ausrechnen lassen. Dieses Programm war passwortgeschützt, sodass man nicht den Code ändern kann. Zusammen mit einem Kollegen aus der Elektro-AG haben wir dann online ein Tool gefunden, wie wir den Taschenrechner an den Computer anschließen konnten und so mit einem Programm das Passwort knacken konnten. Wir haben am Ende dann den Test normal mitgeschrieben, weil es viel zu aufwendig gewesen wäre, das Programm umzuschreiben. Dann haben wir aber am Ende dem Lehrer einen Zettel ins Fach legen lassen, wo das Passwort draufstand, als Zeichen, dass wir es geknackt hatten. Es war am Freitag und wir wussten nicht, wie der Lehrer über das Wochenende darauf reagieren würde. Am Montag darauf hat er uns dann jedem eine Packung Schokolade gegeben.

Frage: Haben Ihre Eltern das Abitur und studiert?

DorFuchs: Meine Eltern haben kein Abitur und nicht studiert. (Lacht) Ich bin sozusagen Bildungsaufsteiger.

Frage: Was sagen Sie zu Leuten, die sagen: »Ich kann Mathe einfach nicht!«?

DorFuchs: Das ist eine sehr schwierige Aussage. Viele Menschen heutzutage sagen oft: »Es gibt Menschen, die Mathe können oder nicht.« Das ist für ein Kind immer ein schwieriges Feedback. Natürlich gibt es verschiedene Level von Skill-Sets in Mathematik. Aber das entwickelt sich im Laufe der Jahre. Wenn man dann von Anfang an schon sagt: »Du bist eins von denen, die Mathe nicht können«, wenn dann irgendwie eine schwere Aufgabe kommt, probiert das Kind sie gar nicht, weil es weiß: »Ich kann das nicht.« Dann fühlt sich das Kind durch alles bestätigt, dass es Mathe eben nicht kann. Wenn man auf der anderen Seite einem Kind sagt: »Du bist gut in Mathe«, dann ist es erst mal schön für das Kind. Aber wenn es an den Punkt kommt, wenn es mal für Mathe lernen muss (um eine Aufgabe zu lösen), denkt es sich, dass es die Aufgabe nicht lösen kann. In beiden Fällen fördert es nicht den Lernprozess. Deswegen ist es für Eltern und Lehrer wichtiger, dass man eher den Aufwand und die Anstrengung belohnt als das Ergebnis.

Frage: Welche Eigenschaften braucht man, um gut in Mathe zu sein?

DorFuchs: Um in Mathe gut zu sein, muss man die Grundlagen sehr gut beherrschen, weil es in Mathe ziemlich extrem ist, dass alles aufeinander aufbaut. Man muss wie bei der Khan Academy *(Anmerkung: Das ist eine Online-Lernplattform)* erst mal ein Thema perfekt verstehen, bevor man zum nächsten übergeht. Jede kleine Lücke, die man nicht schließt, bevor man selber zu einem anderen Thema weitergeht, wird dann am Ende ins Unermessliche groß. Deswegen ist das Wichtigste in Mathe, dass man immer komplett dranbleibt. Und bei jedem Schritt muss alles klar sein: Wenn ein Teilschritt nicht ganz klar geht, muss man diesen Teilschritt so lange angucken, bis alles klar ist.

Frage: Wie kann man am besten für eine Matheklausur lernen?

DorFuchs: Man sollte schon während des Schuljahres alles so nacharbeiten, dass alles im Kopf klar ist und man alles versteht. Es ist auch sehr wichtig, dass nicht nur alles auswendig gelernt ist, sondern verstanden ist. Wenn man es schon im Unterricht versteht, fallen die ganzen weiteren Schritte, wie zum Beispiel Übungsaufgaben, einfacher und man muss fast gar nicht mehr lernen.

Frage: Denken Sie, dass man erfolgreich in der Schule sein kann, auch wenn man nicht der Schlaueste ist?

DorFuchs: Ja. Man kann definitiv durch Fleiß, Anstrengung und wenn man an den richtigen Stellen die richtigen Weichen stellt, seine schulischen Leistungen enorm steigern. Es gibt auch einige Fälle, in denen der Knoten auch erst später geplatzt ist.

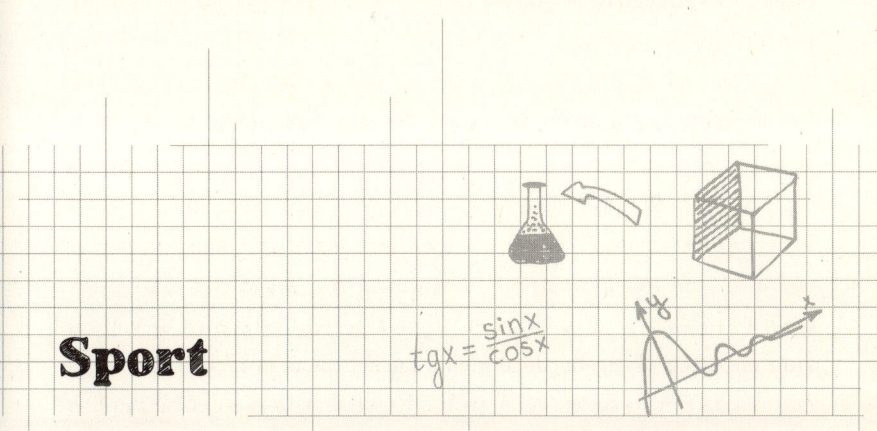

Sport

$$tgx = \frac{\sin x}{\cos x}$$

*»Schlecht in Sport sein ist keine Entschuldigung,
dass man sich nicht wenigstens anstrengt.«*
Mirjana S.

Das Klischee, 1,0er-Schüler seien schlecht in Sport, hat sich in den Interviews nur halb bewahrheitet. Viele waren in ihrer Freizeit sportlich sehr aktiv, aber schlecht in den klassischen Sportarten im Sportunterricht. Deswegen war auch der beste Tipp zum Thema Sport, dass du dir keine Sorgen machen brauchst, wenn du schlecht bist: Bring es einfach nicht in dein Abiturzeugnis ein! Bevor du dich darauf verlässt, solltest du aber natürlich auf jeden Fall abchecken, ob das in deinem Bundesland geht. Nicht, dass du in Sport nichts machst, und dann am Ende musst du doch das erste Halbjahr mit einbringen, in dem du 5 Punkte hattest.

Für alle, die Sport nicht so einfach nicht einbringen können oder vielleicht auch gut in Sport sind und denen Sportunterricht auch Spaß macht (so Leute soll es auch geben), aber wissen wollen, wie sie besser werden können oder noch in der Unter- und Mittelstufe sind und Sport machen müssen, sind die folgenden Tipps hilfreich.

Beweg deinen Hintern

Der einfachste Tipp für den Sportunterricht ist, sich einfach anzustrengen. Ich weiß: Das ist nicht gerade der Tipp des Jahrhunderts. Aber wenn du dem Lehrer zeigst, dass du alles machst, um so gut wie möglich zu werden, wird er dir auch eine gute Note geben. Versetz dich einfach mal in die Rolle des Lehrers. Würdest du eher den Leuten, die in einer Sportart gut sind, sich aber null anstrengen, eine gute Note geben oder den Leuten, die eher schlechter sind und sich unglaublich reinhängen? Die meisten würden zumindest beiden Gruppen die gleich gute Note geben oder den Leuten, die sich anstrengen, sogar die bessere. Gerade als Mädchen hast du Vorteile gegenüber den Jungen, weil sich die meisten Mädchen im Sportunterricht nicht wirklich anstrengen. So bekommst du automatisch eine gute Note, wenn du zu den paar Mädchen gehörst, die was tun und nicht jede Sportstunde »Mädchenprobleme« haben.

Hilf auch immer mit beim Auf- und Abbauen und beteilige dich mündlich. Auch die mündliche Beteiligung ist sehr wichtig. Im Sportunterricht wird dieser Aspekt oft vergessen; genauso wie das Sozialverhalten. Dazu zählen deine Teamfähigkeit und deine Fairness gegenüber deinen Klassenkameraden. Wenn du da positiv auffällst, bringt das noch mal Pluspunkte.

Sport in der Freizeit

Um sportlich besser zu werden, gilt außerdem die gleiche Regel wie bei allen anderen Fächern: Übe in deiner Freizeit. Wenn du zum Beispiel Freunde hast, die immer zusammen auf den Bolzplatz gehen, und euer Thema gerade Fußball ist, dann frag einfach mal, ob du mitkommen kannst. Wenn du eine neue Technik in einer Sportart lernen musst, denke nicht: »Das kann ich eh nicht«. Versuche einfach in kleinen Schritten, dich zu verbessern. Du wirst dich wundern, wie schnell du Fortschritte siehst. Durch diese Erfahrung wirst du viel selbstbewusster und wirst, wenn du noch mal eine neue Technik lernen möchtest, viel positiver drangehen.

Am besten ist es, wenn du regelmäßig außerschulisch Sport treibst. Das solltest du ja ohnehin im Sinne der Gesundheit und Leistungsfähigkeit tun, das Thema hatten wir schon mal. Es bringt aber noch mehr. Wenn du zum Beispiel in einen Fußballverein gehst, wirst du nicht nur in Fußball extrem gut, sondern auch in allen anderen Teamsportarten. Du solltest aber nicht, nur weil du für ein paar Monate ein Sportthema hast, nur deswegen in einen Verein gehen. Das würde sich nicht lohnen. Der Vereinssport, den du betreibst, sollte dir generell Spaß machen, unabhängig von der Schule.

Hol dir Hilfe

Wenn du schlecht in Sport bist, hilft es auch extrem, den Lehrer nach Tipps zu fragen, wie du bestimmte Sachen besser machen kannst. So zeigst du dem Lehrer, dass du dich anstrengst und wirklich Interesse hast, besser zu werden. So wird die Chance deutlich höher, dass du eine gute Note bekommst, da es vorgeschrieben ist, dass der Lehrer bewertet, wie sich ein Schüler in einem gewissen Zeitraum (zum Beispiel einem Halbjahr) verbessert hat, und nicht (wie viele glauben) die Leistung absolut. Du musst also für eine 1 in Sport nicht so gut sein wie die Sportskanone, die auch mit im Kurs ist – du musst einfach nur dich selbst verbessern. Deswegen hilft es auch, wenn du dem Lehrer vor der Prüfung sagst, dass du zu Hause geübt hast. Denn es zeigt, wie sehr du dich extra anstrengst. Jeder Lehrer freut sich über Schüler, die freiwillig was machen. So wird auch deine Note besser.

Bei Gruppenübungen solltest du wie in anderen Fächern auch versuchen, mit den Besten zusammen in einer Gruppe zu sein. Wenn du also als

Junge schlecht im Tanzen bist, versuche, mit den besten Mädchen in eine Gruppe zu kommen. Wenn du als Mädchen schlecht in Basketball bist, versuche, mit den besten Jungs in ein Team zu kommen. Du machst immer einen besseren Eindruck in einer guten Gruppe. Obendrein können die anderen dir direkt Tipps geben und dir helfen, weil sie selbst schon extrem viel können. Deswegen denk immer daran, zu jedem nett zu sein. Du weißt nie, was das nächste Thema werden wird und welche Hilfe du benötigen wirst.

Mach's dir leicht

In der Oberstufe solltest du versuchen, die für dich einfachsten Sportkurse zu wählen, in denen du am besten bist. Achte dabei nicht zu sehr auf die Kurswahl deiner Freunde. Wenn du in gar keinen Sportarten wirklich gut bist, versuche, Ausdauersportarten zu wählen. In Ausdauersportarten musst du dich nur anstrengen. Üben, üben, üben, und es wird schon. Eine gute Ausdauer hat zu 100 Prozent etwas damit zu tun, wie oft du trainierst. Ab der Oberstufe kannst du auch versuchen, mit Theorie Extra-Punkte zu ergattern, wenn du extreme Probleme im praktischen Teil hast. Solltest du starke Angst um deine Note haben, kannst du dem Lehrer auch mal vorschlagen, in der Theoriestunde ein Referat zu machen oder eine Praxisstunde zu einem bestimmten Thema zu machen, wie zum Beispiel eine neue Technik in der Sportart vorstellen, um deine Note zu retten.

Wenn du genetische Nachteile hast, wie zum Beispiel dass du extrem klein bist, kannst du versuchen, mit dem Lehrer zu reden und zum Beispiel beim Weitsprung darauf hinweisen, dass die Maßstäbe für dich persönlich wegen deines Körperbaus einfach nicht passen und unfair sind.

Ehrlich gesagt ist es bei Sport am schwierigsten, wirklich gute Tipps zu geben, da es eigentlich klar ist, was gute Noten bringt: Streng dich an und benimm dich anständig gegenüber Lehrer und Mitschülern. Mach dir klar, dass es im Sportunterricht nicht darum geht, der Allerbeste zu sein, sondern wie stark du dich verbesserst. Wenn du das mit Anstrengung verbindest, ist dir eine gute Note sicher.

Action: Nimm dir vor, dich in der nächsten Sportstunde anzustrengen und mit auf- und abzubauen. Achte darauf, dass du fair spielst und auch mal die Schlechteren mit einbeziehst.

Zusammenfassung für Faule

1. Baue immer mit auf und ab, um einfach Pluspunkte zu sammeln.
2. Achte auf dein Sozialverhalten, da es beim Sport mitbewertet wird. Sei also ein Teamplayer und fair.
3. Streng dich in jeder Sportstunde an. Da dies nur wenige machen, wirst du allein dadurch eine gute Note bekommen.
4. Denk daran, dass im Sportunterricht bewertet wird, wie stark du dich über einen Zeitraum verbesserst, und nicht, wie gut du absolut bist.

Naturwissenschaften

»In Bio einfach lernen, lernen, lernen.«
Elena Z.

»Das größte Problem bei Naturwissenschaften ist,
wenn man Grundlagen nicht kann.«
Nils R.

»Wenn man Interesse an etwas hat, dann lernt man auch schneller,
besser und lieber.«
Katja S.

Naturwissenschaften sind für viele Leute ein Problem. Das müssen sie aber gar nicht sein. In diesem Kapitel bekommst du eine Menge Taktiken an die Hand, wie du gut klarkommst.

Motivation ist das A und O

Ich weiß noch, dass ich es kaum erwarten konnte, Chemie als Fach zu bekommen. Ich hab mir richtig vorgestellt, wie cool es wird, über Atome und Teilchen zu reden, und ich hab mich besonders auf die Versuche gefreut. Nach einem Jahr Chemie hatte sich die Begeisterung in absolutes Desinteresse verändert. Ich habe das mit den Atomen nicht wirklich verstanden und die Versuche waren deutlich weniger interessant, als ich sie mir ausgemalt hatte. So geht es bestimmt vielen (zumindest vielen meiner Klassenkameraden ging es genauso). Das Problem ist aber: Wenn du kein Interesse in den Naturwissenschaften hast, kommst du in einen Teufelskreislauf. Da die meisten Themen extrem aufeinander aufbauen, verstehst du immer weniger und bist verloren.

Um das zu vermeiden, war der beste Tipp der 1,0er-Schüler, sich einfach mal klarzumachen, wie Naturwissenschaften unseren Alltag beeinflussen. Frag dich zum Beispiel, wenn du die Spülmaschine zu Hause ausräumst, wie die Teller wie von Zauberhand sauber werden. Sind in der Spülmaschine kleine Zwerge drin, die das Geschirr sauber wischen? Natürlich nicht! Das ist alles Chemie. Wenn du Fußballfan bist, frag dich mal, warum der Ball, wenn er geschossen wird, so fliegt, wie er fliegt. Gibt es kleine Düsen, die den Ball vom Fuß aus ins Tor steuern? Wenn du Autos gerne magst, kennst du bestimmt das Gefühl, wenn du mit hoher Geschwindigkeit in eine enge Kurve hineinfährst, dass das Auto aus der Kurve rausgedrückt wird. Warum ist das so? Wird die Straße in Kurven extra rutschig gemacht, um Raser zu stoppen? Natürlich nicht! Sowohl beim Ball als auch beim Auto geht es um Physik. Wenn du im Fitnessstudio pumpen gehst, frag dich mal, wie es eigentlich sein kann, dass dein Muskel durch Trainieren mit Gewichten nach einer Woche größer als davor ist. Kommen irgendwelche Elfen in der Nacht und spritzen dir Anabolika? Wenn du einen »Cheat day« machst und beim Essen ein wenig übertreibst, frag dich, warum auf einmal dein Sixpack weg ist. Kommt deine Mutter nachts in dein Zimmer geschlichen und spritzt dir Fett, um dich für ein unaufgeräumtes Zimmer zu bestrafen? Natürlich nicht! Das ist alles Biologie.

Wenn du dir klarmachst, welchen großen Einfluss Naturwissenschaften auf dein Leben haben, wirst du sie extrem spannend finden. Wenn du noch nicht extrem interessiert an Naturwissenschaften bist, guck dir am besten die YouTube-Videos von Clixxom Science & Fiction an. Dieser Kanal zeigt dir jeden Tag, wie faszinierend Naturwissenschaften sind.

Die richtige Naturwissenschaft wählen

Wenn du gut in Auswendiglernen bist, solltest du Bio nehmen, da es in diesem Fach nur um diese Fähigkeit geht. Da jeder dank jahrelangen Vokabelpaukens halbwegs gut auswendig lernen können sollte, ist es in Bio am einfachsten, eine gute Note zu bekommen, wenn man in den Naturwissenschaften keinen Plan hat. Wenn du gut in Mathe bist und gut abstrakt denken kannst, dann sind Chemie und Physik besser für dich. Pass aber auf! Besonders der Chemie- und der Physik-Leistungskurs gehören zu den schwersten Fächern im ganzen Schulsystem. Vor allem in den letzten Schuljahren zieht der Stoff noch mal extrem an und die Abiprüfung ist auch nicht gerade einfach. Ich empfehle dir, diese Fächer nur dann als Schwerpunkt zu wählen, wenn du wirklich dafür brennst.

Tipps für alle drei Naturwissenschaften

Einer der einfachsten Tricks, die du in allen Naturwissenschaften anwenden kannst, ist, Fachbegriffe auswendig zu lernen. Du kennst es bestimmt auch, wenn du zum Beispiel in Bio einen Vorgang beschreiben musst und

du die Fachbegriffe so aussprichst: »Dupa ... aäh ... oxy ... ehm ... dase?«
Auch wenn dein Inhalt zu 100 Prozent richtig ist, wirst du am Ende immer noch eine schlechtere Note bekommen, weil du den Fachausdruck nicht richtig aussprechen konntest. Wenn dagegen in deinem Beitrag jedes dritte Wort ein komplizierter Fachausdruck ist, den du richtig und locker aussprichst, wirst du selbst, wenn der Inhalt nicht zu 100 Prozent perfekt ist, eine 1 bekommen.

Deswegen ist es sehr wichtig, dass du Fachausdrücke lernst. Sobald du einen neuen Fachausdruck hörst, schreib ihn dir auf und pack dir den Zettel in deine Federmappe oder mach ein Bild von dem Zettel als Sperrbildschirm auf dein Handy. Guck dir den Zettel einfach vor jeder Biostunde noch mal kurz an. So wirst du in jeder Naturwissenschaft einen sehr großen Vorteil haben.

Wir alle wissen (zumindest diejenigen, die wie ich zum Beispiel in Chemie nicht viel verstehen), dass man leider nicht immer das Glück hat, einen Lehrer zu haben, der gut erklären kann. Oder man versteht manchmal generell in einem Fach nur Bahnhof. Um dieses Problem zu lösen, hilft es extrem, wenn du es dir von jemand, in deinem Alter erklären lässt. Gehe zu jemandem, von dem du weißt, dass er/sie das Thema verstanden hat, und frag, ob er/sie es dir noch mal in einfachen Worten erklären könnte. So verstehst du das Thema oft sehr schnell. Falls du es bei der ersten Person nicht verstehst, dann gehe einfach nur nächsten und frag, ob sie es dir erklären kann. Wenn du in keinem Leistungskurs bist, kann es auch sehr helfen, zu einem Schüler aus dem Leistungskurs zu gehen, da diese Leute sich für das Thema interessieren, es daher auch besser verstehen und so besser erklären können.

Falls du aus welchem Grund auch immer keinen findest, der dir ein Thema gut erklären kann, haben extrem viele 1,0er-Schüler für die Naturwissenschaften Erklärvideos des simpleclub in der simpleclub-App empfohlen. Hier wirst du ziemlich sicher fündig. Andersherum hilft es dir selber extrem, wenn du zu den besseren Schülern gehörst, schlechteren

Schülern das Thema zu erklären. So hilfst du nicht nur deinen Mitschülern, sondern merkst selber, ob du das Thema verstanden hast. Denn nur jemand, der ein Thema komplett verstanden hat, kann es einem anderen in einfachen Worten erklären. Durch das Erklären lernst du selber auch noch mal den Stoff und musst am Ende weniger für die Klausur lernen. Also eine Win-win-Situation. Also hilf anderen, wenn du darum gebeten wirst.

In den Klausuren ist das A und O, die Aufgabenstellung richtig durchzulesen. Gerade in den Naturwissenschaften gibt es viele Lehrer, die versuchen, oberflächliches Lesen zu bestrafen. Du musst wirklich auf jedes Wort achten. Unterstreiche dir am besten nach dem ersten Durchlesen die wichtigsten Wörter zum Lösen der Aufgabe. Achte auch besonders auf die Einheiten, die verlangt werden. Oft sind die im Ergebnis geforderten Einheiten nicht die gleichen wie die der in der Aufgabenstellung angegebenen Werte. Deswegen solltest du auch das Umrechnen von Einheiten üben. So ersparst du dir unnötige Fehler und kommst deinen 15 Punkten näher.

Biologie

In Biologie geht es nur um eine Sache: auswendig lernen, auswendig lernen, auswendig lernen. Wenn du das kannst, sind dir gute schriftliche Noten sicher. Wenn du ein Thema nicht direkt verstehst, scheue dich nicht, dem Lehrer Fragen zu stellen. Da dieser wirklich für Bio brennt (sonst hätte er/sie sich nicht jahrelang im Studium mit hundertmal schwereren Themen rumgeschlagen), wird es deinem Lehrer oder deiner Lehrerin gefallen, wenn du Interesse zeigst, und sie werden dir das Thema gerne noch mal erklären oder deine Fragen beantworten. Pass aber auf, dass du dies in den passenden Momenten machst. Wenn der Lehrer gerade etwas ganz anderes erklärt und du tausend Fragen zu einem anderen Thema stellst, wird er möglicherweise genervt reagieren. Solange du es zum Beispiel in Arbeitsphasen machst, in denen der Lehrer eh nichts macht, oder nach der Stunde, wird sich dein Lehrer normalerweise freuen, dir zu helfen, da sie genau dafür Lehrer geworden sind (klar, Kotzbrocken gibt es immer mal, aber wir hoffen einfach mal, dass dein Lehrer nicht so drauf ist).

Physik

Da Physik wie Mathe ist, sind sehr viele Tipps ähnlich. Das Wichtigste ist, dass du die Formeln kennst. Nicht auf einem oberflächlichen Niveau, du musst sie wirklich verstehen. Was bedeuten die Buchstaben und Zahlen in der Formel? Wie kann ich die Formel umstellen? Welche Werte kann ich mit dieser Formel ausrechnen? Welche anderen Formeln stehen damit in Zusammenhang? Wenn du diese Fragen beantworten kannst, bist du gut aufgestellt. Du musst einfach jede Formel bis ins kleinste Detail verstehen, um eine Top-Note zu bekommen.

Die Physik-LKler unter den 1,0er-Schülern empfehlen, dass du dir selber Fragen über die Formel stellst. Was alles kann ich mit dieser Formel bestimmen und wo sind die Grenzen? Kann ich vielleicht durch diese Grenzen durchbrechen oder ist das unmöglich? Wenn du dir all diese Fragen beantworten kannst, bist du extrem gut aufgestellt für einen Physik-Grund- oder -Leistungskurs.

Falls du für eine Klausur lernst, ist die Internetseite LEIFIphysik (leifiphysik.de) extrem gut. Auf dieser Internetseite werden dir für jede Stufe alle Themen noch mal erklärt.

Chemie

In den meisten Fächern sind die Grundlagen extrem wichtig, aber gerade in Chemie sind sie essenziell. Wenn du (wie ich) in der 7. Klasse nicht verstanden hast, wie Atome in einem Molekül zusammenhängen, wirst du den Stoff, der in den Jahren danach kommt, nie verstehen. Also versuche, wenn du noch jünger bist, unbedingt die Basics zu verstehen, und, falls du älter bist, überprüfe zehnmal, ob du die Grundlagen verstanden hast. Wenn du merkst, dass dich Chemie einfach nicht interessiert und du Probleme beim Verstehen hast, wähl es in der Oberstufe einfach ab. Mir kommt es so vor, als sei Chemie generell eines der größten Hassfächer, da wirklich nur extrem wenige 1,0er-Schüler es nicht abgewählt hatten.

Ich hoffe, dieses Kapitel hat dir gezeigt, dass Naturwissenschaften nicht totlangweilig sind, sondern auch interessant sein können und wichtig für deinen Alltag sind.

Action: Leg dein Buch weg und gehe auf den YouTube-Kanal von Clixoom Science & Fiction und zieh dir ein paar Videos rein. So wirst du merken, wie cool Naturwissenschaften eigentlich sind.

Zusammenfassung für Faule

1. Versuche zu realisieren, welchen Einfluss Naturwissenschaften auf dein Leben haben und wie interessant sie deswegen sind. Um diese Faszination zu finden, gucke dir zum Beispiel Clixoom Science & Fiction auf YouTube an.

2. Lerne, Fachwörter richtig auszusprechen und bei deinen Beiträgen einzubauen.

3. Lies dir die Aufgabenstellung in Klausuren immer besonders genau durch. Gerade in den Naturwissenschaften wollen dich die Lehrer oft testen.

Gesellschafts-
wissenschaften

»Wenn man informiert ist, kann man da einfach mitreden.«
Frederike A.

»Man muss halt gut labern können.«
Ronja K.

Zu den Gesellschaftswissenschaften zählen Religion, Philosophie, Geschichte, Politik und Sozialwissenschaften (Sowi). In ein paar Bundesländern gibt es Mischformen dieser Fächer wie zum Beispiel Sozialkunde,
Gemeinschaftskunde, Gesellschaftskunde, Politische Bildung, Politische
Weltkunde. Im Grunde ist das aber nicht so wichtig, denn eines haben
alle diese Fächer gemein: Die eine Fähigkeit, die du haben musst und
die bestimmt, ob du eine 1 oder eine 6 hast, ist – »labern«! Sich richtig
ausdrücken zu können, ist in jedem Fach in der Schule wichtig, weil die
mündliche Mitarbeit so wichtig ist. Aber der mündliche Fokus ist bei den
gesellschaftswissenschaftlichen Fächern besonders hoch, da es keine
richtigen und falschen Antworten wie bei Mathe oder den Naturwissen-

schaften gibt. Wenn du dir das Kapitel »Mündliche Mitarbeit und Aufmerksamkeit« gut durchgelesen hast und schon angefangen hast, die Tipps anzuwenden, ist das schon mal eine extrem gute Grundlage, um Top-Noten in diesen Fächern zu erreichen.

Abgesehen von diesem extrem wichtigen Punkt gibt es noch viele kleinere Tricks, die dir fächerspezifisch weiterhelfen können.

Religion/Philosophie

Die meisten 1,0er-Schüler sagten, dass, wenn man gläubig ist oder sich ein wenig mit Religion auskennt, man eine große Chance hat, in diesem Fach eine gute Note zu bekommen. In Religion geht es eigentlich nur darum, dass du dich ein bisschen anstrengst und deine Meinung zu verschiedenen Themen kundtust. Besonders in Religion macht die mündliche Mitarbeit extrem viel aus. Aus meiner Sicht ist Religion besonders in der Oberstufe deutlich einfacher als Philosophie. Deswegen habe ich in der Oberstufe auch Religion anstatt Philosophie genommen, obwohl ich davor vier Jahre lang Philosophie hatte. Philosophie ist tendenziell schwieriger, weil du dich mit komplizierten Theorien auseinandersetzen musst. Du musst Texte viel genauer analysieren als zum Beispiel eine Bibelstelle in Religion. Am besten fragst du mal Schüler aus der Oberstufe oder Lehrer, welches Fach sie empfehlen würden, da der Unterricht von Schule zu Schule unterschiedlich ist.

Wenn du dich für Philosophie entscheidest, empfehlen viele 1,0er-Schüler, dass du dich intensiv mit den größten Philosophen wie Kant, Nietzsche, Platon, Aristoteles, Sokrates oder Descartes auseinandersetzt. Du solltest dich mit ihren wichtigsten Ideen und Theorien auskennen und dir schon vor dem Unterricht eine Meinung über die Theorien gebildet haben, um deinen Klassenkameraden voraus zu sein. Du solltest auch nicht nur sagen: »Ich stimme dem Philosophen oder der Bibelstelle zu.« Du solltest immer alles konstruktiv hinterfragen und zu deinem alltäglichen Leben in Bezug setzen. Frage dich: »Macht das wirklich Sinn in meinem Leben?« Oder: »Gilt diese Regel immer noch in einer modernen Welt mit extremen technologischen Fortschritten?« So setzt du dich noch mal von deinen Mitschülern ab und der Lehrer sieht deutlich, dass du deinen Klassenkameraden voraus bist und Bestnoten verdienst.

Geschichte, Politik und Sozialwissenschaften

»Geschichte ist todlangweilig«. Der Satz fällt wohl in jeder Schule regelmäßig. Falls du nicht gerade der größte Fan von Geschichte oder Politik bist, dann solltest du versuchen zu verstehen, dass Geschichte und Politik direkten Einfluss auf die Gegenwart und auf unseren Alltag haben. Stell dir mal vor, die Christen hätten die Muslime im Mittelalter nicht in Spanien besiegt. Wenn die Muslime gesiegt hätten, dann wären Europa und sehr wahrscheinlich auch Amerika heute islamisch geprägt, da die meisten Siedler in Amerika aus Europa kamen. Nur dieses kleine Ereignis hatte einen riesigen Einfluss auf unser heutiges Leben. Von diesen Schlüsselereignissen, die unser Heute formen, gibt es Hunderte. Deswegen ist es so wichtig, dass man sich für Geschichte interessiert, weil man so die Zukunft mitgestalten kann.

Informier dich

Wenn du anfängst, dich ein bisschen für Geschichte und Politik zu interessieren, solltest du dich auch nach der Schule mit diesen Themen beschäftigen. Gib einfach mal die Themen, die ihr gerade in der Schule behandelt, auf YouTube ein. Es gibt, besonders bei gesellschaftswissenschaftlichen Themen, extrem viele hochwertige Videos unter zehn Minuten, die diese Themen extrem simpel und interessant erklären. So hast du einen weiteren Wissensvorteil gegenüber deinen Mitschülern, den du extrem gut bei Diskussionen benutzen kannst, um argumentativ einen Vorteil zu bekommen. Ein YouTube-Kanal, den ich besonders empfehlen kann, ist »MrWissen2Go Geschichte«.

Versuche auch, verschiedene Blickwinkel über verschiedene Themen kennenzulernen. Gerade bei Politik hilft es, ein im politischen Spektrum eher rechts und ein eher links orientiertes Video zu dem Thema anzugucken. So kannst du dir deine eigene Meinung über ein Thema bilden und sprichst nicht nur nach, was andere Menschen mit eingeschränktem Blickwinkel im Internet gesagt haben. Und deinen Lehrer wird es beeindrucken, wenn du verschiedene Sichtweisen aufgreifen kannst.

Solltest du gerne lesen, lautet die Empfehlung vieler 1,0er-Schüler, Romane über die geschichtlichen Epochen zu lesen, die du gerade im Unterricht hast. So lernst du passiv viel über diese Zeit und über das Leben der Menschen. Vielen hat das Lesen auch ganz einfach Spaß gemacht. Wenn das letzte Buch, das du freiwillig gelesen hast, *Die kleine Raupe Nimmersatt* war, wirst du aber sehr wahrscheinlich nicht auf einmal anfangen, 500 Seiten starke Romane zu lesen. Ich persönlich gucke auch lieber Netflix. Verstehe mich nicht falsch, ich finde Lesen ist extrem wichtig, aber ich lese eher Sachbücher als Romane.

Falls du auch eher der Netflix-Gucker bist, ist das nicht schlimm. Es gibt sehr viele gute Serien und Filme auf Netflix, Amazon Prime oder anderen Filmplattformen, die unterhaltsam sind und gleichzeitig geschichtliches Wissen vermitteln. Dort findest du auch viele hochwertige Dokus (nicht so todlangweilige, die aussehen, als wären sie vor 100 Jahren gedreht worden, die du meistens in der Schule siehst). Besonders empfehle ich dir die Serien *Das römische Reich* (Netflix) und *The World Wars* (Amazon). Auch die kurzen Geschichtsdokus von *ZDF-History* sind sehr hilfreich, um schnell Wissen zu bekommen. Ich verspreche dir: Es lohnt sich. Gerade für die, die den Unterricht todlangweilig finden.

Falls du Dokus nicht magst: Sehr gute Filme und Serien, in denen du passiv viel lernst, sind zum Beispiel *Man in the High Castle* (Amazon Prime), *Peaky Blinders* (Netflix), *Spartacus* Staffel 1 und Staffel 2 (Netflix), *The Crown* (Netflix), *Vikings* (Amazon Prime), *Outlander* (Netflix) und *Band of brothers* (Amazon Prime). Falls du eher gerne zockst, dann würde ich dir besonders die *Assassin's Creed*-Reihe und *Ryse: Son of Rome* empfehlen.

Kenne die »Operatoren«

In Geschichte, Sowi und Politik ist es extrem wichtig, dass du dich mit den »Operatoren« auskennst. Es gibt einen großen Unterschied zwischen »erklären«, »erläutern« oder »diskutieren«. Da diese Operatoren ziemlich ähnlich sind, kann man sie leicht verwechseln. Das kann dazu führen, dass du für eine Aufgabe über 5 Seiten null Punkte bekommst, weil du den Operator falsch verstanden hast. Auch wenn du denkst, du würdest wissen, was die einzelnen Operatoren bedeuten, sei vorsichtig, da es sein kann, dass in unterschiedlichen Fächern die Operatoren verschiedene Bedeutungen haben. Und wer weiß, was dein Lehrer im Speziellen erwartet – manche Lehrer haben da auch ihre eigenen Interpretationen. Deswegen ist es am allerbesten, einfach mal zu deinem Lehrer zu gehen und zu fragen, was die Operatoren in der Klausur bedeuten werden. So eliminierst du alle Chancen, dass du einen Operator aus Versehen falsch verstehst.

Bleib informiert

Bei Geschichte, Sowi und Politik ist es extrem wichtig, dass du weißt, was gerade in der Welt abgeht. Der Tipp Nummer eins zu diesen Fächern war, einfach die *Tagesschau* im Fernsehen oder auf deinem Handy zu gucken. Wenn du nie Nachrichten schaust oder einfach keinen Bock hast, immer um Punkt acht Uhr vor dem Fernseher zu sitzen, um die nötigen Informationen zu bekommen, dann solltest du dir die App der *Tagesschau* auf dein Handy holen. So kannst du dir jederzeit die aktuellen Sendungen angucken. Wenn du trotzdem keine Lust hast, dir 15 Minuten Nachrichten anzugucken, kannst du dir ganz einfach in 100 Sekunden alles Wichtige vom Tag reinziehen. Gib einfach im Internet oder in der App *Tagesschau in 100 Sekunden* ein. Du solltest dir angewöhnen, jeden Morgen beim Frühstück (oder wenn du auf der Toilette sitzt) dir dieses 100-Sekunden-Video anzugucken oder dir jeden Abend das Video downzuloaden und es dann im Bus oder kurz vor dem Unterricht zu sehen. Wenn deine Familie ein Zeitungsabo hat, solltest du auch hin und wieder in die Zeitung gucken. Wenn nicht, mach dich mal schlau: Viele Zeitungen bieten ein deutlich ermäßigtes Schülerabo an. Es gibt auch sehr viele Internetseiten, die dir schnell sagen, was alles so in der Welt passiert.

Wenn du dich regelmäßig informierst, bist du 95 Prozent deiner Mitschüler voraus und kannst perfekt bei den Diskussionen mitreden. Lehrer lieben es, wenn sich Schüler für Nachrichten interessieren und wissen, was in der Welt passiert. Oft sind die schon froh, wenn ein Schüler weiß, wer aktuell Bundespräsident/in oder Bundeskanzler/in ist. Wenn du die Namen deutscher Minister und der wichtigsten ausländischen Regierungschefs kennst, bist du schon ganz weit vorne und deine Note geht automatisch hoch.

Wenn du dich für Politik interessierst, solltest du dir auch mal die heute-show angucken. In der Sendung werden politische Ereignisse satirisch dargestellt. So lernst du mitunter besser, was so in der Welt vor sich geht, anstatt nur immer stumpf dir die *Tagesschau* anzusehen.

Lerne debattieren

Geschichte, Sowi und Politik sind die Fächer, in denen du wirklich punkten kannst, wenn du gut diskutieren und debattieren kannst. Auch wenn diese Fähigkeit in jedem Fach wichtig ist und jeder wirklich versuchen sollte, sie so gut wie möglich zu entwickeln, ist sie in diesen Fächern total zentral, weil der Lehrer ständig über bestimmte Umstände diskutieren will. Wenn du bei Veranstaltungen wie Jugend debattiert teilnimmst, hilft das natürlich enorm weiter. Guck dir unbedingt Diskussionen und Talkshows von Politikern auf YouTube an. So lernst du nicht nur, was gerade in der Welt abgeht, sondern auch die verschiedenen Sichtweisen in der Bevölkerung über ein bestimmtes Thema und wie man seine eigene Meinung gut präsentieren kann.

Bilde dir im Vorfeld eine Meinung

Bilde dir vor dem Unterricht eine Meinung über bestimmte Themen, die gerade in der Welt passieren. Lies dir dazu Onlineartikel über aktuelle Themen durch. Frage dich, nachdem du einen Artikel gelesen hast: »Was ist die Message des Autors?« und »Wo im politischen Spektrum würde ich den Artikel einordnen?« et cetera. Wenn du diese Art von Fragen beantworten kannst, versuche, mehrere Artikel aus verschiedenen politischen Richtungen zu lesen.

Es gibt nur wenige Dinge, die Lehrer gesellschaftswissenschaftlicher Fächer so lieben, wie wenn sie merken, dass du wirklich rational alle Meinungen zu einem Thema bewerten kannst. Außerdem hast du auch einen großen Vorteil gegenüber deinen Mitschülern, da sie sich erst in der Stunde eine Meinung bilden müssen mit begrenzten Informationen, während du schon die perfekte Antwort parat hast. Versuche außerdem, deinen Ausdruck zu verbessern, damit dich dein Beitrag wirklich von deinen Mitschülern abhebt. Gehe am besten auf die Website zum Buch (einskommanullacademy.de), um eine Liste von Wörtern zu finden, die deinen sprachlichen Ausdruck auf das nächste Level bringen.

Zusammenhänge = 15 Punkte

Gerade in Geschichte, Sowi und Politik ist es extrem wichtig, Zusammenhänge zwischen verschiedenen Meinungen und Informationen herstellen zu können. So gibst du deinen Texten und Beiträgen »Tiefe«. Da es in den Gesellschaftswissenschaften extrem viele Meinungen und Positionen gibt, ist es in diesen Fächern am einfachsten, viele Zusammenhänge aufzuzeigen. Wenn du informiert bist und verschiedene Standpunkte zu verschiedenen Themen kennst, musst du sie einfach nur noch in deinen Texten oder Beiträgen verbinden. Es ist fast wie eine Gleichung in Mathe: Je mehr Zusammenhänge du herstellen kannst, desto mehr Punkte wirst du am Ende bekommen.

Nicht nur auswendig lernen

Du kennst bestimmt auch die klassischen Geschichtstests, in denen du, anstatt wirklich etwas zu lernen, nur 30 Daten und Fakten auswendig gelernt hast. Anstatt nur stumpf geschichtliche Daten auswendig zu lernen, solltest du versuchen, verschiedene Ereignisse zu verknüpfen und ihren Zusammenhang zu verstehen. So lernst du wirklich, was in einer Zeitperiode passiert ist, anstatt nur irgendwelche Daten herleiern zu können, die in einer Zeitepoche stattfanden, für dich aber null Zusammenhang haben. So verstehst du wirklich, was in der Vergangenheit passiert ist, und kannst so auch von der Vergangenheit für die Zukunft lernen.

Action: Leg das Buch für ein paar Minuten weg, nimm dir dein Handy und lade dir die Tagesschau-App herunter. Schau dir dort die *Tagesschau in 100 Sekunden* an. Reserviere danach in deinem Kalender Zeit, um dir in den nächsten zehn Tagen jeden Tag die 100 Sekunden lange *Tagesschau* anzugucken.

Zusammenfassung für Faule

1. Gut labern können = 15 Punkte.
2. Wähle lieber Religion als Philosophie, da es viel einfacher ist.
3. Wenn du weißt, was in der Welt passiert, wirst du immer eine gute Note in Politik, Geschichte oder Sowi bekommen.
4. Kenne dich bei den Klausuren mit den Operatoren aus.
5. Stelle bei deinen Beiträgen Zusammenhänge zwischen verschiedenen Aspekten her.

»Ich finde, Geschichte sollte als Geschichte erzählt werden« – MrWissen2Go im Interview

Als ich angefangen habe, Influencer für Interviews anzuschreiben, hatte ich ehrlich gesagt wenig Hoffnung, dass irgendwer zusagen wird. Wer würde einen damals 16-Jährigen ohne irgendwelche Referenzen, über den man nichts im Internet findet und ohne einen einzelnen Fan ernst nehmen und dann noch seine Zeit für ein Interview opfern? Viele haben mir bis heute nicht geantwortet, aber einer hat mir noch am selben Tag zurückgeschrieben und zugesagt: Mirko Drotschmann, besser bekannt als MrWissen2Go. Auch als ich das Interview verschieben musste, hat er sich zwei Tage vor Weihnachten Zeit genommen. In diesem Interview erfährst du, wie du besser in Geschichte wirst und welche verrückte Aktion sein Direktor bei einem Feueralarm gebracht hat. Viel Spaß bei einem Interview, in dem du einen Menschen kennenlernst, dem ich extrem viel zu verdanken habe.

Frage: Warst du gut in der Schule?
MrWissen2Go: Kommt auf die Jahrgangsstufe an. In der 7. Klasse war ich relativ schlecht. In meinem Zeugnis stand: »Mirko redet nicht und konnte kaum etwas zum Unterricht beitragen.« Die Noten waren okay, aber auch nicht wirklich überragend, und in der 11. Klasse bin ich fast sitzen geblieben wegen Mathe und Französisch. Ich war sonst immer so im 2er-Bereich, aber in Mathe und Französisch habe ich kurz vor einer 5 gestanden. Zum Glück habe ich es in den letzten Klausuren geschafft, doch noch auf die 4 zu kommen, und konnte mich so retten. Ich war eigentlich in meinem Schulleben durchgehend so im 2er-Bereich zwischen 2,0 und 2,3 im Schnitt. Mein Abi habe ich dann aber mit 1,6 gemacht, weil ich Sachen abwählen konnte, in denen ich nicht so gut war. Die Oberstufe war die beste Zeit bei mir.

Frage: Warst du »cool« oder ein Streber in der Schule?

MrWissen2Go (lacht): Also ein Streber war ich definitiv nicht. Ich habe zwar relativ viel gelernt, was aber daran lag, dass ich nicht zu denen gehörte, denen alles in der Schule so zuflog. Deswegen musste ich schon etwas tun, um gute Noten zu bekommen. Aber jetzt nicht im Sinne von »ich bin nie feiern gegangen« oder »hatte keine Freunde, weil ich nur gelernt habe«.

Frage: Was hast du in deiner Schulzeit in der Freizeit gemacht?

MrWissen2Go: Ich habe Fußball gespielt und später ab 15 war ich auch Schiedsrichter. Dann hatte ich auch noch eine Art Band. Auch wenn »Band« vielleicht das falsche Wort ist. Ich habe halt gerappt und hatte sozusagen eine »Hip-Hop Crew« (lacht) und habe viel Musik gemacht. Außerdem war ich natürlich öfter feiern an den Wochenenden, bin ins Kino gegangen, also was man halt so macht in dem Alter. Außerschulisch habe ich mich auch ein wenig ehrenamtlich engagiert: Sprich ich war Schülersprecher, Chefredakteur der Schülerzeitung und im Jugendgemeinderat.

Frage: Was ist das Verrückteste, was du je in der Schule erlebt hast?

MrWissen2Go: (schmunzelt) Puh, da gibt es eine ganze Menge. Eine Sache, die in dem Moment wirklich heftig war, ist passiert bei einem Feueralarm. Wir hatten, so wie es halt an Schulen üblich ist, manchmal einen Probefeueralarm, um zu lernen, wie wir uns im Notfall verhalten müssen. Wir haben den halt nie ernst genommen und manche Lehrer haben auch gesagt: »Ach kommt, bleibt drin. Das ist bestimmt wieder so ein Probealarm.« Wir sind dann entweder drinnen sitzen geblieben oder sind langsam rausgeschlendert. Natürlich hat das dem Schulleiter aber nicht gepasst und der hat sich etwas sehr Geschicktes einfallen lassen. Er hat auf jedem Stockwerk Nebelmaschinen anbringen lassen und hat die gestartet. Als dann der Feueralarm losging, kamen wir aus den Klassenräumen und dann war da überall Rauch. Da haben wir dann echt Angst bekommen. Ab diesem Moment haben wir den Feueralarm immer ernst genommen. Nach kurzer Zeit haben wir gecheckt, dass es kein echter Rauch war, weil wir kannten den Geruch ja aus dem Club. Aber zuerst war es echt ein Schock.

Frage: Haben deine Eltern das Abitur und studiert?

MrWissen2Go: Weder noch. Mein Vater hat einen Hauptschulabschluss und meine Mutter hat einen Realschulabschluss. Meine Mutter wollte eigentlich studieren und war auch Klassenbeste, aber das war noch in der Zeit, in der die Eltern entschieden haben, wie es weitergeht, und die haben ihr es dann verboten. Ich habe also keinen akademischen Hintergrund, was meine Eltern angeht.

Frage: Was sagst du dazu, dass man heutzutage immer noch geschichtliche Daten im Unterricht auswendig lernen muss, auch wenn jeder in fünf Sekunden alle Fakten googeln kann?

MrWissen2Go: Das ist ein großes Problem. Generell ist in unserem Schulsystem Auswendiglernen zu viel vertreten. Wie du schon sagst, haben wir heutzutage alles griffbereit und können mit ein paar Suchbegriffen alles herausfinden. Wir müssen nicht mehr wissen, wann zum Beispiel Goethe das erste Mal mit irgendwelchen Adeligen aneinandergeraten ist. Was man aber schon wissen sollte, ist, wann bestimmte Ereignisse stattgefunden haben, so als eine Art »Marker«. Das hilft einem auch selber weiter. Wenn du weißt, wann die Französische Revolution war oder wann der Erste Weltkrieg war, hast du verschiedene Punkte in der Geschichte, von denen ausgehend du dir besser Vorstellungen machen kannst über andere Dinge. Zum Beispiel, wenn du durch die Stadt gehst und einen Verein siehst, der 1938 gegründet wurde, dann sollte man schon ein wenig skeptisch sein, was so die Geschichte des Vereines angeht. Aber Jahresdaten massenweise auswendig lernen oder Biografien von Leuten auswendig zu lernen, halte ich für überflüssig. Wichtiger ist es, Zusammenhänge zu verstehen und Entwicklungen nachvollziehen zu können. Darauf sollte es eigentlich drauf ankommen im Unterricht.

Frage: Warum, denkst du, sagen viele, dass besonders Geschichte ein langweiliges Fach ist?

MrWissen2Go: Weil es im Unterricht einfach falsch behandelt wird. Ich kenne einige Fälle, in denen die Lehrer tatsächlich noch darauf pochen, dass man viele Dinge auswendig lernt oder wochenlang langweilige Parlamentsreden analysiert. Das ist auch wichtig, aber es ist nur ein Teil des Ganzen. Ich finde, Geschichte sollte als »Geschichte« im wahren Wortsinn erzählt werden. Sie sollte spannend erzählt werden, lebhaft erzählt werden und sie sollte vor allem so erzählt werden, dass man die Relevanz begreift. Das kommt mir im Unterricht oft zu kurz. Dazu kommt, dass es im Unterricht in Geschichte oft kreuz und quer geht. Da gibt es eine Unterrichtseinheit, die heißt »Revolution« und dann wird die Französische Revolution mit der 48er-Revolution verglichen, ohne dass man jemals den zeitlichen Kontext genau kennt. Man sollte es nachvollziehbar machen und man sollte auch die großen Linien dahinter erklärbar machen und natürlich auch Begeisterung wecken, indem man es unterhaltsam aufbereitet. Das finde ich auch sehr wichtig.

Frage: Wie kann man am besten geschichtliche Daten auswendig lernen?

MrWissen2Go: Indem man irgendwie Eselsbrücken macht, also kleine Sprüche wie »In 1492 Columbus crossed the ocean blue«. So kann man sich merken, wann Kolumbus nach Amerika kam, weil es ja falsch ist, dass Kolumbus als Erster Amerika entdeckt hat. Ich versuche, das irgendwie immer mit irgendwelchen Dingen in Verbindung zu bringen. Der Dreißigjährige Krieg zum Beispiel: 1618 bis 1648. Mit diesen Daten kann man sich dann zwei weitere Daten merken: 1848 ist die deutsche Revolution ausgebrochen und 1918 war der Erste Weltkrieg vorbei. Aber bei Daten, die nicht so glücklich liegen, ist es eher schwer. Am besten sind da immer noch Eselsbrücken.

Frage: Was, denkst du, sind die Hauptfaktoren für schulischen Erfolg?

MrWissen2Go: Wenn man sich das Schulsystem so anschaut, gehört zu den Hauptfaktoren immer noch, dass du das, was im Unterricht vermittelt und übermittelt wird, möglichst gut in der Klausur wiedergibst. Es geht aber auch immer mehr dahin, dass man selber analytisch denkt und Zusammenhänge verständlich und begreifbar in der Klausur wiedergeben kann. Analytisches Denken ist extrem wichtig in allen Fächern. Ausschlaggebend für schulischen Erfolg ist auch ein gewisser Fleiß. Es sei denn, du bist einer von denen, denen alles zufliegt. Aber die Allerwenigsten sind so! Deswegen ist es wichtig, fleißig zu sein, wenn es drauf ankommt. Man sollte auch seinen »inneren Schweinehund« überwinden können, wenn es nötig ist, und man sollte sich nicht von einer schlechten Note demotivieren lassen, sondern sie eher als Ansporn sehen, es beim nächsten Mal besser zu machen. Ganz wichtig für schulischen Erfolg finde ich auch ein ausgeglichenes Verhältnis zwischen Freizeit und Schule. Nicht einfach nur 24/7 sich mit Schule beschäftigen, sondern einfach mal ausbrechen und feiern gehen und Hobbys haben, da das dann wieder den Akku für die Schule auflädt.

Frage: Denkst du, dass man erfolgreich in der Schule sein kann, auch wenn man nicht der Schlaueste ist?

MrWissen2Go: Ja, auf jeden Fall! Es geht nicht unbedingt ums Schlausein, sondern darum, clever zu sein. Das klingt so wie ein Synonym für »schlau«, aber damit meine ich, dass man seine Energie dafür verwendet, wo man nicht so gut ist, und dann die Energie in den guten Fächern ein bisschen spart, um in den schlechten besser zu werden. Wenn du in

Geschichte gut bist, musst du da nicht so viel lernen und kannst das auf halber Flamme laufen lassen, aber hängst dich dann in Mathe voll rein, wo du nicht so gut bist, damit du da 'ne gute Note hast. Das verstehe ich jetzt unter cleverem Lernen. Ich finde auch noch sehr wichtig, dass ein Schulabschluss und die Noten, die da drinstehen, nur bedingt etwas darüber aussagen, wie klug jemand ist.

Künstlerische Fächer

»Zudem regt vielmals der Blick auf die Arbeit erfolgreicher Künstler
zu eigenen kreativen Ideen an.«

Anna Z.

»In Kunst ist hauptsächlich Üben das Ding.«

Ronja K.

Die wichtigste Frage diesem Bereich ist: »Nehme ich Musik oder Kunst
in der Oberstufe?« Üblicherweise kannst du dich für eins von beidem
entscheiden. Wenn du, seitdem du denken kannst, immer schon gerne
gemalt hast, solltest du eher Kunst wählen, und wenn du ein Musikinstrument spielen kannst, eher Musik. Das versteht sich aber auch eigentlich
von selber. Diese Entscheidung ist wirklich die allerwichtigste in Bezug
auf künstlerische Fächer, da du sonst extrem viel Zeit reinbuttern musst,
um eine halbwegs akzeptable Note zu bekommen. Wenn du dir nicht sicher bist, ob du besser in Musik oder Kunst bist, dann guck dir deine Noten in beiden Fächern der letzten Jahren an oder frag, falls du die Mög-

lichkeit hast, ältere Schüler, die Kunst und Musik haben, welches Fach sie dir empfehlen würden und welche Themen sie behandeln.

Wenn du in keinem der beiden Fächer gut bist oder dich in deinem Fach noch verbessern möchtest, gebe ich dir in diesem Kapitel hilfreiche Tipps weiter, wie du deine Kunst- oder Musiknote retten oder extrem verbessern kannst. Extrem viele 1,0er-Schüler haben gesagt, dass, wenn in Kunst deine Bilder wie Kindergartenkrakeleien aussehen und du bei Musik nur »Capital Bra« denkst, du eher Musik nehmen solltest, da es hier einfacher ist, mit Anstrengung bessere Noten zu bekommen, da man da eher viel Theorie macht, die man auswendig lernen kann. In Kunst musst du wirklich gut zeichnen können, um eine gute Note zu bekommen.

Kunst

Wenn du Kunst wählst, solltest du wirklich versuchen, kontinuierlich deine Fähigkeiten zu verbessern – auch wenn du schon ganz gut zeichnest. Kauf dir am besten Zeichenbücher und frag deinen Lehrer, woran ihr in der Zukunft arbeiten werdet, um die entsprechenden Maltechniken oder das Malen besonderer Objekte zu trainieren. Was man gut lernen kann, ist, Körperteile zu zeichnen, wie zum Beispiel Nase, Ohren, Mund und besonders Augen.

Der Lehrer entscheidet

Du solltest immer deinen Lehrer fragen, wie du dein Bild noch verbessern kannst. Wenn du zum Beispiel ein Porträt zeichnen musst, solltest du deinen Lehrer sooft wie möglich fragen, wie du die Körperteile zeichnen solltest und was du an deinem Porträt noch verbessern kannst. Das ist extrem wichtig, um eine gute Note zu bekommen. Denn am Ende bewertet der Lehrer das Bild und nicht du. In Kunst gibt es nicht wie in

Mathe richtig oder falsch. Der Lehrer entscheidet, ob etwas gut aussieht oder nicht. Je mehr du nach dem Geschmack deines Lehrers malst, desto bessere Noten wirst du bekommen. Deswegen solltest du dir unbedingt Tipps deines Lehrers zu Herzen nehmen und sie umsetzen, auch wenn sie nicht dein Geschmack sind. Wenn dein Lehrer wechselt, solltest du so schnell wie möglich durch viele Fragen herausfinden, was dein neuer Lehrer mag und was nicht. Springe jetzt aber nicht alle drei Sekunden auf und renne zum Lehrer und nerv ihn damit. Finde ein gutes Mittelmaß.

Wie in jedem Fach musst du dem Lehrer zeigen, dass du dich anstrengst. In Kunst machst du das am besten, indem du bei der Abgabe des Blattes deinem Lehrer direkt sagst, dass du dich sehr angestrengt hast. So manipulierst du deinen Lehrer, falls das Bild eher schlecht ausgefallen ist, dass er dir Trostpunkte gibt, weil er ja im Hinterkopf hat, dass du dich angestrengt hast.

Elisabeth D., eine meiner Interviewpartnerinnen, hat mir eine interessante Geschichte erzählt: Ihr Lehrer hat immer gesagt, die Schüler sollten versuchen, im Stehen zu malen, aber keiner tat es. Als sie es dann gemacht hat, kam der Lehrer am Ende der Stunde zu ihr und sagte, wie toll er es fände, dass sie es ausprobiert hat, und dass es auch gut aussieht et cetera. »Wenn dir dein Lehrer einen Tipp gibt, mach es einfach. Du kannst ja dann schauen, ob es dir hilft oder nicht, und die Lehrer sehen dann, dass du es versuchst.«

Punkte im theoretischen Teil sammeln

Wenn du immer noch schlecht im Zeichnen bist, aber am Ende des Jahres eine gute oder Top-Note auf dem Zeugnis stehen haben willst, solltest du viel Energie in den theoretischen Teil stecken. Er kann je nach Bundesland mehr als 50 Prozent der Note ausmachen. Frage am besten deinen Kunstlehrer, wie es in deiner Schule gewertet wird. Auch wenn es bei dir vielleicht nicht über 50 Prozent der Note sind, hat es immer noch einen großen Einfluss.

Beteilige dich in den theoretischen Phasen extrem (lies dir am besten dafür noch mal das Kapitel »Mündliche Mitarbeit und Aufmerksamkeit« genau durch). Wenn deine Noten im Praktischen, also deine eigenen Werke, nicht so gut waren, solltest du, wenn du nicht komplett mit Arbeit für deine Leistungskurse ausgelastet bist, am besten noch ein Referat in Kunst machen. Genauso wie in anderen Fächern kann ein Referat deine Note noch mal extrem verbessern.

Suche Hilfe bei den Guten

Versuche, dich auch unbedingt an den besseren Schülern zu orientieren. Wenn du zum Beispiel siehst, dass dein Sitznachbar extrem gute Wimpern bei den Augen in seinem Porträt gemalt hat, dann stups ihn einfach mal an und frage: »Wie hast du es hinbekommen, so gute Wimpern zu malen?« Dann wird dein Sitznachbar dir sicher helfen. Vielleicht malt er sogar für dich die Wimpern. Solange du nicht dein ganzes Bild von ihm oder anderen Personen malen lässt, kann das noch mal deine Note verbessern. Deswegen ist es auch in Kunst wichtig, neben den Besten zu sitzen. Das wird dir auch bei Gruppenarbeiten helfen, deine Note nach oben zu katapultieren. Bringe dich aber immer in die Gruppe aktiv ein und schaffe einen Mehrwert, sodass die anderen auch in Zukunft mit dir in einer Gruppe sein wollen oder dir helfen. Wenn du kein guter Zeichner bist, dann kannst du wenigstens versuchen, dir Gedanken zu machen, wie das Bild aussehen sollte, und die anderen malen dann nach deinen Vorstellungen. Deine Vorstellung von dem Bild muss natürlich gut sein, damit die anderen »Ja« dazu sagen.

Suche Hilfe bei den Stars

In Kunst ist es nicht schlimm, wenn du nicht als der kreativste Mensch auf Erden geboren wurdest. Suche einfach Inspiration bei den Stars der Kunstszene. Wenn du zum Beispiel das Thema Expressionismus hast, google einfach mal den Künstler Marc Chagall oder Paul Klee. Du kannst sehr viel Inspiration aus den Bildern ziehen und vieles auch einfach beim Malen anwenden. Ich empfehle dir aber, ein Bild von der zweiten Seite der Bildersuche von Google zu nehmen, da die Lehrer oft wissen, dass Schüler Bilder einfach eins zu eins von Künstlern nachzeichnen. Am besten ist es, wenn du Bilder verschiedener Künstler vermischst. Das wird es deinem Lehrer unmöglich machen zu sagen, dass du nur abmalst.

Wenn du die Zeit und Lust hast, dich künstlerisch weiterzubilden, ist es auch extrem hilfreich, wenn du mal in Galerien gehst oder in Kunstmuseen, um Inspirationen für kommende Kunstprojekte in der Schule zu finden. So etwas hilft enorm. Es kommt auch immer gut an, wenn dein Lehrer über einen Künstler oder ein Bild redet und du sagen kannst: »Von dem Künstler habe ich schon mal ein Bild im Museum gesehen.« Oder: »Hängt dieses Bild nicht im Soundso-Museum?« Der Lehrer wird in 99 Prozent der Fälle fragen: »Waren Sie da etwa mal?« Oder: »Woher wissen Sie, in welchem Museum das Bild hängt?« Dann musst du diese Frage nur noch mit einem »Ja« oder »Ich war in dem Museum und habe das Werk dort gesehen« beantworten.

Werde zum Top-Interpretierer

Kunst habe ich nie verstanden. Wenn ich ein Bild male und selber denke, es sei ein Kunstwerk, bekomme ich am Ende von der Kunstlehrerin eine 4. Wenn Picasso nur einen schwarzen Punkt auf ein Blatt Papier gemacht und das ausstellen lassen hätte, wären Hunderte »Kunstexperten« die Ersten, die das Werk sehen wollen, um irgendeinen »Unsinn« in das Bild reinzuinterpretieren. Das kannst du dir aber auch zum Vorteil machen. Wenn du schlecht in Kunst bist, solltest du versuchen, dir die Fähigkeit anzueignen, ein Bild zu interpretieren. Viele 1,0er-Schüler haben gesagt, dass ihnen diese Fähigkeit zusammen mit ihrem Ruf als Top-Schüler oft zu deutlich besseren Noten als verdient verholfen hat. Versuche, immer die bestmögliche Erklärung für jeden Strich auf deinem Papier zu haben, und sei bereit, jederzeit diese Interpretation abspulen zu können. Habe keine Angst, ein bisschen zu übertreiben bei deinen Erklärungen. Das lieben Kunstlehrer. Wenn du das machst, kannst du sicher sein, dass du das Beste aus deinen limitierten Malfähigkeiten rausholst.

Musik

In Musik gut zu sein, ist deutlich einfacher, da Talent weniger entscheidend ist als in Kunst. Auch wenn es natürlich extrem hilfreich ist, wenn du in einem Chor singst oder ein Musikinstrument spielen kannst. Der Abschnitt über Musik ist ziemlich kurz, da es fast wie in vielen anderen Fächern hauptsächlich darum geht, sich anzustrengen und mündlich gut mitzuarbeiten. Natürlich hilft es auch, wenn du dich über die Schule hinaus mit Musik und besonders mit Musikgeschichte und den verschiedenen Stilrichtungen beschäftigst. Wenn du zu Hause ein Klavier oder eine Gitarre herumstehen hast, kann es auch nicht schaden, wenn du wenigstens versuchst, mal ein paar einfache Lieder zu spielen.

Was dir einen extremen Vorsprung vor deinen Mitschülern gibt, ist, wenn du Noten lesen kannst. Viele deiner Mitschüler müssen es möglicherweise mühselig lernen, und du kannst dich entspannt bei allen Fragen des Lehrers melden. Wenn du ein Instrument spielst, hast du den Vorteil, dass du das schon kannst.

Anstatt die ganze Zeit nur eine Musikrichtung wie zum Beispiel Hip-Hop oder Popmusik zu hören, solltest du auch mal versuchen, deinen musikalischen Horizont zu erweitern. Gib einfach auf YouTube »die fünf besten Jazz-, Blues-, Country-, Rock-, Metal-, Electro- oder klassischen Lieder« ein und hör dir das mal an und überlege, wie du die Musik findest.

Ein paar 1,0er-Schüler, die ich interviewt habe, hatten Musik als Leistungskurs. Sie haben empfohlen, dass du das nur machen solltest, wenn du außerschulisch ein Instrument spielst oder im Chor bist. Das ist auch so ein Leistungskurs, der es echt in sich hat. Sie hatten viele Schüler in ihrem Leistungskurs, die in der Unter- und Mittelstufe gut im Fach Musik waren, aber nichts Musikalisches außerhalb der Schule machten. Diese Schüler hatten riesige Probleme mitzukommen und erhielten am Ende eine deutlich schlechtere Abiturnote als erwartet.

Action: Hol dir für Kunst ein Blatt Papier und versuche, irgendeinen Gegenstand in deinem Zimmer zu skizzieren. Geh für Musik auf Spotify oder YouTube und höre dir verschiedene Musikrichtungen an.

Zusammenfassung für Faule

1. Male so, dass es deinem Lehrer gefällt. Selbst wenn du es nicht gut findest! Am Ende entscheidet er über deine Note.
2. Wenn du praktisch nicht so begabt bist, versuche, Punkte im theoretischen Teil gutzumachen.
3. Suche dir Hilfe bei den Mitschülern, die gut zeichnen können.
4. Lerne, wie du in jedes Bild einen ganzen Roman hineininterpretieren kannst.

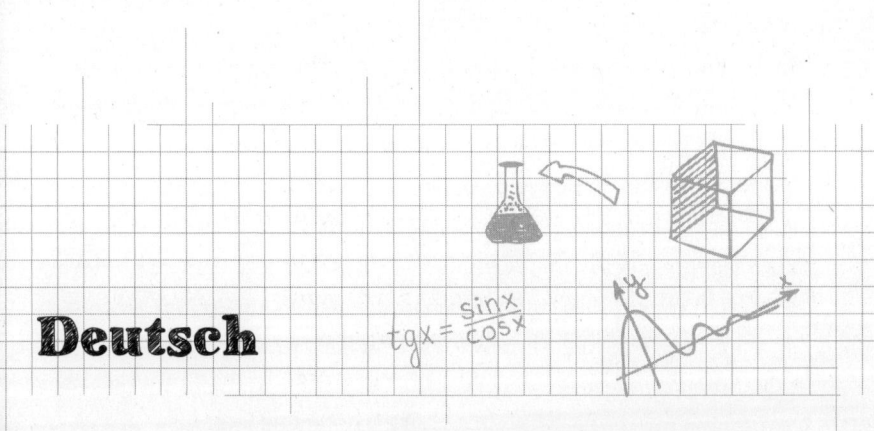

Deutsch

$$tgx = \frac{\sin x}{\cos x}$$

*»Der Lehrer merkt das schon,
wenn man die Lektüre nicht gelesen hat.«*
Naemi R.

»Ich rate zur Anschaffung von Lektürenschlüsseln.«
Anna Z.

»Auch wenn es keinen Spaß macht. Es funktioniert!«
Mauricio P. über die Wichtigkeit,
Textarten/-strukturen auswendig zu lernen

Deutsch ist auch so ein Fach, wo viele Leute einfach aufgeben und sagen, dass sie das nicht können. Rede dir das gar nicht ein. Deutsch ist machbar, auch wenn du nicht der nächste Goethe bist – du musst nur ein bisschen Arbeit reinstecken.

Kenne die Basics

In Deutsch ist es extrem wichtig, dass du dich mit den verschiedenen Textarten auskennst und weißt, wie du sie bearbeitest. Zum Beispiel musst du wissen, wie du eine Gedichtanalyse strukturieren und welche Standardbegriffe du benutzen musst. Du musst die verschiedenen Reimschemata draufhaben. Du solltest die Stilmittel, Erzähltechniken et cetera mit Beispielen lernen und nicht nur stur auswendig, sodass du die Regeln wirklich verstehst. Bei Textanalysen musst du dich mit den verschiedenen sprachlichen Mitteln auskennen, wie zum Beispiel Anapher oder Alliteration. Wenn du diese Standardbegriffe, Fachausdrücke und vorgefertigte Strukturen für alle wichtigen Textarten kannst und außerdem den Überblick über die Literaturepochen hast, bist du in einer ziemlich guten Ausgangsposition, um Ausnahmenoten in Deutsch zu bekommen.

Rechtschreibung, Grammatik und Ausdruck – dringend aufpolieren!

Genauso wichtig sind aber natürlich auch eine sehr gute Rechtschreibung und ein qualitativ hochwertiger Ausdruck. Wenn du ein paar Grammatik- oder Rechtschreibregeln vergessen hast, musst du sie einfach noch mal lernen. Wenn du deine Rechtschreibung verbessern willst, solltest du erst mal analysieren, wo deine Probleme liegen. Hast du ein Problem mit der Grammatik, der Kommasetzung oder mit »das« und »dass«? Wenn du dein Problem gefunden hast, suche dir im Internet spezielle Aufgaben zum Üben raus. Ein paar Arbeitsblätter findest du auch auf der Website zum Buch (einskommanullacademy.de).

Was alle Aspekte deiner Rechtschreibung verbessert, sind Diktate. Setz dich einfach am Wochenende nach dem Frühstück mit deinen Eltern oder Geschwistern hin und lasse dir etwas diktieren. Du solltest dir am besten eine Liste der falsch geschriebenen Wörter machen und dich diese Wörter vor den Diktaten wie bei einem Vokabeltest abfragen lassen und aufschreiben. Wenn du das Wort dreimal richtig geschrieben hast, kann es von der Liste runter. So eliminierst du alle Wörter, mit denen du auf Kriegsfuß stehst.

Stell auch auf Snapchat, WhatsApp, Instagram et cetera deine Autokorrektur aus und achte bewusst auf deine Rechtschreibung und Grammatik. Das wird deine Rechtschreibung auf ein neues Level bringen, weil wir heutzutage viel zu sehr daran gewöhnt sind, nur noch die ersten drei Buchstaben eines Wortes einzugeben, und dann poppt das Wort von selber auf. Wir schreiben die Wörter nicht mehr richtig auf, und deswegen wird unsere Rechtschreibung auch schlechter. Daher ist das Ausstellen der Autokorrektur eine super Sache. Außerdem hilft es dir auch sehr, wenn du nicht nur abgehackte Satzfetzen schreibst, sondern ganze Sätze. Ich sag jetzt nicht, du sollst wie deine Eltern WhatsApp-Nachrichten wie einen Brief verfassen, aber auf Kommasetzung zu achten ist sehr hilfreich, um deine Rechtschreibung zu verbessern.

Beim Ausdruck und deiner Rechtschreibung hilft auch Lesen extrem viel weiter. Lesen schult das Auge ungemein. Dazu aber im Kapitel »Die eine Sache, die alle 1,0er-Schüler machen« mehr.

Was auch extrem bei Problemen in der Grammatik und Rechtschreibung weiterhilft, sind Merksätze und Eselsbrücken. Zum Beispiel »Wer nämlich mit ›h‹ schreibt, ist dämlich.« Oder: »Sei nicht dumm und merk dir bloß, Namenswörter schreibt man groß.« Gewöhn dir auch unbedingt an, dir jeden Text, egal ob auf Deutsch oder in einer Fremdsprache, nachdem du ihn geschrieben hast, immer noch mal durchzulesen. So merkst du, wo du Rechtschreibfehler gemacht und wo du einfach wirres Zeug geschrieben hast, weil du abgelenkt wurdest. Wenn du dir das zur Gewohnheit machst, werden sich deine Rechtschreibung und dein Ausdruck extrem verbessern.

Eine gute Deutschklausur schreiben

Vor Klausuren Testklausuren zu bearbeiten und sie deinem Lehrer zum Feedback einzureichen, hilft extrem weiter. Was auch hilft, ist, den Lehrer direkt zu fragen: »Herr/Frau ..., ich würde gerne die beste Klausur in der nächsten Klausurphase haben. Worauf achten Sie genau bei Ihrer Bewertung?« So zeigst du dem Lehrer, dass du wirklich besser werden willst, und findest heraus, was bei den Klausuren wichtig ist. Genauso wie in Kunst gibt es in Deutsch kein Richtig oder Falsch. Der Lehrer entscheidet, was sich gut anhört und was nicht. Deswegen ist es auch in Deutsch extrem wichtig, dass du dich an den Lehrer und seine Vorstellungen anpasst. So weißt du schon vorher, wie die perfekte Klausur für den Lehrer aussieht, und kannst nach diesen Maßstäben dann deine Klausur schreiben.

Wenn du einen Aufsatz schreibst, solltest du immer das Ziel und Fazit deines Textes im Auge behalten und darauf hinarbeiten. Überlege, was deine These ist und wo du mit deinem Text hinmöchtest. Mache dir einen Plan für deinen Aufsatz, bevor du loslegst, und versuche immer, deinen roten Faden beizubehalten. Wenn du weißt, worauf du abzielst, kannst du systematisch an der vorgegebenen Quelle entlangarbeiten und deine These und Ausführungen belegen. Dazu hat auch unser 0,69-Schüler Jakob Nowicki-Koth etwas zu sagen, lies am besten noch mal sein Interview.

Wenn du dir eine Überschrift ausdenken musst, schreibe zuerst deinen Text und überleg dir dann die Überschrift, da du dann genau weißt, wie dein Text aufgebaut ist. Vergiss aber auf keinen Fall, deine Überschrift hinzuschreiben. Sonst verlierst du unnötig wertvolle Punkte.

Wenn ihr in der Schule bestimmte Thesen und Fachbegriffe behandelt habt, lerne sie unbedingt auswendig und sei sicher, dass du sie extrem gut verstanden hast, damit du sie in der Klausur anwenden kannst. Wenn du einen Text analysieren musst, versuche immer, dich in die Figuren im Text hineinzuversetzen und zu verstehen, was der Autor dir mit der Geschichte sagen will.

Arbeite die Lektüren durch

Wenn ihr eine Lektüre in Deutsch durchnehmt, lies das Buch immer mindestens einmal durch. Selbst wenn es unglaublich langweilig ist und du nicht nachvollziehen kannst, wie Leute mit so einem komplizierten und schlechten Buch Erfolg haben können. Ich weiß, dass diese Playmobil-Erklärvideos verlockend sind, aber bitte benutze sie als Extra, um das Gelesene noch mal besser zu verstehen, und nicht als Hauptinformationsquelle über die Lektüre. Spätestens in der Klausur wird der Lehrer wissen, ob du das Buch gelesen hast oder dir nur eine Zusammenfassung im Internet reingezogen hast. Am besten liest du dir das Buch sogar zwei-, dreimal durch, weil dir beim zweiten Lesen wie bei Filmen Sachen auffallen, die beim ersten Durchgang an dir vorbeigegangen sind.

Optimal ist es, wenn du die Zeit hast, das Buch von dem Moment, in dem ihr anfangt, es zu lesen, innerhalb von drei bis sieben Tagen einmal durchzulesen. So bist du allen voraus und kannst dich auch unglaublich gut mündlich beteiligen. Dann kannst du parallel zum Unterricht das Buch zum zweiten Mal mitlesen. Wenn du Zeit hast, solltest du es dann noch mal vor der Klausur lesen. Du musst es aber auch nicht übertreiben. Wenn du das Buch zweimal durchliest, bist du schon besser als 95 Prozent deiner Klassenkameraden vorbereitet.

Damit du dir den Inhalt gut merken kannst, ist es hilfreich, die wichtigsten Textstellen im Buch in verschiedenen Farben zu unterstreichen oder zu markieren und dir eine Übersicht anzufertigen, in der du zu jedem Kapitel eine knappe Zusammenfassung schreibst. Das hilft dir extrem weiter, wenn du dich auf die Klausur oder große Prüfungen vorbereiten musst und den Inhalt des Buches schon wieder etwas vergessen hast.

Auch wenn das Buch deine primäre Quelle ist, ist es hilfreich, sich vor der Klausur oder Arbeit ein paar Zusammenfassungen anzugucken, um die Geschichte noch mal in der visuellen Form zu lernen. Empfohlen wurden die Playmobil-Erklärvideos von Sommers Weltliteratur to go.

Sehr viele 1,0er-Schüler empfehlen, eine Lektürehilfe zu kaufen. Lektürehilfen oder Lektürenschlüssel sind kleine Bücher, die den Inhalt und Zusammenhänge zusammenfassen, analysieren und genau erklären. Sie nehmen dir also Arbeit ab. Nur wenig Schüler benutzen sie, obwohl diese Bücher nur dafür da sind, ein kompliziertes Buch einfacher verständlich zu machen. Wer will so etwas nicht haben?!

Action: Hol deine letzte Deutschklausur raus und finde deine häufigsten Fehler heraus. Sind sie eher im Bereich Rechtschreibung oder in Kommasetzung oder Grammatik? Lade dir von der Website zum Buch (einskommanullacademy.de) die entsprechenden Arbeitsblätter herunter und übe so lange, bis du sicher bist.

Zusammenfassung für Faule

1. Poliere deine Kenntnisse in puncto Textarten, Stilmittel, Erzähltechniken et cetera auf.
2. Eine gute Rechtschreibung ist wichtig. Daher lies mehr und schalte bei deinem Handy die Autokorrektur aus.
3. Stelle in Klausuren am Anfang eine These auf und versuche, sie durch Textstellen in der vorgegebenen Quelle zu begründen. Am Ende sagst du, ob die These zutrifft oder nicht. Mit dieser Strategie kannst du ohne Stress Klausuren schreiben.
4. Wenn du deine Klausur zurückbekommst, schau dir direkt deine Fehler an, um sie beim nächsten Mal nicht wieder zu machen.
5. Lies die in der Schule vorgegebene Lektüre und verlass dich nicht nur auf Zusammenfassungen aus dem Internet.
6. Hol dir die passende Lektürehilfe, um dir viel Arbeit zu ersparen.

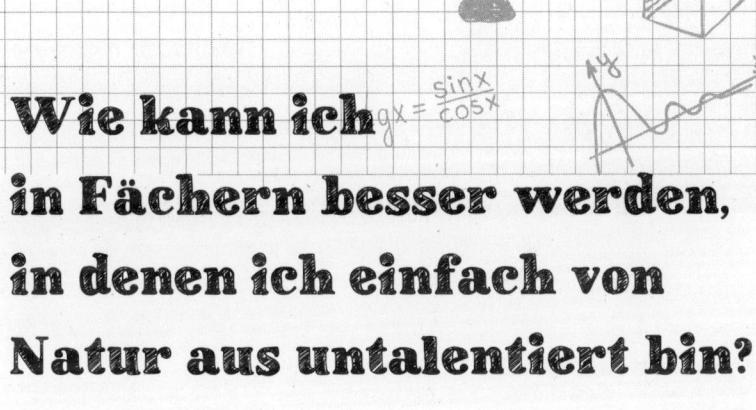

Wie kann ich in Fächern besser werden, in denen ich einfach von Natur aus untalentiert bin?

»Ziele suchen, die man erreichen kann und die einen auch motivieren, dass man es schaffen kann.«
Vinzenz A.

»Keine Null-Bock-Haltung haben.«
Katja S.

Zuallererst muss ich was klarstellen: »Kein Talent« heißt nicht, dass man in diesen Fächern nicht gut werden kann. Es heißt nur, dass man es am Anfang schwerer hat, gut zu werden. Solange du nicht als lernbehindert giltst, hast du die Fähigkeit, alles zu lernen. Der einzige Unterschied zwischen Schülern, die Talent, und solchen, die kein Talent in einem Fach haben, ist, dass es für die Untalentierten ein bisschen länger dauert, etwas zu lernen.

Es liegt bei dir

Wenn du also denkst, du seist einfach zu dumm in ein paar Fächern, um sie zu verstehen, dann solltest du jetzt sofort deine Einstellung ändern. Je länger du dir das einredest, desto länger ist es deine Realität. Wie du dich selber siehst und was du selber zu dir sagst, bestimmt, wozu du fähig bist. Wenn du sagst: »Ich bin der dümmste Mensch der Welt und werde nie etwas in meinem Leben erreichen«, dann wird genau das Realität. Wenn du aber sagst: »Auch wenn ich nicht der/die Schlaueste bin, werde ich alles Menschenmögliche geben, weil ich fest davon überzeugt bin, dass ich durch kontinuierliches Lernen in jedem Fach eine 1 bekommen kann«, dann wird das auch Realität. Es reicht natürlich nicht, auf deinem Bett zu sitzen und dir das immer und immer wieder zu sagen, aber nie einen Stift in die Hand zu nehmen, und zu denken, dass das helfen wird. Du musst schon auch Arbeit reinstecken. Denk immer daran: Egal, wie talentiert du in einem Fach bist: Du kannst alles lernen, was du willst.

Setze Prioritäten

Wenn du einer dieser klassischen Personen bist, die »einfach Mathe nicht können«, oder schlecht in Deutsch und Englisch bist, weil du eine Rechtschreibschwäche hast, solltest du nach der Schule so viel Zeit, wie du brauchst, investieren, um besser zu werden. Auf diese Hauptfächer und deine Leistungsfächer musst du dich zuerst fokussieren. Besonders in der Oberstufe wird es sonst kritisch. Du musst Prioritäten setzen. In der Oberstufe musst du die meiste Energie in deine Leistungskurse stecken, da sie am meisten im Abitur zählen.

Wenn du schon stabil in beiden Leistungskursen auf 15 Punkten stehst oder zumindest alles Menschenmögliche für deine Leistungskurse gemacht hast, kannst du anfangen, deine Schwächen in den Grundkursen, die du nehmen musstest, auszugleichen. Ein No-Brainer sollte sein, die Fächer, in denen du das wenigste Talent hast, konsequent abzuwählen.

Es ist einfach, in Fächern am Anfang schnell besser zu werden, weil du zum Beispiel das Grundwissen nachgearbeitet hast und dich jetzt am Unterricht beteiligen kannst und endlich die Aufgaben in der Klausur verstehst. Wenn dir die Motivation fehlt, hilft es extrem, sich einfach mal Dokus oder Filme über das Fach anzugucken (mehr dazu auf der Website zum Buch: einskommanullacademy.de).

Irgendwann verlangsamt sich diese Verbesserungskurve. Meistens passiert das, wenn du bei einer 2 bist. Danach wird es deutlich schwerer, eine 2+, geschweige denn eine 1– zu bekommen. Wenn du in diesem Bereich angekommen bist, solltest du dich erst mal zufriedengeben und versuchen, andere Fächer auf 2er-Niveau zu bringen. Erst wenn alle Fächer auf einer 2 oder drüber sind, solltest du weitere Arbeit in die Verbesserung auf eine 1 stecken. Und denk immer daran: Sobald du in deinen Leistungskursen nachlässt, solltest du sofort deinen vollen Fokus auf die Leistungskurse zurückbringen. Sich auf die Grundkurse fokussieren zu können, ist ein Luxus.

Action: Nimm dir ein Blatt Papier und schreibe auf, in welchen Fächern du gut bist und in welchen Fächern schlechter. Plane dann, wie du dich wo verbessern möchtest und wie du deinen Fokus setzt.

Zusammenfassung für Faule

1. »Kein Talent haben« heißt nicht, dass du nicht gut werden kannst. Du musst einfach viel Arbeit hineinstecken.
2. Rede dir nicht ein, du könntest in einem Fach nicht gut werden.
3. Entwickle das Mindset, dass du mit Lernen alles erreichen kannst.
4. Teile dir deine Energie richtig ein. Leistungskurse sind am wichtigsten. Wenn es da gut läuft, kannst du mehr Zeit in die Grundkurse investieren.

Meine Geschichte: Durchschnitt 1,7 – zu den Allerbesten zu gehören, ist ein langer und harter Weg

Es dauert lange, um im Kopf der Lehrer ein Top-Schüler zu werden. Das war meine Haupterkenntnis aus der 8. und 9. Klasse. Ich war hungriger nach guten Noten denn je und riss mir wirklich »den Arsch auf«. Ich wollte einfach in jedem Fach der Beste sein. Aber schnell holte mich die Realität ein: Im Kopf der Lehrer war ich immer noch ein mittelmäßiger Schüler, der angefangen hatte, sich anzustrengen. Dadurch musste ich mich unglaublich viel mehr anstrengen, um die gleichen Noten zu erhalten wie die, die von den Lehrern als Top-Schüler angesehen wurden.

Es ist sehr frustrierend, wenn du dich das ganze Jahr extrem anstrengst, aber am Ende eine 2 bekommst, und der Streber, der sich viel weniger meldet, immer eine 1. Am stärksten merkte ich das in meinen beiden Wahlpflichtfächern. Das waren zwei Fächer, die ich, wie der Name schon sagt, ab der 8. Klasse wählen musste. Ich wählte Pädagogik und DZLUR (eine Mischung aus Politik und Erdkunde), weil diese beiden Themenbereiche mich persönlich extrem interessierten. Da ich die Fächer so interessant fand, gab ich immer Gas.

Im ersten Halbjahr hatte ich mit meiner Pädagogiklehrerin ein paar Probleme, da ich mich beim Elternsprechtag beschwert hatte, dass wir nur malen (was wir in den ersten vier Stunden wirklich gemacht haben). Sie kam dann in der nächsten Stunde in einer Arbeitsphase zu mir und sagte in einem wütenden Ton: »Freust du dich, dass wir nicht malen?« Dadurch war die Stimmung zwischen mir und ihr ein wenig eisig. Zum Glück gab es nicht viele, die das Fach sehr ernst nahmen. So war es zum Beispiel normal, dass ein Mädchen immer 20 Minuten zu spät in die Klasse kam mit einem McDonald's-Kaffee in der Hand. Da ich einer der wenigen war, die mitmachten, verbesserte sich unsere Beziehung schnell wieder. Dadurch hatte ich am Ende des Jahres eine 1 auf dem Zeugnis stehen.

Bei DZLUR sah das ganz anders aus. Ich hatte einen jungen neuen Lehrer, bei dem ich von Anfang an alles gab. Da auch in diesem Fach die allgemeine Motivation zu arbeiten nicht sehr hoch war, war ich nur einer von wenigen, die sich anstrengten, und dachte, ich würde zu 100 Prozent eine 1 bekommen. Am Ende des Jahres kam die böse Überraschung: Die beiden anderen, die sich angestrengt hatten, bekamen die 1 und ich eine 2. Ich war wirklich angepisst, da ich mich total angestrengt hatte. Aber ich dachte mir: »Es ist scheiße, aber nächstes Jahr werde ich wieder alles geben und in beiden Fächern eine 1 bekommen!«

In der 9. Klasse hatte ich in beiden Fächern einen Lehrerwechsel. Meine Pädagogiklehrerin machte ihr zweites Sabbatjahr in drei Jahren und in DZLUR bekam ich eine Referendarin. Vom ersten Tag an verstand ich mich extrem gut mit der Referendarin und sie schätzte meine Anstrengungen. Ich arbeitete härter als je zuvor in diesem Fach und wurde am Ende für meine Anstrengungen belohnt: Auf dem Halbjahreszeugnis stand eine 1. Ich war überglücklich. Endlich hatte ich es geschafft. Als ich nach den Winterferien in den Klassenraum reinkam, war ich geschockt. Die Referendarin hatte die Schule verlassen und mein alter Lehrer stand vor mir. Ich dachte mir, dass ich in diesem Jahr dennoch die 1 bekommen müsste, da ja jedes Halbjahr 50 Prozent der Note ausmachten. Welcher Lehrer gibt einem Schüler, der im ersten Halbjahr 1 stand und im zweiten mindestens 2+, am Ende eine 2? Da die Antwort wirklich »dieser Lehrer« sein kann, strengte ich mich wieder 110 Prozent an und machte am Ende des Jahres als Einziger ein Referat. Ich gehörte in diesem Fach mindestens zu den drei Besten, wenn ich nicht sogar der Beste war.

Als ich am Ende des Jahres mein Zeugnis in die Hand gedrückt bekam und es öffnete, kochte ich vor Wut. Bei DZLUR stand ein fettes, schwarzes »Gut«.

In Pädagogik lief es auch nicht viel besser. Meine neue Lehrerin kannte ich sehr vage aus dem Englisch-Förderunterricht, zu dem ich in der 6. Klasse verdonnert worden war. Ich hatte keine positiven Erinnerungen an diesen Unterricht, weil ich mich damals total fehl am Platz gefühlt hatte. Aber ich dachte mir: »Vielleicht wird es in Pädagogik anders.« Ich weiß nicht, ob ich irgendetwas falsch gemacht habe, aber von Anfang an war ich ihre Zielscheibe. Egal, wie laut andere redeten oder wie oft: Wenn ich mal kurz redete, wurde ich direkt ermahnt.

Unsere Aufgabe war es in diesem Jahr, ein Kinderbuch zu erstellen, am Ende des Jahres in eine Grundschule zu gehen und dort dieses Buch vorzulesen. Ich hatte die Idee, dass unsere Geschichte von einem Bären namens Bo handeln sollte, der aus dem Zoo ausgebrochen war; sobald ein Tier aus den Käfigen ausbrach, sollte es unsichtbar für Erwachsene und nur noch von Kindern gesehen werden können. Zusammen mit meinen Freunden entwickelte ich die Idee zu einer Geschichte. Wir baten ein Mädchen aus unserer Klasse, das gut zeichnen konnte, Bilder für unser Buch zu malen. Außerdem waren wir die einzige Gruppe, die wirklich ein Buch kaufte und dann die Texte und Bilder darin einklebte. Alle anderen Gruppen hatten nur eine Papiersammlung. Als wir dann den Kindern in der Grundschule unsere Geschichte vorstellten, hingen alle an unseren Lippen. Sowohl unsere Geschichte als auch die Bilder machten es zum besten Buch. Dadurch war ich ziemlich sicher, dass ich wieder eine 1 bekommen würde.

Aber auch bei Pädagogik stand ein fettes, schwarzes »gut« in meinem Zeugnis. Ich war nicht nur wütend, sondern auch verzweifelt. Es war wie ein Fluch. Was musste ich noch alles machen, um eine 1 in beiden Fächern zu bekommen? Da strengst du dich unglaublich an, aber kommst nur in Schildkrötengeschwindigkeit voran.

Das ist die harte Wahrheit, wenn du nach deinem ersten Erfolg versuchst, besser zu werden. Manchmal wirst du auch ein bisschen schlechter. Dadurch, dass ich keine 1 mehr in Pädagogik hatte, verschlechterte ich mich in der 9. Klasse nach fünf Halbjahren, in denen ich mich immer nur verbessert hatte, um 0,4. Das traf mich hart! Ich fragte mich: »Werde ich jetzt wieder kontinuierlich schlechter? Sind meine Ziele vielleicht zu hoch?« Sobald diese Gedanken aufkamen, verwarf ich sie wieder. Ich wusste tief in mir, dass ich auf dieses Niveau gehöre, nein, auf ein besseres. Ich sagte mir: »Nächstes Jahr gebe ich richtig Gas und hole alles aus mir heraus!«

Kleiner Spoiler: In der 10. Klasse habe ich es endlich geschafft, in beiden Fächern eine 1 zu bekommen; nach hartem Ringen und einem Elternsprechtag. Mein DZLUR-Lehrer sah ein, dass ich durch meine extreme Anstrengung doch eine 1 verdient hatte, und so stand in der 10. Klasse endlich eine 1 im Zeugnis. Ab dem Moment, in dem er seinen Fehler eingestanden hatte, lösten sich unsere Probleme in Luft auf. Bis heute haben wir ein gutes Verhältnis. Mit meiner Pädagogiklehrerin bekam ich dagegen nie ein gutes Verhältnis. Im ersten Halbjahr gab sie mir wieder eine 2, aber danach ging sie zum Glück in Elternzeit. Die Lehrerin danach war mehr als begeistert von mir und gab mir eine 1+, weswegen ich am Ende eine 1 auf dem Zeugnis hatte. Du musst einfach alles geben. Dann wirst du irgendwann dein Ziel erreichen!

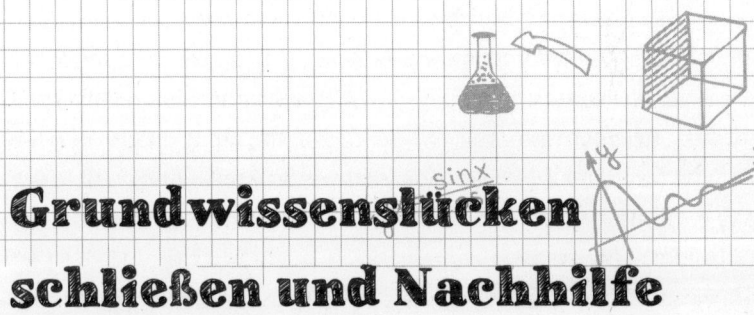

Grundwissenslücken schließen und Nachhilfe

»Nachhilfe ist perfekt zum Lückenfüllen von Grundwissen.«
Mauricio P.

Jeder hat es bestimmt schon mal in seiner Schullaufbahn miterlebt: Ein Lehrer ist für ein paar Monate krank oder ihr kommt nicht wirklich mit dem Stoff durch und hängt hinterher. Auch wenn es natürlich extrem chillig ist, frei zu haben und nichts machen zu müssen, ist es gefährlich, weil du dann in den nächsten Jahren extreme Probleme bekommen kannst, wenn du bestimmte Themen nicht draufhast.

Deswegen ist es wichtig, dass du dir spätestens am Ende des Schuljahres anguckst, auf welchem Wissenslevel du bist, wo du vom Lehrplan her sein solltest und ob du irgendwo hinterherhängst. In den Ferien hast du dann viel Zeit, um ein bisschen was nachzuholen, damit du später keine Probleme bekommst. Ich verspreche dir eines: Alle deine Wissenslücken werden dich spätestens in der Oberstufe einholen. Und das ist der schlechteste Zeitpunkt, weil alles dann schon für dein Abi zählt. Deswegen kümmere dich um deine Wissenslücken, bevor sie dir zum Verhängnis werden.

Nachhilfe nehmen?

Nachhilfe ist immer ein heikles Thema. Viele Schüler haben schlechte Erfahrungen damit. Sie wurden von ihren Eltern gezwungen, zur Nachhilfe zu gehen, obwohl sie eigentlich gar keinen Bock darauf hatten, und dann hat es auch nichts gebracht. Deswegen haben auch alle 1,0er-Schüler gesagt, dass niemand gezwungen werden sollte, Nachhilfe zu nehmen, weil das einfach nichts bringt. Wenn du aber ehrlich zu dir bist und selber sagst: »Ich habe wirklich ein paar Lücken in diesem Fach«, oder: »Ich komme irgendwie einfach nicht mit«, dann haben alle 1,0erSchüler, die Erfahrung mit Nachhilfe haben, das auch extrem empfohlen.

Ein paar 1,0er-Schüler beurteilen Nachhilfe vom Typ »Schüler helfen Schülern« als fragwürdig, weil viele Schüler einfach nicht qualifiziert genug und das Geld nicht wert sind. Natürlich gibt es aber auch Schüler, die sehr gut im Nachhilfegeben sind. Aber es kann ein bisschen dauern und kosten, bis du den Richtigen gefunden hast. Professionelle Nachhilfe in speziellen Instituten hat eine sehr hohe Qualität, kostet aber auch entsprechend Geld. Ich würde dir empfehlen, wenn es nicht extrem dringend ist, Nachhilfe durch Schüler und professionelle Nachhilfe auszuprobieren (oft kannst du einmal kostenlos hingehen) und dann zu entscheiden, was du besser findest. Der Vorteil an Nachhilfe ist auch, dass du, wenn du schüchtern bist und dich in der Schule nicht traust, Fragen zu stellen, dies bei deinem Nachhilfelehrer entspannt machen kannst. Ich bitte dich: Sei so mutig und nimm Nachhilfe, wenn du selber merkst, dass du es alleine nicht schaffst.

Action: Lade dir Arbeitsblätter aus dem Internet herunter, um herauszufinden, ob du noch Lücken bei deinen Grundlagen hast.

Zusammenfassung für Faule

1. Grundwissenslücken können alle deine Träume vom Top-Abi zerstören.

2. Wiederhole in allen Fächern ein paar Grundlagen, um deine Lücken zu finden.

3. Setze dich in den Ferien oder am Wochenende hin und schließe die Grundwissenslücken.

4. Wenn du selbst merkst, dass deine Lücken zu groß sind, gehe freiwillig zu einer guten Nachhilfe.

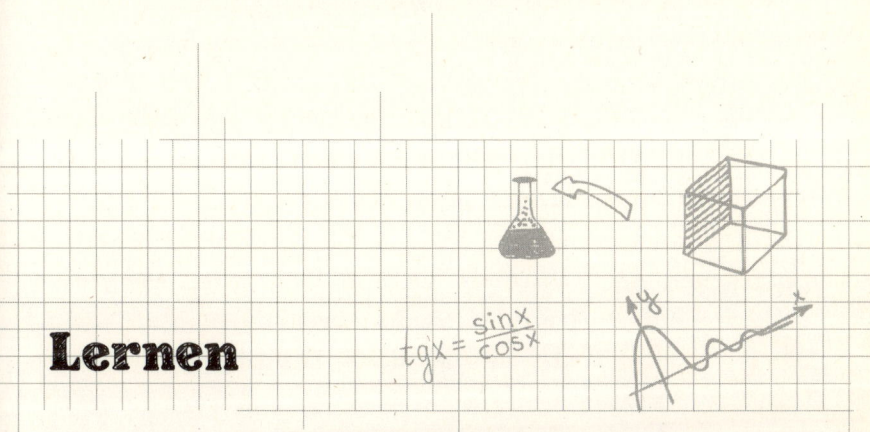

Lernen

$$tg x = \frac{\sin x}{\cos x}$$

»Umsonst lernt man nie was.«
Miriam S.

»Man darf sich nicht selbst belügen und sagen:
›Jaja, ich kann das schon.‹«
Ben S.

In diesem Kapitel stelle ich dir vor, wie du am besten für deine Klausuren und am Ende dann für die Abiprüfungen lernen kannst. Ich werde eine Strategie der 1,0er-Schüler vorstellen, mit der du dich Schritt für Schritt perfekt vorbereiten kannst.

Die meisten 1,0er-Schüler nahmen sich vor Klausuren immer ihren Ordner und schrieben sich die klausurrelevanten Themen auf einen Lernzettel. Dann haben sie mit den Lernzetteln so lange gelernt, bis sie alles konnten. Ich kann dich gut verstehen, wenn du jetzt sagst: »Was? Das ist alles?! Dasselbe mach ich doch auch und schreibe aber immer noch nur 4en und 5en!« Ich war am Anfang auch verblüfft und dachte mir: »Wo ist der geheime Trick?«

Als ich dann aber weitere Fragen stellte, wurde mir klar, was 1,0er-Schüler beim Lernen anders machen. Wie so oft im Leben geht es um die kleinen Sachen und darum, Tipps, die sich logisch anhören, auch wirklich durchzuziehen. Jeder weiß, dass man eher früh anfangen sollte zu lernen und dann jeden Tag nur ein bisschen, anstatt am letzten Tag vor der Klausur fünf Stunden zu lernen. Aber hast du das wirklich mal gemacht? Ich wette, dass kaum einer meiner Leser schon mal eine Woche vor einer Klausur angefangen hat, eine Stunde pro Tag zu lernen. Aber genau das ist der Unterschied zwischen schlechten, durchschnittlichen Schülern und Top-Schülern. 1,0er-Schüler wenden die Tipps, die eigentlich jeder kennt, wirklich an.

Ablenkungen ausschalten

Das beste Beispiel für solch einen Tipp ist, dass du fokussiert ohne Ablenkungen lernen sollst. Aber in Wirklichkeit setzen wir uns an unseren Schreibtisch, überfliegen das Blatt vor uns halbherzig für ein paar Minuten und legen uns dann wieder aufs Bett und checken Insta, weil uns langweilig geworden ist. Nebenbei hören wir die ganze Zeit Musik und alle 30 Sekunden »pingt« unser Handy und wir lassen alles stehen und liegen, um herauszufinden, wer uns gesnapt hat. 1,0er-Schüler sind anders. Sie haben einen festen Zeitplan, wann sie chillen und wann sie lernen. Sie schalten ihr Handy auf Flugmodus und legen es verkehrt herum in ihr Regal oder in ein anderes Zimmer. Sie schalten alle Geräusche für die nächste Stunde ab. Wenn es totenstill im Raum ist und alle Ablenkungen weg sind, setzen sie sich an ihren Schreibtisch und lernen konzentriert ihren Stoff. Nach einer Stunde sind sie fertig und können danach solange sie wollen auf dem Bett rumhängen und auf Insta herumscrollen oder für den Rest des Tages Videospiele spielen, anstatt wie du den ganzen Nachmittag und Abend über nie wirklich zu lernen, aber auch nie wirklich zu entspannen und zu machen, was dir Spaß macht.

Lernpausen

Ein weiterer Punkt, von dem eigentlich schon jeder gehört hat, aber den fast keiner außer 1,0er-Schülern richtig anwendet, sind effektive Lernpausen. Wenn du anfängst, fokussiert zu lernen, achte darauf, dass du bei längeren Lernsessions genug und effektive Pausen machst. Pausen in der Schule gibt es auch nicht, um deinen Schultag unnötig in die Länge zu ziehen (auch wenn besonders die Mittagspause einem so vorkommt), sondern damit dein Gehirn entspannt und danach wieder neues Wissen aufnehmen kann. Dasselbe solltest du auch bei dir zu Hause beim Lernen machen, damit du letztendlich schneller lernen kannst.

Wissenschaftliche Studien haben ergeben, dass du nach 30 Minuten ungefähr fünf Minuten, nach 1 bis 1,5 Stunden ungefähr 15 bis 20 Minuten und nach drei Stunden mindestens eine Stunde Pause machen solltest. Wenn du sonst nie Pausen machst, hört sich das sehr lange an. Aber du wirst sehen, wie frei dein Kopf ist und wie viel einfacher es ist zu lernen, wenn du Pausen zwischen deinen Lernsessions machst. Du musst dich nicht zu 100 Prozent an diese Zeiten halten. Wenn du dich nach zehn Minuten lernen extrem müde und erschöpft fühlst, musst du nicht noch 20 Minuten weiterlernen, um dir die erste Pause zu verdienen. Leg dich einfach für 20 Minuten hin, um neue Energie zu tanken, anstatt stundenlang nur auf halber Flamme ineffektiv und ungesund zu lernen.

Der fatalste Fehler, den du bei Lernpausen machen kannst, kommt jetzt: Wenn du dich in deiner Pause aufs Bett legst und sofort nach deinem Handy greifst und dann zitternd wie ein Junkie auf Entzug versuchst, alle Nachrichten zu checken, die in der letzten Stunde reingekommen sind, bringt die Pause nichts. In der Pause sollst du dich ausruhen und nicht dein Gehirn mit deinem Display noch mehr stressen. Wenn du dein Handy in der Lernpause benutzt, wird dir das eher schaden. Am Ende wird es länger dauern, etwas zu lernen, und es wäre besser, du hättest einfach gar keine Pause gemacht. Generell sollte es in der Pause für dein Gehirn keine geistige Arbeit geben.

Zuallererst hilft, dein Zimmer zu lüften. Es kommt darauf an, wie groß dein Zimmer ist. Aber in einer Stunde verbrauchst du schon extrem viel Sauerstoff. Und je mehr Sauerstoff du hast, desto besser kann dein Gehirn arbeiten. Das zweite, was du machen solltest, ist, den Ort zu wechseln. Es gibt viele Studien, die zeigen, dass das Gehirn am besten abschalten kann, wenn sich die Umgebung ändert. Eine Option, die viele 1,0er-Schüler empfohlen haben, ist, dich selber zu belohnen. Das kannst du gut mit dem Ortswechsel verbinden, da du bestimmt ein bisschen rumlaufen musst, bis du zu dem geheimen Ort kommst, wo deine Eltern die Süßigkeiten vor deinen kleineren Geschwistern verstecken. Wobei du es mit dem Süßkram nicht übertreiben solltest, das hatten wir auch schon im Kapitel »Persönlichkeitsveränderungen zum 1,0er-Schüler«. Grundsätzlich ist es aber sehr hilfreich, wenn du in Pausen etwas isst (besonders in der 15-bis-20-Minuten-Pause). Du solltest aber darauf achten, jetzt kein fettes Wiener Schnitzel mit dick Ketchup und einen Teller voll Pommes zu essen, da jeder weiß, dass es zwar extrem lecker schmeckt, dich aber so träge macht, dass sogar das Aufstehen danach schwerfällt, ganz zu schweigen vom Lernen. Gesunde, kleine Snacks sind besser – ein Stück Obst zum Beispiel.

Was natürlich in der Pause auch hilft, ist ein Power Nap (in normalem Deutsch ein »Nickerchen«), da ein kurzer Mittagsschlaf bewiesenermaßen dein Gehirn extrem entspannt. Wenn du abends lernst oder nicht müde bist, kannst du als Alternative auch eine kurze Meditation machen. Das hat ähnliche Effekte wie ein Power Nap, aber beruhigt dich auch unterbewusst. Falls du nicht der große Meditierer und eher von der aktiven Sorte bist, sind Dehnübungen oder aktive Übungen wie zum Beispiel Liegestütze oder um den Block laufen gut. Achte aber wie beim Essen darauf, dass du jetzt kein extrem anstrengendes Workout durchziehst. Mach die Übungen nur so lange, bis du dich fit, aber nicht erschöpft fühlst. Ideal ist, wenn du diese Aktivität draußen machst, weil du so gleichzeitig Sauerstoff beim Bewegen tanken kannst.

Lernzeiten planen

Ein Tipp, der nicht so oft erwähnt wurde in den Interviews, aber ziemlich logisch ist, ist, dass du am Wochenende lernen solltest, da du unter der Woche nach der Schule vielleicht noch andere Hobbys hast (die du zum Ausgleich auch unbedingt beibehalten solltest) oder einfach schon durch die Schule so erschöpft bist, dass du nicht mehr viel machen kannst. Viele wissen das, machen es aber es nicht. Wenn du besser werden willst, solltest du, anstatt dich Freitag- bis Sonntagabend zuzukippen, vielleicht mal am Freitag feiern gehen, aber dann Samstag und Sonntag zu Hause bleiben und was für die Schule machen. Du musst dich ja nicht mal den ganzen Tag hinsetzen. Wenn du dich (nach dem Ausnüchtern von Freitagnacht) an beiden Tagen nur für ein bis drei Stunden hinsetzt, wirst du sehen, wie einfach es auf einmal in der Schule wird.

Damit du gut zwischen Lernzeit und Freizeit trennen kannst, empfehlen sehr viele 1,0er-Schüler, einen Kalender zu benutzen, egal ob online oder offline. So kannst du dir die Zeit zum Freundetreffen oder auch mal Chillen einplanen. Mit einem Kalender zwingst du dich aber auch, die Lernzeiten einzuhalten, und die Chance ist höher, dass du dich an deine kontinuierliche Lernroutine halten wirst. Außerdem macht es extrem glücklich, wenn du merkst, dass du dank deines Kalenders eine Routine hast, die dich in der Schule besser macht, und gleichzeitig genug Zeit für ein ganz normales Teenagerleben bleibt. Ich persönlich würde dir den (kostenlosen) Google-Kalender empfehlen. Wenn du ein Android-Handy hast, ist die App automatisch auf deinem Handy, wenn du ein iPhone hast, kannst du dir die App einfach herunterladen. Da du sehr wahrscheinlich einen Google-Account hast, kannst du dich mit diesem einfach anmelden. In der App kannst du extrem einfach und übersichtlich alle deine wichtigen Termine eintragen, ohne großen Schnickschnack. Mit dem Google Kalender hast du alle wichtigen Features übersichtlich dargestellt.

Tote Zeit

1,0er-Schüler nutzen ihre Zeit effektiv und haben dadurch genug Zeit zum Lernen und gleichzeitig auch viel Freizeit. Das Geheimnis ist: »Nutze tote Zeit.« Was meine ich damit? »Tote Zeit« ist Zeit, in der du nichts Vernünftiges machen kannst. Das beste Beispiel sind die lange Mittagspause und Freistunden. Abgesehen von Döner essen gehen versuchst du meistens einfach nur, die Zeit bis zur nächsten Stunde totzuschlagen. Das ist aber die perfekte Chance, um zu lernen. So geht die Zeit schneller vorbei und du musst zu Hause nicht so viel tun. Da extrem viele Schüler mit dem Bus oder Auto zur Schule fahren, kann auch diese tote Zeit perfekt zum Lernen genutzt werden (solange dir nicht schlecht wird). Wenn du dir in dieser Zeit einfach noch mal anguckst, was du in den letzten Stunden gemacht hast, wirst du deinen Klassenkameraden weit voraus und viel schneller im Thema drin sein. Nutze die tote Zeit in deinem Leben, um weiter chillen zu können und bessere Noten zu bekommen.

Lerntypen

Ein paar 1,0er-Schüler haben empfohlen, zu versuchen, seinen eigenen Lerntyp herauszufinden. Setz dich in den Ferien (am besten den Sommerferien) mal hin und probiere verschiedene Lerntechniken aus. Vielleicht findest du so Lerntechniken, mit denen du schneller lernen kannst.

Ich gebe dir hier einen Miniüberblick über Lerntypen und wie du herausfindest, welcher du bist und wie du perfekt lernen kannst.

Visueller Lerntyp

Wenn du zu den Leuten gehörst, die bei einer Gruppenarbeit immer sagen: »Warte, ich muss mir das erst mal angucken«, ist die Chance sehr hoch, dass du ein visueller Lerner bist. Der visuelle Lerntyp lernt am besten mit Schaubildern, Bildern und Mindmaps. Wenn du denkst, dass du dieser Lerntyp bist, versuche, vor der nächsten Klausur mehr mit Videos, zum Beispiel vom simpleclub, zu lernen, da diese sehr auf den visuellen Lerntyp zugeschnitten sind.

Auditiver Lerntyp

Gehörst du zu den Menschen, die Lehrer lieben, die nur erzählen und nie wirklich Arbeitsphasen in ihren Unterricht einbauen? Wenn du nicht nur einfach faul bist und nicht arbeiten möchtest, bist du dann wahrscheinlich ein auditiver Lerner. Dann hast du sehr viel Glück, da die Schule mit dem ewigen »Lehrer erklärt, Klasse hört zu«-Unterricht am stärksten auf den auditiven Lerntyp ausgerichtet ist. Wenn du für deine Klausuren lernst, solltest du ausprobieren, dir selber mit einer Audioaufnahme das Thema zu erklären und dir dann immer diese Aufnahme anzuhören, wenn du zum Beispiel joggen gehst oder im Bus sitzt. Auch wenn es am Anfang komisch ist, seine eigene Stimme zu hören, hast du den Luxus, passiv sehr gut lernen zu können.

PS: Versuche, deine Aufnahme auch mal leise zu hören, wenn du schläfst. Da dein Kopf entspannt ist, ist es einfacher für dein Gehirn, das Wissen abzuspeichern.

Haptischer/motorischer Lerntyp

Wenn du zu den Menschen gehörst, die immer alles selber machen müssen, es lieben, selber anzupacken, und schon immer gut darin waren, mit den Händen irgendetwas herzustellen, ist die Chance hoch, dass du ein haptischer Lerntyp bist. Leider ist die Schule überhaupt nicht auf den haptischen Lerntyp ausgerichtet. Das heißt jetzt aber nicht, dass du die Schule schmeißen musst, um Handwerker zu werden. Gerade dieser Lerntyp muss beim Lernen aber irgendetwas machen. Probiere vor der nächsten Klausur aus, dir selber Mindmaps zu zeichnen oder das Gelernte laut aufzusagen. Besonders der motorische Lerntyp profitiert extrem, wenn er beim Lernen herumläuft. Probiere das also unbedingt mal aus.

Kommunikativer Lerntyp

Wenn du dich vor deinen Klausuren am liebsten jeden Tag mit deinen Klassenkameraden zum Lernen treffen würdest, ist die Chance sehr hoch, dass du ein kommunikativer Lerntyp bist. Dass in der Schule Gruppenarbeit immer mehr eingesetzt wird, ist eine gute Nachricht für dich. Wenn du dieser Lerntyp bist, hilft es dir, wenn du dich mit vielen gut verstehst, da keiner mit jemandem nach der Schule lernen will, der einen in der 5. Klasse gemobbt hat. Versuche, vor der Klausur mit mehreren verschiedenen Leuten zusammen zu lernen, da jeder ein Thema anders erklärt. Wenn deine Freunde nicht nach der Schule lernen wollen, ist die lange Mittagspause perfekt, um für 20 Minuten zusammen zu lernen, da niemand wirklich was in der Mittagspause macht und dein Kumpel oder deine Freundin dann keine Ausrede hat.

Wenn du jetzt gerade verwirrt bist, da zwei Lerntypen auf dich zutreffen, ist das überhaupt nicht schlimm. Die meisten Leute sind eine Mischung aus zwei Lerntypen. Dann solltest du einfach die verschiedenen Tipps beim Lernen vor der Klausur vermischen – schau einfach, was für dich funktioniert.

Nach der Klausur ist vor der Klausur

Wenn du deine Klausur zurückbekommst, solltest du dir, neben der Note, sofort angucken, was du falsch gemacht hast, und deine größten Fehler analysieren. Auch wenn du die beste Note der ganzen Stufe, aber nicht alles zu 100 Prozent richtig hast, solltest du dir deinen einen Fehler angucken und dich fragen: »Warum habe ich diesen Fehler gemacht?« Wenn du einen Fehler nicht verstehst, gehe zu deinem Lehrer und frage, was du falsch gemacht hast, um ihn in der nächsten Klausur zu vermeiden. Falls du nicht die allerbeste Klausur hattest, gehe zu den Besten aus deinem Kurs und frage, ob du dir ihre Klausur anschauen und mit deiner eigenen vergleichen kannst. So siehst du, was du verbessern musst und was du alles schon gut machst. Wenn du dann irgendwann die beste Klausur schreibst, in egal welchem Fach, solltest du dasselbe für andere machen und ihnen weiterhelfen, damit auch sie dir in den Fächern helfen, in denen du Probleme hast.

Auswendiglernen

Dafür musst deine eigene Strategie finden. In diesem Abschnitt stelle ich dir mal ein paar Strategien vor, die die 1,0er-Schüler empfohlen und für das Abitur genutzt haben:

Das Allerwichtigste beim Auswendiglernen ist, dass man es kontinuierlich macht. Deswegen solltest du versuchen, zum Beispiel Vokabellernen in deine Tagesroutine einzubauen. Gute Zeitpunkte zum Auswendiglernen sind Busfahrten oder vor dem Schlafengehen. Lern am besten, bevor du schlafen gehst, da dein Gehirn die Information dann über Nacht besser abspeichern kann. Sei dir immer sicher, dass du alle Vokabeln kannst. Dich selber zu bescheißen bringt nichts. Es lohnt sich, noch mal die drei Vokabeln zu lernen, die einfach nicht in deinen Kopf reingehen, weil die Chance sehr hoch ist, dass viele genau wie du mit diesen Vokabeln auch Probleme haben und der Lehrer das auch weiß und sie abfragen wird.

So komisch es klingen mag: Der am häufigsten von 1,0er-Schülern genannte Tipp war, sich beim Auswendiglernen zu bewegen. Einer erzählte mir sogar, dass er Pausen beim Auswendiglernen machen musste, weil ihm beim Im-Kreis-Laufen schlecht wurde. Am besten ist, wenn du draußen einen Spaziergang machst und dann mit Karteikarten den Stoff zum Auswendiglernen durchgehst. Denn es ist wissenschaftlich bewiesen, dass du in der Natur besser lernen kannst. Auch wenn es sich zuerst komisch anhört, beim Lernen herumzulaufen, würde ich dir empfehlen, es einfach mal auszuprobieren.

Du solltest immer versuchen, mit allen Sinnen und Emotionen zu lernen. Wenn du zum Beispiel mit Bildern lernst, beziehst du auch die rechte Gehirnhälfte, die für Kreativität zuständig ist, beim Lernen ein. Dadurch wirst du zehnmal einfacher Dinge auswendig lernen. Ein paar 1,0er-Schüler haben deswegen empfohlen, besonders schwierige Definitionen mit Bildern zu lernen. Eine meiner Interviewpartnerinnen hat zum Beispiel beim Lernen für ihre mündliche Bioprüfung schwierige oder markante Wörter mit Bildern ausgetauscht. Sie hat zum Beispiel für das Wort »Genpool« einfach einen Pool gemalt oder bei dem Wort »Stammesentwicklung« einen Baumstamm. Sie hat dann am Ende nur noch mithilfe der Bilder gelernt und so mit der kreativen Komponente die Definitionen viel einfacher behalten.

Die perfekte Vorbereitung auf die Abiturprüfungen

Der Fehler Nummer eins, den die meisten Schüler beim Lernen für das Abitur machen, ist, dass sie zu spät anfangen zu lernen. Durchschnittlich haben die meisten 1,0er-Schüler, die ich interviewt habe, vier Wochen vor ihrer ersten Prüfung angefangen zu lernen. Natürlich gab es auch ein paar Ausnahmen, die drei Monate vorher angefangen haben zu lernen oder erst ein paar Tage vor ihren Prüfungen. Beides ist aber nicht empfehlenswert, da es überhaupt nichts bringt, Monate vorher anzufangen, da du bis zu deinen Prüfungen dann eh wieder alles vergessen hast. Genauso hirnrissig (wenn man nicht gerade so intelligent wie Einstein ist) ist es aber auch zu versuchen, in nur ein paar Tagen den ganzen Stoff zu lernen.

Was 1,0er-Schüler von durchschnittlichen Schülern abhebt, ist, dass sie nicht nur in den letzten Wochen vor den Prüfungen auf das Abi hinarbeiten, sondern seit der Einführungsphase die Abiturprüfungen vor Augen haben. Deine Note in der Abiprüfung entscheidet sich nicht wirklich in den Wochen vor der Prüfung, sondern in den Jahren davor. Die meisten 1,0er-Schüler sagten, dass sie in den Wochen vor den Prüfungen nur noch wiederholt hätten und das meiste durch die Jahre davor schon konnten. Dadurch waren sie beim Lernen und in der Prüfung viel weniger gestresst. Das zeigt, wie wichtig es ist, schon in den Jahren davor richtig Gas zu geben und zu versuchen, jedes Thema in den Abiturfächern so nachhaltig wie möglich zu lernen, damit du am Ende nur noch runterschreiben musst, was du eh schon weißt.

Eine weitere Sache, die 1,0er-Schüler beim Lernen anders machen, ist, dass sie in den Jahren der Oberstufe ihre Lernzettel (Lernzettel sind Blätter, auf denen du strukturiert alle wichtigen Informationen zu einem Thema aufschreibst) vor den Klausuren so gut schreiben, dass sie dieselben Lernzettel auch für ihre Abivorbereitung nutzen können. So sparst du extrem viel Zeit und kannst viel entspannter an deine Vorbereitung gehen. Siehe dazu auch das Kapitel zum Notizenmachen.

Auch ganz wichtig: Wenn du für dein Abitur lernst, darfst du auf gar keinen Fall »auf Lücke« lernen. Das klappt vielleicht bei unwichtigen Klausuren, aber nicht bei der Prüfung, die über dein ganzes Leben entscheidet.

Den richtigen Lernzeitraum finden

Du musst dich selbst einschätzen, um zu wissen, wie lange es dauern wird, den ganzen Stoff zu lernen, und wie konsequent und wie viel du wirklich an einem Tag lernen kannst. Da du aber sehr wahrscheinlich kein 1,0er-Schüler bist, würde ich dir empfehlen, mehr Zeit als vier Wochen einzuplanen, um sicherzugehen. Ich empfehle dir die Vier-Wochen-Frist nur, wenn du entweder in den beiden Jahren vor der Abiprüfung immer kontinuierlich die Lernroutine (siehe nächstes Kapitel) durchgezogen und 90 Prozent des Stoffes schon in der Schule verstanden hast oder wenn du in den vier Wochen jeden Tag mehrere Stunden lang effektiv lernen kannst. Wenn das nicht auf dich zutrifft, würde ich dir empfehlen, etwa sechs bis acht Wochen vor deiner ersten Prüfung anzufangen zu lernen. Genauso wie bei Klausuren geht es auch bei den Abiprüfungen eher darum, immer wenig Stoff kontinuierlich zu lernen, anstatt alles in den letzten zwei Wochen vor der Prüfung.

Nimm die Zeiträume oben als Anhaltspunkte. Es ist wirklich schwer, eine generelle Empfehlung zu geben, da jeder Mensch anders ist und anders lernt. Außerdem machen die Fächer, für die du lernen musst, einen großen Unterschied. Zum Beispiel solltest du für Mathe früh anfangen zu lernen, weil die Abläufe wirklich in Fleisch und Blut übergehen müssen. In Geschichte dagegen bringt es nichts, zu früh anzufangen, weil du sonst auswendig gelerntes Wissen bis zur Prüfung wieder vergisst. Außerdem hängt auch viel davon ab, wie deine Prüfungen zeitlich liegen. Musst du alle Prüfungen in zwei Wochen absolvieren oder musst du über vier Wochen nur jede Woche eine Prüfung schreiben? Versuche, dir mit diesen

Indikatoren eine Wochenanzahl zwischen vier und acht Wochen festzulegen. Lerne aber lieber eine Woche zu viel als zu wenig.

Mach dich nicht verrückt

Was beim Lernen fürs Abi auch extrem wichtig ist: Lass dich nicht verrückt machen. Dein Umfeld wird unterbewusst nervös sein in der Vorbereitungszeit, da die Leute entweder aus ihrer eigenen Vergangenheit wissen, wie wichtig die Vorbereitung für die Endnote ist, oder sie haben nie das Abitur gemacht und sind noch nervöser, weil sie nicht wissen, wie sie dir am besten helfen können. Du darfst dich nicht von dieser Nervosität anstecken lassen.

Fang auf keinen Fall an, dich mit deinen Freunden zu vergleichen. Jeder lernt anders. Finde einfach dein eigenes Lerntempo über die Jahre und schätze ab, wie viel du schon weißt. Lass dich auch nicht von irgendwelchen Leuten runtermachen, nur weil du früher anfängst zu lernen. Auch wenn es Leute gibt, die nur einen Tag lernen müssen, schneiden oft die Leute, die zu »cool« sind, um früh anzufangen zu lernen, im 3er-Bereich ab.

Falls du mal bei einem Thema hängen bleibst, keine Panik. Überspring es erst mal und komm später mit neuer Energie zu dem Thema zurück. Falls du eine Lernblockade hast und es dir zeitlich leisten kannst (wenn du vier Wochen vor den Prüfungen anfängst, kannst du das locker), solltest du dir auch mal einen halben oder sogar einen ganzen Tag vom Lernen freinehmen. So kommst du mal aus deiner Lernumgebung raus und wirst mit neuer Kraft zurückkommen. Mache aber auf keinen Fall mehr als einen Tag frei, weil du sonst aus deinem Lernfluss herauskommst.

Planung ist das halbe Abi

Am Anfang der Vorbereitung solltest du dir einen ungefähren Lernplan erstellen, mit dem du grob planst, wann du welches Thema lernst. Du solltest aber sehr viel Puffer einplanen und nicht zu stark verzweifeln, wenn du dich am Ende nicht immer zu 100 Prozent an den Lernplan hältst, da es doch immer irgendwie anders rausläuft.

Wenn du anfängst zu lernen, fang am besten mit den Themen an, die du noch nicht so gut kannst. So beseitigst du am Anfang deine größten Probleme und musst dich am Ende, wenn die Prüfung näher rückt und die Nervosität vielleicht auch hochgeht, nur noch mit den Themen herumschlagen, die du eigentlich schon gut kannst.

Ganz am Anfang, noch bevor du einen Lernplan machst, solltest du dich hinsetzen und deine Aufzeichnungen checken. Hast du alle Materialien? Hast du vielleicht mal etwas verpasst, als du gefehlt hast? Diese wichtige Frage kannst du am besten beantworten, indem du deinen Lehrer fragst, welche Themen du alle haben solltest, oder dir den Hefter des Klassenbesten ausleihst und ihn mit deinem vergleichst. Am besten machst du beides, da der Lehrer vielleicht nicht mehr genau weiß, welche Aufzeichnungen oder Arbeitsblätter er wann genau rausgegeben hat. Achte aber darauf, dass du dir früh genug den Ordner deiner Mitschüler ausleihst, da keiner seinen Ordner mit allen Aufzeichnungen ein paar Wochen vor den Prüfungen rausrückt.

Quellen fürs Lernen

Auf die Frage, mit welchen Quellen die 1,0er-Schüler gelernt haben, wurden extrem oft die Abiturprüfungshefte vom STARK Verlag für die Vorbereitung empfohlen. Du solltest aber nicht alle Aufgaben im Heft durcharbeiten, weil das einfach zu lange dauert. Die 1,0er-Schüler haben empfohlen, für Fächer, in denen du einen Text schreiben musst (Sprachen, Gesellschaftswissenschaften), lieber intensiv die Musterlösungen zu studieren, weil du dann genau weißt, was von dir in der Abiprüfung erwartet wird. Es dauert viermal länger, eine Aufgabe zu beantworten, anstatt genau die Musterlösung durchzuarbeiten. In Mathematik und den Naturwissenschaften funktioniert diese Strategie natürlich nicht, da musst du während der Vorbereitung so viele Aufgaben wie möglich selbst durchrechnen.

Abgesehen von den »STARK-Heften« wurden noch das eigene Lehrbuch und auch externe Bücher sehr empfohlen, da interessanterweise

Lehrer das Lehrbuch nicht wirklich intensiv nutzen und externe Bücher die Themen noch mal aus einer anderen Perspektive erklären. Viele haben auch Erklärvideos, wie zum Beispiel die in der simpleclub-App, für die Abivorbereitung empfohlen. Du solltest aber aufpassen, dass du nur die Grundthemen mit Videos wiederholst, da Experten und auch viele der 1,0er-Schüler sagten, dass diese Lernvideos nicht sehr in die Tiefe gehen. Abgesehen von den Videos kannst du das Internet auch zum Nachgucken von Begriffen nutzen. Sei allerdings vorsichtig: Manche Quellen im Internet beinhalten Fehler und es wäre einfach peinlich, wenn du das Falsche lernst. Nicht mal Wikipedia ist immer richtig.

Lernpartner, Gruppe oder lieber alleine?

Auf diese Frage haben viele 1,0er-Schüler empfohlen, dass ein Lernpartner auf dem gleichen Wissenslevel wie du, mit dem du dich idealerweise ergänzt, extrem hilfreich ist. Für viele ist es aber eine Typsache. Die meisten 1,0er-Schüler haben alleine gelernt und sich dann am Ende mit anderen abgestimmt und das Gelernte verglichen, anstatt zusammen zu lernen. Es kommt darauf an, was für ein Typ du bist.

Wenn du konzentriert mit anderen zusammen lernst, ohne Zeit zu verschwenden oder vom Thema abzukommen, ist das eine sehr gute Sache. Wenn du schlecht bist, solltest du versuchen, mit besseren zusammen zu lernen, weil du dann von ihrem Wissen mit profitieren kannst. Wenn du gut bist, kann es dir auch noch mal sehr helfen, wenn du die Themen einem schlechteren Schüler erklärst, weil du dann automatisch beim Erklären das Thema noch mal deutlich besser verinnerlichst. Kurz gesagt: Wenn du es magst und die richtigen Partner hast, kann es sehr hilfreich sein. Aber wenn du lieber alleine lernst, geht das auch.

Action: Falls du heute noch lernst oder Hausaufgaben machen musst, beachte die in diesem Kapitel beschriebenen Tipps.

Zusammenfassung für Faule

1. Schaffe komplette Stille in deinem Zimmer, wenn du lernst. Keine Musik, leg dein Handy weg. Wenn du lernst, dann lernst du.
2. Denke daran, dass du zwischen Lernsessions Pausen machen solltest. So tankt dein Körper Energie und du kannst danach viel besser weiterlernen.
3. Gehe auf keinen Fall in deinen Lernpausen an dein Handy.
4. Nutze tote Zeit. Das ist Zeit, in der du eigentlich nichts machst, wie zum Beispiel Bus- oder Autofahrten.
5. Laufe das nächste Mal ein wenig herum, wenn du etwas auswendig lernst. Es bewirkt Wunder.
6. Du solltest ungefähr sechs bis acht Wochen vor deiner ersten Abiprüfung anfangen, intensiv zu lernen.
7. 1,0er-Schüler arbeiten seit der Einführungsphase auf die Abiprüfungen hin. Durchschnittliche Schüler starten erst zwei Wochen davor. Das ist zu spät!
8. Es ist typabhängig, ob du besser alleine oder in Gruppen lernst.

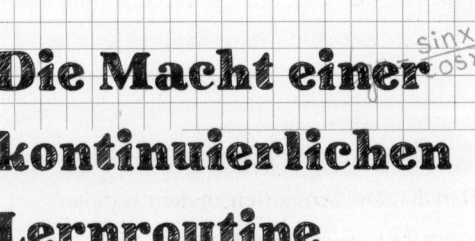

Die Macht einer kontinuierlichen Lernroutine

»Man muss eine Routine bekommen.«
Julian G.

»Lieber öfter und kürzer als weniger und länger lernen.«
Alina M.

Ein großer Unterschied zwischen 1,0er-Schüler- und durchschnittlichen Schülern ist das kontinuierliche Lernen. Wenn du das nicht machst, verschenkst du eine unglaublich große Chance und wirst ein viel schlechteres Abitur bekommen, als du verdient hättest.

Lass mich raten, wie deine Lernstrategie aussieht: Vor Arbeiten oder Klausuren fängst du immer frühestens drei Tage und meistens erst einen Tag vorher an zu lernen. Du haust dir alles so schnell wie möglich in den Kopf. Dann gehst du in die Klausur und hoffst, dass du genug auswendig gelernt hast, um eine halbwegs gute Note zu bekommen. Einen Tag später hast du alles Gelernte wieder vergessen. Am Ende bekommst du eine 3 oder, wenn es gut gelaufen ist, eine 2.

Wenn das zum Glück NICHT deine Lernstrategie ist, bist du auf dem besten Weg, ein Top-Abi zu bekommen und 99,9 Prozent aller Schüler voraus. Wenn du dir gedacht hast, als du den letzten Abschnitt gelesen hast: »Das trifft genau auf mich zu«, dann habe ich eine gute und eine schlechte Nachricht für dich. Die gute ist, dass du gerade auf dem besten Weg bist, diese schlechte Lernstrategie über Bord zu werfen und endlich auf die Überflieger-Bahn zu kommen. Die schlechte ist, dass es sehr schwer sein wird und sehr viel Disziplin verlangt, eine Lernstrategie, die man sich über Jahre angewöhnt hat, zu verändern und dann bei der neuen dranzubleiben. Wenn du aber diese Veränderung meisterst, bist du nicht nur in der Schule auf der Überholspur, sondern auch im Leben, weil sich kontinuierlich verbessern zu können in jedem Bereich deines Lebens riesige positive Veränderungen hervorruft.

»Kontinuierlich« ist das Zauberwort

Anstatt immer nur einen bis drei Tage vor einer Klausur anzufangen zu lernen, solltest du jeden Tag für mindestens ein Fach lernen. Das ist jetzt für dich bestimmt ein Schock und du sagst dir: »Das werde ich nie im Leben machen!« Ich rede aber nicht vom stundenlangen Lernen wie vor einer Klausur. Du solltest ungefähr 10 bis 20 Minuten für ein Fach an einem Tag lernen.

Wenn du in ein paar Fächern schlecht bist, zum Beispiel Mathe und Deutsch, dann such dir im Internet Aufgaben heraus oder benutze dein Buch und rechne 10 bis 20 Minuten jeden Tag nach der Schule Matheaufgaben. In den Sprachen kannst du zum Beispiel in 10 bis 20 Minuten einen Text schreiben. So musst du täglich allerhöchstens 40 Minuten lernen.

In Fächern, in denen du gut bist, kannst du dir am Wochenende angu-cken, was ihr über die Woche so gemacht habt und ob du alles verstanden hast. Wenn nicht, dann kannst du dir in der nächsten Woche an drei Ta-gen noch mal nach der Schule für 10 bis 20 Minuten die Themen angucken und verstehen. Versuche, unter der Woche nach der Schule allerhöchs-tens drei Fächer zu bearbeiten. Da du schon den ganzen Tag in der Schule warst, kannst du nach einer Stunde Extralernen nicht mehr wirklich et-was aufnehmen. Passe außerdem deine Lernroutine an die Menge deiner Hausaufgaben an. Wenn du am Nachmittag drei Stunden lang Hausaufga-ben machen musst, bringt es nichts, wenn du danach noch mal eine Stun-de deine Lernroutine durchziehst. Hausaufgaben und Lernroutine sollten an Schultagen nicht mehr als zwei Stunden beanspruchen, da es so etwas wie Freizeit auch noch gibt. Du solltest aber nie irgendwelche Defizite in Fächern als »nicht so wichtig« einstufen.

Wenn du viele Probleme in verschiedenen Fächern hast, dann versu-che, mehr am Wochenende zu machen. Im Notfall mach Samstag und Sonntag zu einem Schultag und lerne von 9 Uhr morgens bis 15 Uhr. Du solltest aber auf jeden Fall genug Freizeit haben und dich auch ausruhen. So kann sich dein Gehirn entspannen und bereit machen, neues Wissen aufzunehmen. Wenn du 24/7 lernen würdest, hättest du nach ein paar Tagen einen Hass auf das Lernen, und du könntest dir auch nichts mehr merken. Das würde in einem Teufelskreislauf enden, da du dann automa-tisch schlechter lernen kannst und es dann noch länger dauert, um sich Wissen anzueignen.

Mach es dir zur Gewohnheit, dich am Wochenende kurz hinzusetzen und dir anzugucken, was du so in der Woche Neues gelernt hast. Nimm dir all deine Hefter und geh die neuen Arbeitsblätter und Mitschriften durch. So merkst du, ob du alles verstanden hast und wo du noch Proble-me hast. Dabei kannst du auch checken, ob alle deine Arbeitsblätter und Mitschriften in deinen Hefter oder Ordner eingeheftet sind; außerdem kannst du überprüfen, ob du vielleicht noch Hausaufgaben hast. Ich würde dir empfehlen, das am Sonntag zu machen, da eh niemand wirklich etwas an einem Sonntag macht. Wenn du alles neu Gelernte wirklich verstanden hast, kannst du einen Haken hinter diese Woche machen und entspannt in die neue Woche gehen.

Wenn du jeden Tag 10 bis 20 Minuten für ein bestimmtes Fach lernst, lernst du in der Woche zwischen 70 und 140 Minuten. In einem Monat lernst du ungefähr 280 Minuten bis 560 Minuten. Das sind über vier beziehungsweise neun Stunden. Es ist fast unmöglich, da nicht besser zu werden!

Mit Lernroutine wird alles einfacher

Wenn du es schaffst, diese Lernroutine in deinen Alltag einzubauen, wird das extrem viele Vorteile für dich haben:

1. Du musst vor deinen Klausuren fast gar nichts mehr lernen, sondern nur noch zur Sicherheit den Stoff zur Auffrischung durchgehen.
2. Mit der Lernroutine fällt extrem viel Stress von dir ab und du wirst dadurch viel bessere Noten schreiben.
3. Auch wenn deine Mitschüler über Stunden in den Tagen vor den Klausuren lernen und du mit deinen Freunden feiern gehst, hast du immer noch mehr Wissen in der Klausur, weil du in den Wochen davor schon so viel Lernzeit hattest.
4. Die Lernroutine wird irgendwann wie Zähneputzen und es kommt dir gar nicht wirklich wie Lernen vor.

Die kontinuierliche Lernroutine ist zusammen mit dem mündlichen Masterplan das allerwichtigste Konzept, um deine Noten unglaublich zu verbessern. Deswegen hoffe ich, dass dich dieses Kapitel überzeugen konnte, es zumindest mal auszuprobieren. Fange mit 10 oder 20 Minuten jeden Tag an und steigere dich dann. Die Kontinuität ist der Schlüssel, nicht die Länge der Lernroutine.

Action: Starte jetzt in diesem Moment (wenn nicht gerade später Abend ist) deine kontinuierliche Lernroutine. Hole für irgendein Fach deine Materialien raus und wiederhole das Material noch mal für zehn Minuten.

Zusammenfassung für Faule

1. 1,0er-Schüler lernen kontinuierlich und haben deswegen mehr Freizeit. Wenn du erst einen Tag vor der Arbeit anfängst zu lernen, bist du höchstwahrscheinlich ein schlechter Schüler.

2. Die kontinuierliche Lernroutine ist neben dem mündlichen Masterplan das allerwichtigste Konzept im ganzen Buch.

3. Wenn du jeden Tag ein bisschen lernst, kommt es dir nicht mehr wie Lernen vor. Da sich diese kurzen Lernsessions summieren, lernst du effektiver als alle anderen.

4. Fange an, jeden Tag zehn Minuten zu lernen, und lasse die Magie passieren ...

»Circa ein Drittel unserer Schule ist mal abgebrannt« – simpleclub im Interview

Als ich die Zusage für ein Interview mit Alex und Nico vom simpleclub bekommen habe, war ich auf Wolke sieben. Ich hatte die Möglichkeit, die beiden Typen zu interviewen, die mich durch viele Arbeiten gebracht hatten und wegen denen ich mir die Frage gestellt habe, ob man Lehrer zum Erklären eigentlich noch braucht. In diesem Kapitel gebe ich dir die Highlights aus dem Interview.

Frage: Was ist das Verrückteste/Absurdeste, was ihr in eurer Schulzeit erlebt habt?

simpleclub: Circa ein Drittel unserer Schule ist mal abgebrannt, weil zwei Schüler nachts eingebrochen sind und im Lehrerzimmer »aus Versehen« ein kleines Feuer entfacht haben.

Frage: Was denkt ihr, sind die ausschlaggebenden Fähigkeiten, die einen Top-Schüler von einem schlechten Schüler unterscheiden?

simpleclub: Die wichtigste Fähigkeit ist, Dinge wirklich zu verstehen. Viele Schüler lernen den Stoff einfach auswendig und hoffen, ihn in der Klausur wiedergeben zu können. Das funktioniert auch gut, solange der Lehrer genau diesen Stoff abfragt. Sobald aber die ersten Transferaufgaben kommen, kann man das vergessen. Deshalb ist es enorm wichtig, das Gelernte so tief zu verstehen, dass man es sich selbst herleiten kann. Gute Schüler verstehen die Zusammenhänge zwischen verschiedenen Themen und denken mit. Das passiert, indem sie nicht nur oberflächlich lernen, sondern bei jedem Schritt genau hinterfragen, warum das gerade so passiert. Wenn man das verstanden hat, ist es zwar am Anfang anstrengender zu lernen, allerdings wird es mit der Zeit immer einfacher, weil man sich viele Dinge schon denken kann, bevor man sie »gelernt« hat.

Frage: Was ist der größte Fehler, der die meisten Schüler von Top-Noten abhält?

simpleclub: Nicht genug Übung. Viele haben das Thema zwar grundsätzlich verstanden, aber ihnen fehlt es an der Routine, das Gelernte anzuwenden. Gerade in Mathematik ist es enorm wichtig, so viele Übungsaufgaben wie möglich zu machen, damit man sich sicher sein kann, dass man alles perfekt verstanden hat. Das ist übrigens auch der Grund, warum wir von YouTube weggegangen sind und uns inzwischen komplett auf unsere Lernapp simpleclub fokussieren. Dort können wir nämlich neben den Videos als Wissensvermittlung auch passende Aufgaben anbieten.

Frage: Was ist das Wichtigste beim Lernen?

simpleclub: Unserer Meinung nach ist es das Wichtigste, zwei Dinge zu tun: Erstens: Das Thema muss wirklich verstanden werden. Das passiert, indem man sich ständig selbst fragt, warum Dinge so passieren, wie sie passieren. Zweitens: Das Gelernte muss man anwenden können. Das passiert, indem man mit so vielen Übungsaufgaben wie möglich arbeitet. Durch diese Kombination sorgt man auch dafür, dass das Gelernte über einen längeren Zeitraum zugreifbar bleibt und nicht direkt nach der Klausur vergessen wird.

Frage: Sollte man eher offline oder online lernen?

simpleclub: Das ist absolut egal. Offline oder online hat ja an sich noch keine Eigenschaft. Das eine hat eine Internetverbindung, das andere nicht. Viel wichtiger ist, was auf den jeweiligen Wegen passiert. Digital hat mit entsprechenden Tools den Vorteil, dass man wirklich eine individuelle Lern-Journey erzeugen kann. Das ist auch die Vision hinter simpleclub. Wir wollen das Tool sein, das jeder Lernende auf der ganzen Welt verwendet, um Wissen auf dem schnellsten und effektivsten Weg in seinen Kopf zu bekommen.

Lerne wie im 21. Jahrhundert

> »Außerdem war es sehr hilfreich, mit YouTube zu lernen, da Themen dort sehr anschaulich dargestellt werden. Empfehlenswert hierbei sind: MrWissen2Go, Harald Lesch, simpleclub und Kurzgesagt.«
> Jonas F.

> »Ich habe immer mit dem Google Kalender gearbeitet und meinen Tagesablauf am Abend vorher durchgeplant.«
> Merlin M.

> »YouTube-Videos haben mich im Allgemeinen gut durchs Abi gebracht.«
> Carolin H.

Wenn du Bilder von der Schule von vor 100 Jahren und heute vergleichst, wirst du geschockt sein. Auch wenn heute ein paar Klassen Whiteboards haben, sehen 90 Prozent aller Klassenräume genau gleich aus wie vor 100 Jahren. Zum Glück ist in der Welt nicht, wie innerhalb der Schule, die Zeit stehen geblieben. Außerhalb der Schule gab es extrem viele Entwicklungen.

Die wahrscheinlich größte Entwicklung, die dich auch am meisten betrifft, ist das Internet. Durch das Internet musst du nicht mehr einen extrem teuren Brief über Wochen um die Welt schicken, mit einer hohen Chance, dass er irgendwo auf dem langen Weg verloren geht, sondern kannst in ein paar Millisekunden Nachrichten an Freunde schicken, die auf der anderen Seite der Erdkugel leben.

Das Internet bietet unendlich viele Möglichkeiten – es ist unglaublich, wie viele. Darum solltest du es auch nicht nur als Online-Multiplayer nutzen, sondern unbedingt auch für die Schule und für deinen Lernprozess, da die Entwicklung im Bereich Lernen fast genauso groß ist wie bei der vom handgeschriebenen Brief zur WhatsApp-Nachricht.

In diesem Kapitel stelle ich dir für jedes Fach ein paar Onlineangebote vor, wie YouTube-Kanäle, Internetseiten oder Apps. Natürlich werde ich dir auch Onlineangebote näherbringen, die man nicht genau einem Fach zuordnen kann, die dir aber immer noch in der Schule helfen werden. Viel Spaß!

Onlineangebote, die dir überall in der Schule helfen

Wikipedia: Jeder, der Wikipedia nicht kennt, lebt hinter dem Mond. Es gehört einfach zu den besten Webseiten, um schnell Wissen über ein spezifisches Thema zu bekommen. Achtung! Glaube aber nicht immer alles zu 100 Prozent, was bei Wikipedia steht. Informationen können falsch sein.

YouTube-Videos: Jeder kennt YouTube. Anstatt dir aber irgendwelche Gaming-Videos, Sportclips oder Lifestyle-Videos anzugucken, solltest du dir öfter mal Lernvideos anschauen. Du kannst eigentlich jedes Thema, was du gerade in der Schule hast, in die Suche eingeben, und du bekommst mindestens zehn gute Videos. YouTube-Videos sind das perfekte Mittel gegen Lehrer, die einfach nicht erklären können. Wenn ich zu den einzelnen Fächern komme, werde ich dir noch mal spezifische YouTube-Kanäle empfehlen.

simpleclub: Der simpleclub ist vor allem als YouTube-Kanal bekannt geworden, ist aber eigentlich viel mehr. Kein anderer hat so viele Erklärvideos über so viele verschiedene Fächer produziert und kein Onlineangebot wurde so oft von den 1,0er-Schülern erwähnt wie der simpleclub. Außerdem unterscheidet den simpleclub von »normalen« YouTube-Kanälen, dass die Jungs dahinter von YouTube weggegangen sind und alle ihre Erklärvideos nur noch kostenlos auf ihrer eigenen Lern-App abrufbar sind. In dieser Lern-App kannst du dir nicht nur Lernvideos angucken, sondern bekommst auch direkt Arbeitsblätter zu den Erklärvideos. Die App ist an sich kostenlos, du kannst dir aber auch ein Abo holen, mit der du Zugriff auf zusätzliches Material hast. Lad dir die App einfach mal runter und probiere es aus.

Kurzgesagt: Kurzgesagt ist auch ein YouTube-Kanal. Der englische Kanal »Kurzgesagt – In a Nutshell« hat zehn Millionen Abonnenten (er wird von Deutschen betrieben, deswegen der deutsche Name), die deutsche Variante »Dinge erklärt – Kurzgesagt« immerhin auch über 800 000) Der Kanal macht extrem gute und kurze Erklärvideos über die unterschiedlichsten Themen. Dieser Kanal ist top, um dein Grundwissen zu verbessern und um in manchen Themen, die in der Schule aufkommen, in ein paar Minuten Experte zu werden.

Fächer

Gucken wir uns mal die einzelnen Fächer an, da gibt's auch jede Menge gutes Material online:

Mathe

Mit Mathe haben extrem viele Menschen Probleme, weswegen es auch sehr viele YouTube-Kanäle gibt, die versuchen, deinen Matheschmerz zu lindern. In Mathe ist es sehr wichtig, dass du die Dinge wirklich verstehst; gleichzeitig ist es schwierig zu erklären. Darum schau dich um auf YouTube und schau dir verschiedene Kanäle an, da jeder YouTuber anders erklärt. So kannst du dir den raussuchen, der dein Thema für dich am verständlichsten erklärt. Den Luxus, zehn verschiedene Lehrer zu haben, die dir das Thema verschieden erklären, hast du nicht in der Schule, also nutze es.

Für Mathe haben die meisten 1,0er-Schüler die Erklärvideos in der simpleclub-App und ein paar die YouTube-Videos von »Mathe by Daniel Jung« empfohlen. Außerdem wurde der DorFuchs besonders empfohlen, um Formeln auswendig zu lernen, wie zum Beispiel die pq-Formel.

Deutsch

Da ich noch keinen Schüler getroffen habe, der wirklich gesagt hat: »Deutsch ist mein absolutes Hassfach«, ist es logisch, dass es nicht so viele YouTube-Kanäle zu Deutsch gibt. Da ich aber selber, wie in der Einleitung schon erwähnt, Probleme mit meiner Rechtschreibung habe, hat mir der Kanal »musstewissen Deutsch« oft geholfen. Hier erfährst du alles über Texttypen, Lektüren, Zeichensetzung und Rechtschreibung. Die Moderatorin des YouTube-Kanals ist sehr sympathisch und macht den sonst trockenen Stoff in Deutsch wirklich interessant. Die Webseite des Dudens hilft dir auch sehr, um zu verstehen, wann du welches Wort benutzen solltest und wie Wörter generell geschrieben werden.

Fremdsprachen

Für Sprachen gibt es bei Weitem die meisten Onlineangebote. Von Webseiten über Apps bis zu YouTube-Kanälen gibt es wirklich alles.

Auch wenn bestimmt alle den Google Übersetzer kennen, haben die meisten 1,0er-Schüler eher von ihm abgeraten, da er sehr ungenau ist.

Sie haben den PONS Übersetzer als deutlich bessere Alternative vorgeschlagen. Für Englisch ist der YouTube-Kanal »English with Lucy« und für Spanisch der Kanal »Spanisch mit Tómas« sehr empfehlenswert.

Wenn du kein Geld investieren willst, ist die beste Sprach-App von Languagecourse.net. Sie haben 38 verschiedene Apps für jede Sprache. Die App ist 100 Prozent kostenlos ohne irgendwelche Premiummodelle oder Werbung. Das einzige Problem ist, dass es die App nur im Google Play Store gibt. Apple-Nutzern empfehle ich die kostenlose App Duolingo. Sie ist sehr ähnlich und auch sehr gut.

Naturwissenschaften

Gerade für Bio, aber auch für Chemie und Physik wurde oft die simpleclub-App empfohlen. Laut den 1,0er-Schülern werden gerade in Bio die komplizierten Themen sehr gut erklärt.

Speziell die 1,0er-Schülern, die Physik als Leistungskurs hatten, haben sehr stark die Website leifiphysik.de empfohlen. Dort kannst du dir noch mal alle Themen erklären lassen und durch Onlineaufgaben überprüfen, ob du das Gelernte verstanden hast.

Wenn du Naturwissenschaften todlangweilig findest, werden Kanäle wie »maiLab«, »Terra X Lesch & Co« und »Clixoom Science & Fiction« deine Rettung sein. In ihnen wirst du an Beispielen aus dem Alltag herausfinden, warum Naturwissenschaften eigentlich extrem interessant sind.

Gesellschaftswissenschaften

Bei den Gesellschaftswissenschaften gibt es auch nicht so viele Onlineangebote. Das ist aber nicht schlimm, da man nur einen braucht: MrWissen2Go macht extrem informative, kurze und sympathische Videos über alles, was du für Geschichte und Politik wissen musst. Auf seinem Hauptkanal redet er mehr über Politik und besonders über aktuelle Themen. Auf seinem Zweitkanal »MrWissen2Go Geschichte« redet er nur über Geschichte. Ohne Witz, dieser Kanal ist perfekt für jeden, der Geschichte extrem langweilig findet und einfach schnell verstehen möchte. Und es gibt auch sehr viele Videos über Themen, die vielleicht nicht so wichtig sind für deinen Geschichtsunterricht, aber für jeden, der Geschichte wirklich mag, extrem interessant sind.

Außerdem machen *ZDF-History* und *Terra X* sehr gute Dokus über geschichtliche Ereignisse. Wenn du also mal vorarbeiten möchtest, guck dir diese Dokus an. Wenn du eher so der Netflix-Fan bist, da gibt es auch extrem gute Dokus. Gib einfach mal das Thema in die Suchleiste ein und gucke, was herauskommt.

Sport

Für Sport gibt es keinen einzigen YouTube-Kanal, den ich empfehlen könnte. Es gibt aber viele einzelne Videos, die dir eigentlich alles Sportliche zeigen, was du wissen willst – sei es, wie du einen Handstand machst oder wie du im Fußball den Rabona Flick hinbekommst. Geh auf YouTube und gib dein Thema ein, du wirst sicher fündig.

Selbstorganisation

Gerade beim Thema Selbstorganisation hat sich in den letzten 100 Jahren extrem viel getan. Da du heutzutage dein Smartphone immer bei dir hast, hast du den perfekten Terminplaner, einen Notizblock und einen To-do-Listen-Ersteller immer zur Hand. Es gibt wirklich Tausende Orga-Apps, du wirst vielleicht ein bisschen rumprobieren müssen, bis du das Richtige für dich gefunden hast. Ich persönlich empfehle dir die Apps Wunderlist (To-do-Listen), Google Kalender (Kalender) und Evernote (Notizen). Probiere sie einfach mal aus und gucke, ob sie dir gefallen. Viel Spaß bei der Suche!

P.S. Lass dich nicht von der Anzahl der Apps erschlagen ☺.

Ich hoffe, dass du dir die eine oder andere App zur Probe mal herunterlädst und zumindest in die empfohlenen YouTube-Kanäle reinschaust. Ich verspreche dir: Es wird sich lohnen und dir extrem viel Zeit sparen.

Action: Gucke dir auf jedem empfohlenen YouTube-Kanal ein Video zur Probe an und lade dir eine der kostenlosen Apps herunter, um sie auszuprobieren.

Zusammenfassung für Faule

1. Lerne mithilfe des Internets und nicht wie in der Steinzeit.
2. Guck dir unbedingt die YouTube-Kanäle »Kurzgesagt«, »MrWissen2Go« und »Clixoom Science & Fiction«, »DorFuchs« und »RedeFabrik« an.
3. Lade dir eine Vokabellern-App und die simpleclub-App herunter.
4. Lade dir die Apps Wunderlist (To-do-Listen), Google Kalender (Kalender) und Evernote (Notizen) herunter, um nicht mehr mit einem Kalender wie ein Drittklässler herumzurennen.

In den Ferien einen unaufholbaren Vorsprung aufbauen

Hast du dir auch schon mal vorgenommen, in den Ferien etwas für die Schule zu tun, und am Ende der Ferien hattest du nicht mal deine Tasche vom letzten Schultag ausgepackt? Jeder weiß unterbewusst, dass Ferien eigentlich die perfekte Zeit wären, etwas für die Schule aufzuholen oder vorzuarbeiten. In diesem Kapitel zeige ich dir, warum Ferien extrem unterschätzt werden, und wie du es schaffst, sie richtig zu nutzen.

Wie du es schaffst, kontinuierlich in den Ferien zu lernen

Du denkst dir jetzt bestimmt: »Was? Ich soll in den Ferien lernen?! Ferien sind zum Chillen da!« Ich verstehe dich komplett. In den letzten Wochen vor den Ferien zähle ich auch immer die Tage, weil Schule, besonders in der Oberstufe, extrem anstrengend ist. Aber ich verlange auch nicht von dir, jeden Tag in den Ferien acht Stunden durchzupauken. Du solltest immer ein paar Tage am Anfang der Ferien nichts machen oder etwas machen, was dir Spaß macht. Du hast dir echt eine Pause verdient.

Nach einer Woche solltest du aber anfangen. Wenn du dich an 80 Prozent der Ferientage eine Stunde hinsetzt und fokussiert lernst, hast du immer noch mehr als genug Zeit, um dich mit Freunden zu treffen oder generell Spaß zu haben. Du kannst dir die Tage aufteilen, wie du willst, aber ich würde dir empfehlen, nach der Pause am Ferienanfang loszulegen, jeden Tag eine Stunde zu lernen und damit jeden fünften Tag auszusetzen. So bleibst du dran und hast wirklich einen Vorsprung nach den Ferien.

Das Wichtige ist, dass du die Arbeit nicht als Bestrafung siehst, sondern als Chance, dich zu verbessern. Mit diesem Mindset wird es kein Problem für dich sein, nur eine von 24 Stunden zu lernen. Genau diese Einstellung ist das goldene Geheimnis der 1,0er-Schüler.

Warum in den Ferien lernen?

Hand aufs Herz: Keiner hat Bock, in den Ferien zu lernen. Fakt ist aber auch, dass nur ein dummer Mensch die riesige Chance, die die Ferien darstellen, nicht nutzt. Ich sage nur: drei Monate. So lange hast du pro Jahr Ferien. Ein Viertel des Jahres! Du hast jedes Jahr die Chance, 25 Prozent besser als deine Klassenkameraden zu werden. Wenn du deine Ferien seit der 5. Klasse nutzen würdest, hättest du bis zu deinen Abiturprüfungen einen Vorteil von zwei Jahren. Vielleicht denkst du, zwei Jahre sind kein großer Unterschied, aber gehe mal zu einem Schüler, der zwei Jahre über dir ist, und leih dir mal seine letzte Klausur aus. Oder gib einem Schüler, der zwei Jahre unter dir ist, eine von dir und guck, wie gut er klarkommt.

Wenn du das wirklich ausprobierst, merkst du, was für ein riesiger Wissensunterschied zwischen zwei Jahren ist. Diese zwei Jahre Vorsprung sind die riesige Chance!

Ich bitte dich wirklich von Herzen, es wenigstens auszuprobieren. Ich wette mit dir, dass du am ersten Schultag nach den Ferien merken wirst, dass du deinen Mitschülern weit voraus bist. Entspannung und Nichtstun in den Ferien ist aber auch sehr wichtig, damit du mit vollen Batterien wieder in die Schule startest. Versuche, ein Gleichgewicht zu finden.

Zusammenfassung für Faule

1. Nutze einen Teil deiner Ferien, um einen Riesenvorsprung vor deinen Klassenkameraden zu bekommen.
2. Fange so früh wie möglich damit an. Wenn du die Zeit ab der 5. Klasse nutzt, hast du bis zu deinen Abiprüfungen einen Vorsprung von zwei Jahren.
3. Lerne in den Ferien eine Stunde pro Tag. In den anderen 23 Stunden kannst du machen, was du willst. Im Vergleich zu acht Stunden Lernen in der normalen Schulzeit ist das nichts. Das schaffst du easy.

Die eine Sache, die alle 1,0er-Schüler machen

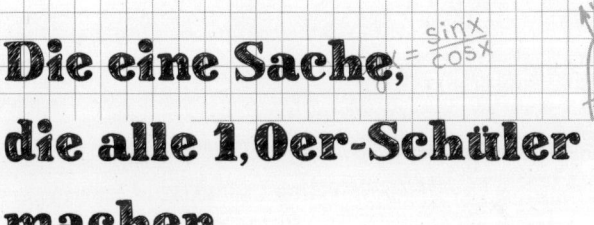

>*»Lesen ist der Schlüssel zur Bildung.«*
>Jonas S.

>*»Mir ist aufgefallen, dass die Leute, die lesen,*
>*oft überdurchschnittlich gut in der Schule sind.«*
>Mauricio P.

Als ich mit meinen Interviews angefangen habe, wusste ich nicht, was mich erwartet. Nach den ersten Interviews war ich komplett geflasht von den unglaublichen Tipps. Nachdem ich eine größere Zahl an 1,0er-Schülern interviewt hatte, war ich das zweite Mal geflasht. Zwischen den unabhängig voneinander geführten Interviews gab es unglaublich viele Übereinstimmungen. Es gab Tipps, die alle 1,0er Schüler geben. Natürlich nicht immer alle von allen. Es gab aber eine Sache, die 99 Prozent der 1,0er-Kandidaten gesagt haben:

Lesen

Abgesehen von wenigen Ausnahmen haben alle 1,0er-Kandidaten viel gelesen. Ja. So einfach.

Wie dir vielleicht schon aufgefallen ist, habe ich schon in anderen Kapiteln die Wichtigkeit des Lesens erwähnt. Lesen hat extrem viele Vorteile, auch wenn sie oft zuerst nicht sichtbar sind:

1. Lesen verbessert deine Rechtschreibung, weil du deinem Gehirn zeigst, wie Wörter richtig geschrieben werden.
2. Du erweiterst extrem deinen Wortschatz, wenn du liest, wodurch dein Ausdruck viel besser wird.
3. Du trainierst dein Gehirn, den Inhalt eines Textes schnell zu verstehen und die wichtigen Informationen herauszuziehen.

Letzteres ist der allergrößte Vorteil, wenn du liest. In jedem Fach, sogar manchmal in Mathe, bekommst du in jeder Stunde Texte, die du irgendwie bearbeiten musst. Wenn du die Fähigkeit hast, den Text schneller zu lesen, die Inhalte schneller zu erfassen und die wichtigsten Informationen schneller herauszuziehen als deine Mitschüler, ist das praktisch eine Garantie, dass du besser als sie sein wirst.

Deswegen empfehle ich dir sehr stark, anzufangen zu lesen. Such dir was, was dich interessiert. Wenn du zum Beispiel auf Physik stehst, würde ich dir empfehlen, die Bücher von Stephen Hawking zu lesen, der neben seinen unglaublichen Talenten auch noch die Gabe hatte, verständlich zu schreiben. Wenn du eher der Fußballfan bist, lies Biografien von Fußballspielern. Wenn du gar keine Sachbücher magst, dann such dir gute Romane. Ich persönlich empfehle die Reihen *Bodyguard*, *Jack Ryan*, *After*, *Die Tribute von Panem* und *Again*.

Google einfach mal nach Büchern zu den Themen, die du magst, und lies. Wenn du nicht immer mit einem Buch rumrennen möchtest, hol dir eine E-Book-App auf dein Handy (Kindle für Amazon, oder eine EPUB-App). Das Wichtigste ist, regelmäßig zu lesen. Wenn du dir am Anfang vornimmst, jeden Tag fünf Minuten zu lesen, wenn du zum Beispiel auf der Busfahrt zur Schule bist, ist das mehr als ausreichend. Wenn es dir dann anfängt Spaß zu machen, kannst du langsam die Zeit nach oben schrauben.

Action: Lade dir eine Lese-App auf dein Handy oder kaufe dir ein Buch und lies für mindestens zehn Tage jeden Tag fünf Minuten.

Zusammenfassung für Faule

1. 99 Prozent aller 1,0er-Schüler geben an, irgendwann in ihrem Leben sehr viel gelesen zu haben.
2. Lesen verbessert deinen Ausdruck, deine Rechtschreibung und deinen Wortschatz sowie die Fähigkeit, schnell zu lesen und schnell Informationen aus einem Text zu ziehen.
3. Gewöhne dir an, jeden Tag mindestens fünf Minuten zu lesen. Es wird dein Leben verändern.

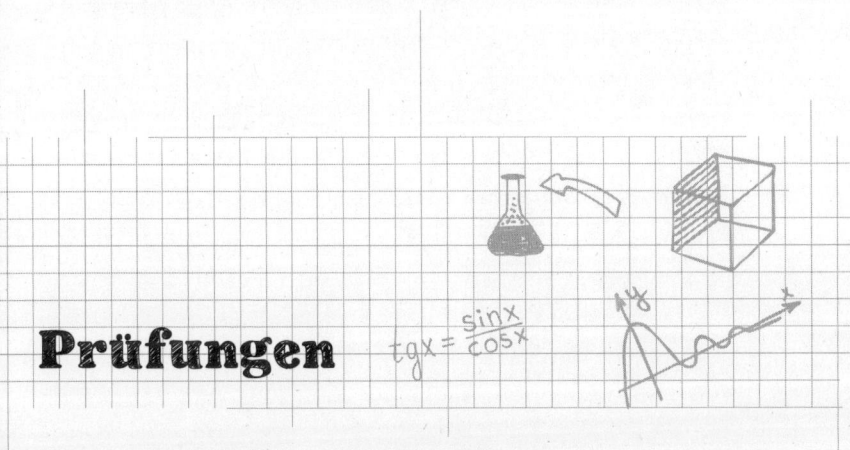

Prüfungen

> »Erst mal alles zu Papier bringen, was man kann,
> und dann das, wo man eher Halbwissen hat.«
> Maximilian L.

> »Man sollte sich so gut vorbereiten,
> sodass man entspannt in die Arbeit reingehen kann.«
> Geschwister L.

> »Lieber vor den Klausuren gut schlafen,
> anstatt noch bis zur letzten Sekunde zu lernen.«
> Maria J.

In diesem Kapitel verrate ich dir die geheimen Tipps der 1,0er-Schüler, mit denen sie in jeder Abiprüfung 15 Punkte bekommen haben. Ich verspreche dir, dass du mit diesen Tipps perfekt auf jede Klausur oder Prüfung vorbereitet bist.

99 Prozent aller 1,0er-Schüler haben im Interview gesagt, dass das A und O die Vorbereitung bei Prüfungen ist. Wenn du dich nicht gut vorbereitet hast, ist deine Chance, eine überdurchschnittliche Note zu be-

kommen, fast gleich null. Keiner der folgenden Tipps kann eine schlechte Vorbereitung ausgleichen.

Das zweitwichtigste Kriterium ist, dass du deine Aufregung kontrollieren kannst. Jeder ist vor Arbeiten und Klausuren aufgeregt, besonders vor so wichtigen Prüfungen wie den Abiprüfungen. Sogar 1,0er-Schüler, die eigentlich schon durch ihre mündlichen und schriftlichen Noten in den Jahren vor dem Abi einen Top-Abschluss in der Tasche haben, sind aufgeregt. Du solltest aber wissen, wie du diese Gefühle kontrollieren kannst, sodass du nicht Opfer deiner eigenen Aufregung wirst. Ein bisschen Lampenfieber ist sogar positiv. Wenn du Lampenfieber hast, arbeitet dein Gehirn auf Höchstleistung. Falls deine Aufregung zu stark ist, helfen besonders Atemtechniken. Lies dir dazu auch das Kapitel »Nie wieder Prüfungsangst« durch.

Den Boden bereiten

Sehr wichtige Grundlagen deines Erfolges in der Prüfung passieren schon im Unterricht. Du solltest immer dem Lehrer genau zuhören. Viele Lehrer geben kleine Tipps über die Themen oder die Aufgabentypen, die in der Klausur oder Arbeit oder Prüfung vorkommen. Also pass auf und versuche, zwischen den Zeilen zu lesen. So wirst du dich besser vorbereiten können.

Ein paar 1,0er-Schüler haben auch empfohlen, dass du dir vor der Arbeit oder Klausur vorstellst, wie das Aufgabenblatt aussehen wird. Welche Themen werden drankommen? In welcher Art von Aufgaben wird dieses Wissen abgefragt werden? Dabei hilft dir, noch mal die Aufgabentypen aus dem Unterricht anzugucken, oder alte Arbeiten/Klausuren. Es kann sein, dass der Lehrer bestimmte Aufgabentypen in jeder Klausur benutzt. In welcher Reihenfolge wird was abgefragt? Wenn du dir diese Fragen stellst, kannst du spezifischer lernen, auch wenn es natürlich keine Garantie gibt, dass du richtigliegst.

Das A und O: Aufgabenstellung verstehen

Du solltest in der Prüfung, wenn du deinen Aufgabenzettel bekommen hast, immer schnell anfangen. Verplempere keine wertvolle Zeit. Wenn du die Wahl zwischen verschiedenen Aufgaben hast, solltest du sie überfliegen und dich schnell entscheiden. Investiere aber genug Zeit, um sicher zu sein, dass die Aufgaben, die du nimmst, dir am Ende eine bessere Note bescheren. Du kannst auf keinen Fall mitten in der Prüfung wechseln. Sei dir also sicher.

Das größte Problem vieler Schüler ist nicht, dass sie das Wissen nicht parat haben, sondern dass sie die Aufgabenstellung nicht richtig beantworten. Sei kein dummer Idiot und verschenke nicht leichtfertig Punkte. Lies dir die Aufgabenstellung immer gründlich durch. Es ist nicht schlimm, wenn du sie beim dritten Lesen nicht verstanden hast. Lies sie dann einfach noch ein viertes Mal. Wenn du nach dem vierten Mal die Aufgabenstellung immer noch nicht checkst, solltest du den Lehrer fragen, ob er sie dir in anderen Worten erklären kann. Das ist 100-mal besser, als die Aufgabenstellung nur für zwei Sekunden zu überfliegen und dann wie ein blinder Ochse anzufangen, ohne überhaupt wirklich zu wissen, was du machen musst. Mache auf keinen Fall diesen Fehler. Es gibt nichts Ärgerliches, als wenn du die Antwort wusstest, aber die Aufgabenstellung nicht richtig gelesen hast und deswegen null Punkte für die Aufgabe bekommst.

Wenn es dir hilft, solltest du einen Textmarker benutzen und die Schlüsselbegriffe in der Aufgabenstellung unterstreichen, sodass du weißt, worauf es ankommt.

Notenziele

Vor deiner Arbeit oder Klausur solltest du dir Notenziele setzen. Am besten ist es, wenn dein Ziel »eine Note besser als sonst« ist. Wenn du normalerweise eine 3+ schreibst, sollte dein Ziel eine 2+ sein. Diese Technik bewirkt Wunder. Es ist wissenschaftlich bewiesen, dass du, wenn du dir höhere Ziele setzt, auch bessere Noten erzielst. Leider funktioniert dieser Effekt auch im Negativen: Wenn du dir ein schlechteres Notenziel setzt, wirst du auch eine schlechtere Note bekommen. Also brems dich nicht selber und stecke deine Ziele hoch!

Auch wenn es vielleicht gerade extrem unrealistisch aussieht, dass du in der nächsten Arbeit eine Note besser als sonst sein sollst, probiere es aus und lass die Magie geschehen. Das Gefühl, wenn du deine Arbeit zurückkriegst und »gut +« oder »sehr gut« in roter Schrift draufsteht, ist unglaublich. Du kannst aber nicht nur halbherzig sagen: »Ich habe das Ziel, eine 1 zu schreiben«, und dann erwarten, dass die 1 dir zugeflogen kommt. Du musst es wirklich ernst meinen und voll und ganz auf dieses Ziel ausgerichtet sein. Wenn du merkst, dass das bei dir nicht der Fall ist, hilft es extrem, wenn du dieses Ziel zu deinem Mantra machst. Lese dir, wenn du morgens aufstehst und am Abend ins Bett gehst, fünfmal einen Zettel durch, wo fünfmal fett draufsteht: »Ich werde in meiner nächsten Klausur/Arbeit eine 2/2+/1-/1 schreiben.« So wird sich dieses Ziel in dein Unterbewusstsein einpflanzen. In der Prüfung und am Tag der Prüfung solltest du dich nur auf die Prüfung fokussieren. Du solltest an nichts anderes denken.

Strategisch vorgehen

Auch wenn es ein extremer No-Brainer sein sollte, gibt es immer noch extrem viele Schüler, die bei den ersten Aufgaben zu viel schreiben und dann keine Zeit mehr haben, um in den letzten Aufgaben Punkte abzuholen. Achte auf die folgenden zwei Regeln:

1. Meistens bringen die ersten Aufgaben am wenigstens Punkte, die mittleren an meisten und die letzten liegen in der Mitte.
2. Du kannst sehr gut an der Anzahl der Punkte, die du für eine Aufgabe bekommen kannst, ablesen, wie viel du schreiben musst (wenn dein Lehrer so nett ist und die Punktzahl neben die Aufgabe schreibt).

Mit diesen beiden Basic-Tipps solltest du es schaffen, deine Zeitprobleme in den Griff zu bekommen und endlich mal fertig zu werden.

Eine 1,0er-Schülerin hat empfohlen, sich bis zur letzten Sekunde schwere Fachausdrücke oder wichtiges Wissen für die Prüfung ins Kurzzeitgedächtnis zu bimsen und dann, sobald man die Blätter hat, alles, was man noch vor zwei Minuten auswendig gelernt hat, auf den Notizzettel zu schreiben. So vergisst du wichtige Begriffe oder Fakten nicht und musst schwere Ausdrücke nicht nachhaltig auswendig lernen. Das Problem ist nur, dass mit dieser Methode die Chance eines Blackouts (heißt: plötzlich weiß du nichts mehr) viel höher ist. Deswegen würde ich dir empfehlen, diese Strategie erst bei unwichtigen Tests oder Klausuren auszuprobieren, um zu gucken, wie du damit umgehen kannst. So oder so ist es sehr empfehlenswert, die wichtigsten Begriffe so schnell wie möglich auf dein Notizblatt zu schreiben, für den Fall, dass du einen Blackout bekommst oder die Informationen vergisst.

Zeitplanung

Am Ende jeder schriftlichen Prüfung ist es das A und O, dass du dir noch mal alles durchliest. Total viele Leute machen das nicht und verschenken damit unnötig Punkte. So findest du dumme Fehler und kannst Passagen verbessern, in denen dein Gehirn einfach mal abgeschaltet hat und du nur Müll geschrieben hast. Außerdem ist es sehr empfehlenswert, dass du dir die Rechtschreibung noch mal anguckst. Rechtschreibfehler können dich auch Punkte kosten, besonders in Sprachen, und es liest sich für den Lehrer auch einfach besser, wenn nicht jedes Wort komplett falsch geschrieben ist. Ständige Fehler beeinflussen den Lehrer unbewusst negativ. Also versuche, dir Zeit einzuplanen, um noch mal am Ende alles durchzulesen.

Viele 1,0er-Schüler haben empfohlen, dass du vor deiner Prüfung oder Klausur ungefähr im Kopf planen solltest, was du alles in dem Zeitraum machen möchtest. Bei mehrstündigen Klausuren und Prüfungen hilft es, wenn du kurze Essenspausen von höchsten fünf Minuten machst, um deinem Gehirn eine kurze Ruhepause zu gönnen, damit es danach wieder durchstarten kann. Bei normalen Arbeiten und Klausuren solltest du dir das eher sparen, da dort jede Sekunde zählt.

Du kennst bestimmt auch diese Schüler, die in einer Klausur fünfmal auf die Toilette gehen. Wenn sie wirklich aufs Klo gehen und nicht nur nach draußen verschwinden, um ihren Spicker herauszukramen, verschwenden sie so viel Zeit. Auch wenn der Spicker hilft, würdest du sehr viel Zeit sparen, wenn du nicht rausgehen müsstest und du einfach mal zu Hause vor der Klausur richtig gelernt hättest.

Jeder kennt die Klassenräume, in denen keine Uhr hängt, oder du wurdest so doof hingesetzt, dass du die Uhr gar nicht richtig siehst. Für solche Fälle ist es empfehlenswert, eine Uhr dabeizuhaben. Wenn dich deine Armbanduhr zu sehr beim Schreiben ablenkt, kannst du sie auch abnehmen und auf den Tisch legen. Eine Uhr minimiert deine Angst und Aufregung, weil du weißt, dass du zumindest die Zeit unter Kontrolle hast.

Action: Leg das Buch weg, hol dir ein Blatt Papier und schreibe für die nächsten Klausuren deine Notenziele auf.

Zusammenfassung für Faule

1. Der Lehrer gibt im Unterricht oft kleine Tipps zur Klausur. Pass also auf! Je mehr du weißt, desto besser kannst du dich vorbereiten.

2. Setze dir hohe Notenziele. Es ist bewiesen, dass du mit höheren Notenzielen am Ende eine bessere Note erreichst.

3. Lies dir am Ende der Klausur unbedingt noch mal alles durch.

4. Lies dir die Aufgabenstellung so oft durch, bis du wirklich verstanden hast, was du machen musst. Es ist schlimmer, die ganze Aufgabe falsch zu haben, als noch mal zwei Minuten in ein zweites Mal Durchlesen zu stecken.

5. Hab deine Aufregung und Nervosität unter Kontrolle (dazu später mehr).

6. Investiere nicht 90 Prozent deiner Zeit in die Aufgabe, die am wenigsten Punkte gibt.

7. Nimm dir bei Klausuren immer deine eigene kleine Uhr mit, um unnötigem Zeitdruck vorzubeugen.

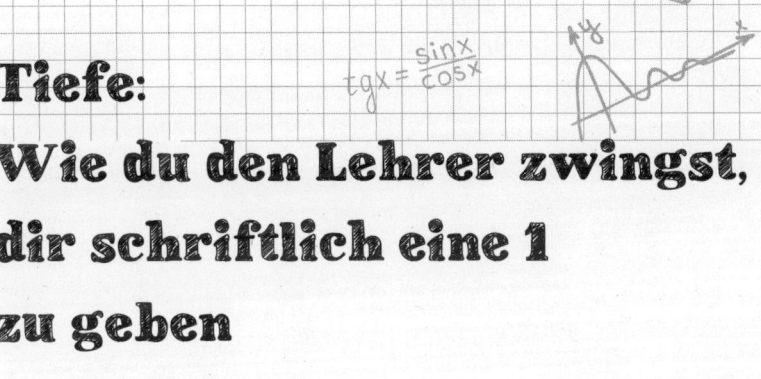

Tiefe:
Wie du den Lehrer zwingst, dir schriftlich eine 1 zu geben

Warst du auch schon mal der Unglückswurm, den der Lehrer beim Zu-
rückgeben einer Arbeit als Negativbeispiel rausgepickt hat? »Das ist zu
oberflächlich.« Was soll das bedeuten? Was ist das Gegenteil von Oberflächlichkeit? Na ja, ist schon klar, Tiefe. Aber mir zumindest hat der Lehrer nie genau erklärt, was ich anders machen muss.

Jahre nachdem ich das erste Mal von dieser Aussage verwirrt worden
bin, hat im Interview ein 1,0er-Schüler diese so lange offene Frage beantwortet.

Wie bekommt man Tiefe in einen Text?

Das kann man am besten an einem Beispiel beschreiben. Sagen wir, die Frage ist: »Wie kann man es schaffen, schneller zu laufen?« Der Unterschied zwischen Texten, die oberflächlich, und solchen, die tief sind, besteht in der Anzahl der Blickwinkel beziehungsweise Fragen, die du zu der Aufgabenstellung betrachtest und beantwortest und wie spezifisch sie sind.

Ein Schüler, der nur oberflächliche Texte schreibt, sagt sich: »Wenn man über eine längere Zeit trainiert, sollte man doch schneller werden, oder?« Also schreibt der oberflächliche Schüler dann über das Training.

Der Schüler, der aber einen Text mit »Tiefe« schreibt, stellt sich viel mehr Fragen. Er fragt: »Haben nicht Gene einen großen Einfluss darauf, wie schnell du laufen kannst?«, »Was hat der Schuh für einen Einfluss auf die Schnelligkeit?«, »Welchen Einfluss würde ein Lauftrainer haben?«, »Wie viel schneller wird man, wenn man perfekte Technik hat?«, Welchen Einfluss hat die Ernährung auf die Schnelligkeit?«, »Wie sehr ist es eine mentale Sache?«.

Abgesehen davon, dass Schüler, die Texte mit »Tiefe« schreiben, sich viel mehr Fragen stellen, gehen sie auch viel mehr ins Detail. Zum Beispiel bei der Frage »Welchen Einfluss hat die Ernährung auf die Schnelligkeit?« fragen sie danach: »Welchen Einfluss hat eine proteinreiche Ernährung auf die Schnelligkeit?«. Durch diese spezifischen Fragen werden die Thesen im Text dann nicht nur oberflächlich behandelt, sondern gehen tief ins Thema.

Das heißt, dass du, wenn du eine Frage beantworten musst, dir weitere Fragen stellen musst, die unterschiedliche Aspekte, Perspektiven, Blickwinkel abdecken. Bei jeder Frage solltest du noch mal ein bis drei Fragen haben, die aufbauend auf der Ausgangsfrage noch mal mehr ins Detail gehen, wie bei dem Beispiel mit der Ernährung. So schaffst du Tiefe mit vielen verschiedenen Thesen, die dann noch ins Detail gehen. Und so kannst du zeigen, dass du dich extrem gut mit dem Thema auskennst.

Die TAB-Methode

Auch wenn du genug Thesen hast, weißt du immer noch nicht, wie du genau deinen Text strukturieren musst. Dafür ist die TAB-Methode da. Sie steht für »These, Argument, Beleg«. So solltest du ab jetzt alle deine Argumente aufbauen. Mündlich und schriftlich.

Sagen wir, die Aufgabenstellung ist: »Begründe, warum der Staat ein Gesetz einführen sollte/nicht sollte, um Fahrradhelme zur Pflicht zu machen.« Sagen wir, du bist für die Einführung von Fahrradhelmen. Das Allererste, was du schreiben wirst, ist deine These, die heißt: »Fahrradhelme sollten gesetzliche Pflicht werden ...« Dann kommt das Argument: »... weil eine Helmpflicht die Verletzungs- und Todesrate von Fahrradfahrern signifikant sinken ließe.« Das machst du wahrscheinlich ohnehin schon. Jetzt kommt aber noch der wichtigste Teil. Der Beleg ist der Game Changer in deiner Argumentation, weil er den Beweis liefert, warum deine These und dein Argument richtig sind und ernst genommen werden können. Einfach nur etwas behaupten kann jeder, und genau das ist es, was Lehrer als oberflächlich bemängeln.

In dem Fahrradhelm-Beispiel bedeutet das also, dass du zum Beispiel nach dem Argument schreibst: »Eine Studie der Universität Mannheim belegt, dass acht von zehn verunfallten Fahrradfahrern heute noch am Leben wären, wenn sie einen Fahrradhelm getragen hätten.« Durch diesen Beleg ist deine Argumentation auf einem ganz neuen Level.

Natürlich gibt sich dein Lehrer nicht nur mit einer These und einem Argument zufrieden, weswegen du die Strategie für Tiefe aus dem vorigen Abschnitt nutzen und alle deine Thesen und Fragen mit der TAB-Methode abarbeiten solltest. Wenn du das machst, wirst du immer einen Top-Text haben und den Lehrer zwingen, dir 15 Punkte zu geben. Natürlich solltest du diese beiden Methoden auch in einer mündlichen Argumentation einbauen. So bringst du nicht nur deine Texte, sondern auch deine Beiträge auf ein völlig neues Level.

Der Lehrer des 1,0er-Schülers, der ihm dieses Konzept nähergebracht hat, hat immer gesagt: »Du musst so gut schreiben, dass du den Korrektor zwingst, dir die volle Punktzahl zu geben.« Der Schüler hat mir den unglaublich guten Tipp gegeben, dass du dir immer, wenn du einen Text schreibst, vorstellen sollst, dass der Korrektor gegen dich ist und versuchen wird, dir an jeder Ecke Punkte abzuziehen. Um dagegenzuwirken, musst du so tief wie möglich mit so vielen Informationen wie möglich schreiben.

Action: Lege das Buch weg und hole dir einen Collegeblock und einen Stift. Versuche, so tief wie möglich mit der TAB-Methode über die Frage zu schreiben: »Sollte man eine Fahrradhelmpflicht einführen?«

Zusammenfassung für Faule

1. Das Gegenteil von Oberflächlichkeit ist Tiefe.
2. Um Tiefe zu kreieren, musst du deine Hauptfrage aus mehreren Perspektiven/Blickwinkeln hinterfragen.
3. Benutze die TAB-Methode, um eine perfekte Argumentationsstruktur zu bekommen.
4. Baue Tiefe und die TAB-Methode in deinen schriftlichen und mündlichen Beiträgen ein. So setzt du dich weit von deinen Mitschülern ab.

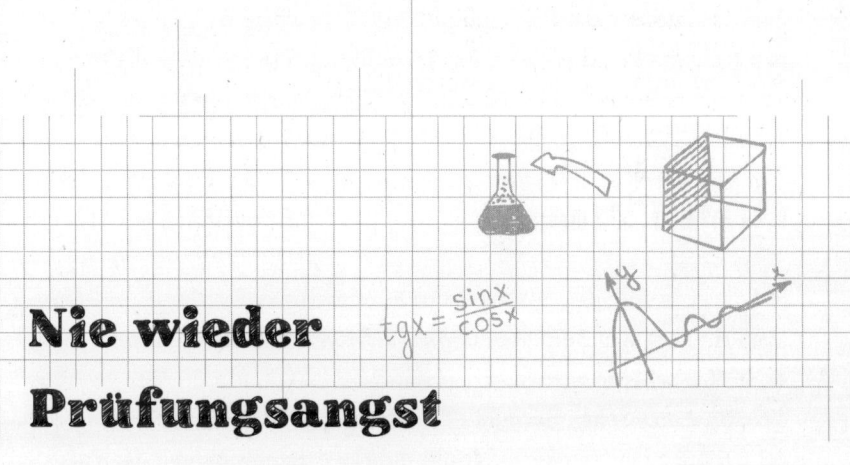

Nie wieder Prüfungsangst

»Ein bisschen aufgeregt sein ist gar nicht mal so schlecht.«
Geschwister L.

»Atemübungen können ebenfalls Wunder wirken.«
Paul M.

Erst mal muss ich etwas klarstellen: Wenn du Probleme mit Aufregung vor deinen Klausuren oder Arbeiten hast, ist das nicht schlimm. Du bist nicht alleine. Extrem viele Leute haben damit zu kämpfen. Sogar viele 1,0er-Schüler haben in den Interviews gesagt, dass sie lange Prüfungsangst hatten – sogar noch vor ihren Abiprüfungen.

Die Fähigkeit, dich selber beruhigen zu können, wenn du aufgeregt bist, und deine Gefühle und Emotionen unter Kontrolle zu haben, hat einen großen Einfluss auf deine finalen Abiturprüfungen. Die Tipps und Techniken, die ich dir in diesem Kapitel vorstellen werde, helfen dir auch bei Klausuren, Arbeiten, Vorträgen und Referaten, wenn du Probleme mit Prüfungsangst hast oder immer extrem unsicher bist. Was ich dir in diesem Kapitel zeige, kann dir auch über die Schule hinaus nützlich sein. Egal, in welcher Lebenssituation du Angst vor etwas hast, extrem aufgeregt bist oder unsicher bist, diese Techniken werden dir weiterhelfen.

Rechteck-Atmen

Für die erste Atemtechnik, die jedes Kind machen kann, brauchst du nur ein rechteckiges Objekt, das in deiner Sichtweite ist. Es kann eine Tür, ein Fenster, eine Tafel, ein Tisch, ein Handy et cetera sein. Hauptsache, das Objekt ist rechteckig. Bei dieser Atemtechnik geht es darum, dass du mit deinen Augen an den Seiten des Rechtecks entlangwanderst. Es ist egal, ob du im Uhrzeigersinn oder gegen den Uhrzeigersinn gehst. Atme an den beiden kurzen Seiten des Rechteckes immer tief durch die Nase ein und an den beiden langen immer lange durch den Mund aus.

Wandere so mit deinen Augen um das Rechteck herum, bis du merkst, dass du dich beruhigst. Versuche, die gleiche Geschwindigkeit zu behalten. Nicht an der kurzen Seite des Rechtecks schneller werden, nur weil du gleich lang ein- wie ausatmen willst. Es geht bei dieser Atemübung darum, länger aus- als einzuatmen. Diese Technik ist extrem einfach, weil überall um uns herum Rechtecke sind, und sie ist auch extrem effektiv.

Box Breathing

Das Box Breathing wird besonders von Athleten und Spezialeinheiten wie den Navy SEALs genutzt. Du atmest zuerst durch deinen Mund die ganze Luft in deiner Lunge aus, bis nichts mehr drin ist. Dann atmest du tief durch die Nase für vier Sekunden lang langsam ein. Danach hältst du die

Luft für vier Sekunden an. Wenn du das geschafft hast, atmest du für vier Sekunden durch den Mund aus. Wenn du das gemacht hast, wiederholst du die letzten drei Schritte noch einmal. Du atmest also wieder für vier Sekunden durch die Nase tief ein. Dann hältst du die Luft wieder für vier Sekunden an und atmest danach wieder für vier Sekunden aus. Diesen Prozess wiederholst du dann so lange, bis du dich beruhigt hast. Diese Technik ist sehr einfach und gleichzeitig effektiv, wenn du dich schnell beruhigen musst.

Die Vorbereitung nicht übertreiben

Der häufigste Tipp zum Thema »Aufregung vor einer Klausur/Prüfung beseitigen« ist, dass man einen Tag vorher aufhören soll zu lernen. Das ist besonders wichtig beim Abitur. Wenn du bis zur letzten Sekunde lernst, ist dein Gehirn so vollgestopft mit Wissen, dass dieses Wissen in deinem Kopf nicht strukturiert und deswegen nicht abrufbar ist. Du kannst es dir wie dein Zimmer vorstellen. Wenn du dir extrem viele coole neue Sachen kaufst, zum Beispiel einen Laptop, viel Kleidung, AirPods, Lautsprecher, noch mehr Kleidung et cetera und diese Dinge dann einfach nur in dein Zimmer wirfst und sie nicht richtig sortierst und sie alle nur irgendwo rumliegen, dann haben sie keinen richtigen positiven Effekt, du findest nichts, wenn du es brauchst et cetera. Erst wenn du alles sortiert hast und für alles den richtigen Platz in deinem Zimmer gefunden hast, kannst du die Dinge richtig nutzen. Dasselbe gilt für deinen Kopf. Dein Gehirn braucht mindestens einen Tag, an dem es nach tagelangem Lernen mal entspannen kann und Zeit hat, alles gelernte Wissen zu verstauen, damit es dann in Zukunft abrufbar ist.

Entspannt an die Sache rangehen

90 Prozent der 1,0er-Schüler haben gesagt, dass du, wenn du aufgeregt bist, zu dir sagen sollst: »Ich hab alles gegeben und ich kann stolz auf mich sein, egal, was am Ende herauskommt.« Wenn du das immer wieder zu dir sagst, wirst du selbstbewusst und der Druck auf deinen Schultern wird weggehen.

Deine mündlichen und schriftlichen Leistungen in den zwei Jahren vor deinen Abiprüfungen haben auch einen riesigen Einfluss auf deine Aufregung. Die meisten 1,0er-Schüler waren entspannt vor dem Abi, weil sie schon in den Jahren davor so gut gewesen waren, dass es nicht mehr darum ging, ob sie bestehen würden, sondern nur noch darum, wie gut die Note wird. Diese Gewissheit entspannt dich extrem, weil der ganze Druck von dir abfällt, und du wirst dadurch gute Resultate in deinen Prüfungen erzielen. Genau das ist bei den 1,0er-Schülern passiert. Da sie entspannt waren, konnten sie ihre ganze Energie in die Prüfungen stecken.

Am besten fängst du frühzeitig damit an, verschiedene Beruhigungsstrategien auszuprobieren, um die beste für dich zu finden, um dein volles Potenzial auszuschöpfen. Eine der besten Hilfsmittel ist, beruhigende Musik zu hören. Da jeder Mensch einen anderen Musikgeschmack hat und jeder anders auf Musik reagiert, musst du selbst probieren, was dir guttut, und dir eine Beruhigungsplaylist erstellen. Wenn du meine Lieblingsberuhigungsmusik anhören möchtest, gehe auf die Website zum Buch (einskommanullacademy.de) und hör dir meine Spotify-Playlist an.

Wenn du in vielen WhatsApp-Gruppen bist, die mit der Schule in Verbindung stehen, zum Beispiel Kursgruppen, dann solltest du dir überlegen, diese Gruppen in der finalen Phase vor den Prüfungen zu verlassen, wenn die anderen in der Gruppe dich verwirren oder dich nervös machen. Ein paar 1,0er-Schülern ist passiert, dass andere Schüler falsche Sachen in die Gruppe geschrieben haben, und dann haben die 1,0er-Schüler Angst gehabt, etwas falsch gelernt oder vergessen zu haben. So etwas macht großen Stress und extrem nervös.

Optimale Vorbereitung am Prüfungstag

In der Nacht vor der Prüfung solltest du lang genug schlafen, sodass du gut ausgeschlafen bist. Versuch aber nicht, drei Stunden eher als sonst schlafen zu gehen. Dann liegst du nur lange wach und schläfst schlecht. Versuche einfach, um die acht Stunden Schlaf zu bekommen. Ziehe dir, wenn du aufstehst, am besten deine Lieblingsklamotten an, in denen du dich wohl- und selbstbewusst fühlst. Versuche, nach dem Anziehen gut zu frühstücken. Viele meiner Interviewpartner haben auch gesagt, dass sie ihr Lieblingsmüsli oder -brötchen zum Frühstück gegessen haben, um sich gut zu fühlen.

Pass auf, dass du nicht zu viel trinkst, damit du später in der Prüfung nicht auf die Toilette rennen musst. Du solltest aber auch auf keinen Fall komplett aufs Trinken verzichten, besonders beim Frühstück. Nach dem Aufstehen braucht dein Körper viel Wasser, weil er in acht Stunden Schlaf sehr viel Flüssigkeit ausschwitzt. Außerdem besteht das Gehirn zu 80 bis 90 Prozent aus Wasser. Deswegen ist der wichtigste Nährstoff für dein Gehirn Wasser. Versuche also, den Mittelweg zwischen zu viel und zu wenig zu finden. Du solltest ungefähr einen Liter Wasser am Morgen trinken. Probiere es mal bei Klausuren aus, damit du, wenn deine Abiprüfungen anstehen, weißt, was für dich funktioniert.

Die 1,0er-Schüler haben empfohlen, eher keine aufputschenden Mittel wie extrem starken Kaffee oder Energydrinks zu trinken. Das Koffein verstärkt deine Aufregung. Wenn du Koffein intus hast, wird es auch schwieriger für dich, dein Wissen abzurufen. Es kommt aber immer ein bisschen drauf an: Wenn du, seitdem du zwölf bist, jeden Tag sechs Tassen Kaffee trinkst, wird ein Kaffee vor deiner Abiprüfung auch keinen Unterschied mehr machen, also stresse deinen Körper dann auch nicht mit einem Abweichen vom Gewohnten.

Nimm nicht deinen ganzen Frühstückstisch mit in deine Prüfung. Nimm etwas Gesundes zu essen mit, das dich pushen wird, wie zum Beispiel eine Banane oder einen Apfel. Keine Extra-Tasche voll mit Süßigkeiten – wenn du das machst, verplemperst du erstens extrem viel wertvolle Zeit mit Essen, und zweitens wird der ganze Zucker dein Gehirn verlangsamen und damit auch deine mentale Performance bremsen.

Du solltest am besten fünf bis zehn Minuten früher da sein. So hast du mehr Zeit, um runterzukommen. Sei aber auch nicht endlos früh da, sonst macht dich das Warten am Ende noch verrückt. Vermeide es, mit Leuten zu reden, von denen du weißt, dass sie andere nervös machen oder selber ultranervös sind. Wenn du vor deiner Prüfung noch mal eine plötzliche Aufregungsattacke bekommst oder du es nicht geschafft hast, dich zu entspannen, hilft es auch extrem, deine Freunde oder Sitznachbarn zu umarmen. Warum? Es zeigt deinem Unterbewusstsein, dass du sicher bist und dass dich andere Leute unterstützen. Ich verspreche dir, es wirkt Wunder.

Was tun bei einem Blackout?

Nur die allerwenigsten erleben in ihrer Schulzeit einen Blackout. Falls es dir doch passiert, zeige ich dir in diesem kurzen Abschnitt, wie du da wieder rauskommst und wie du es von vornherein vermeiden kannst.

Um aus dem Blackout rauszukommen, haben die meisten 1,0er-Schüler empfohlen, möglichst eine kurze Pause zu machen, auf die Toilette zu gehen oder in ein Brot zu beißen. Danach hat man in den meisten Fällen den Blackout überstanden. Wenn er aber immer noch da ist, solltest du versuchen, die Aufgabe oder Frage, zu der dir gerade nichts einfällt, zu überspringen oder den Lehrer zu fragen, ob er dir die Aufgabe in anderen Worten erklären kann. Wenn du aber einen kompletten Blackout hast, du weißt also vom einen auf den anderen Moment null, solltest du dem Lehrer deine Situation schildern und ihn nach einem Tipp fragen. Ein weiterer Tipp der 1,0er-Schüler war, zu versuchen, die Antworten erst mal in

Stichpunkten aufzuschreiben und nicht direkt in ganzen Sätzen. Was bei einem Blackout auch extrem hilft, ist, eine der oben genannten Atemtechniken anzuwenden.

Gehe auf keinen Fall mit Angst vor einem Blackout in deine Prüfung, weil sich dadurch die Chance extrem erhöht, dass du am Ende einen bekommen wirst. Eine 1,0er-Schülerin hat in den Interviews erzählt, dass sie selber in ihrer Abiprüfung in Deutsch einen Blackout hatte. Am Ende hat sie es aber immer noch geschafft, ein 1,0er-Abi zu bekommen. Das zeigt, dass es absolut möglich ist, aus einem Blackout wieder rauszukommen, also gib nicht auf und schreib einfach deine Prüfung weiter.

Extra-Tipp: Ein paar 1,0er-Schüler haben auch empfohlen, einen Spicker in der Hosentasche zu haben. Sie haben ihn nie benutzt, aber es gab ihnen ein Gefühl der Sicherheit, das sie entspannt hat. Diese Strategie ist riskant, besonders in den Abiprüfungen, aber du kannst es ja mal für eine normale Klausur ausprobieren und gucken, ob es bei dir denselben Effekt hat. Du kannst ja auch noch später entscheiden, ob du diesen Trick wirklich im Abi benutzen möchtest.

Action: Nimm dir vor, in den nächsten zehn Tagen jeden Tag eine der oben genannten Atemtechniken für zwei Minuten zu machen.

Zusammenfassung für Faule

1. Aufregung und Nervosität vor Klausuren und Arbeiten und besonders vor der Abiturprüfung sind ganz normal.
2. Ein bisschen Lampenfieber hilft dir sogar, besser in der Prüfung abzuliefern.
3. Um Prüfungsangst zu bekämpfen, helfen am besten Atemtechniken wie Rechteck-Atmen oder Box Breathing.
4. Wenn du Leute im Bekanntenkreis hast, die unnötig Panik machen, blockiere sie in der Vorbereitungszeit auf die Abiprüfung und entblocke sie wieder danach.
5. Strukturiere den Morgen deiner Prüfung wie deinen Geburtstag. Ziehe deine Lieblingsklamotten an und frühstücke ein geburtstagsähnliches Frühstück, damit du dich gut fühlst.
6. Wenn du einen Blackout hast, gehe kurz auf die Toilette oder beiß in dein Brot, bis wieder alles zurückkommt.

PS: Nur eine 1,0er-Schülerin berichtete, sie habe einmal einen Blackout gehabt. Alle anderen hatten nie damit Probleme.

Meine Geschichte: Abschluss 1,3 – dafür habe ich keine Worte …

Am ersten Schultag der 10. Klasse war mir noch nicht bewusst, was das für ein Schuljahr werden würde. Ich wusste, dass irgendwann im Mai die sogenannten Zentralprüfungen in Mathe, Deutsch und Englisch anstanden (das gesamte Bundesland NRW macht die gleiche Prüfung), aber irgendwie war das so weit in der Ferne, dass mich das gar nicht gejuckt hat. Ich machte einfach weiter wie in den Jahren davor. Einfach immer alles geben und gucken, was rauskommt.

Nach kurzer Zeit merkte ich aber, dass sich etwas verändert hatte: Nach all den Jahren harter Arbeit schien es so, als wäre ich endlich im Kopf der Lehrer ein Top-Schüler. In Bio war ich immer gut gewesen, aber bei den Themen Evolution und Vererbungslehre stand ich komplett auf dem Schlauch. Ich habe mich vielleicht ein- oder zweimal in der Stunde bei einfachen Fragen gemeldet, aber nicht mehr. Zu meiner Überraschung stand am Ende des Halbjahres dennoch wieder eine 1 auf dem Zeugnis. Ich merkte auch, dass ich die kleinen Tricks eines Top-Schülers so langsam beherrschte. In Chemie war ich noch nie gut gewesen, aber ich saß bei den richtigen Leuten und hatte durch Anstrengen bei einfachen Themen den Lehrer überzeugt, dass ich in Chemie gut bin, auch wenn ich nicht viel checkte. Bei der Notenbesprechung sagte ich, dass ich mich 2+ einschätzte (ich dachte: »Ich stehe 2, aber man muss sich immer ein bisschen besser einschätzen …«). Zu meiner Verblüffung entgegnete der Lehrer: »Ich schätze dich eigentlich ein wenig besser ein. Auf meiner Liste steht eine 1–.«

Ich war echt glücklich, dass sich die ganze harte Arbeit über die Jahre endlich ausgezahlt hatte. Ich konnte mich aber nicht zurücklehnen. Es standen immer noch die Prüfungen bevor, die 50 Prozent der Gesamtnote ausmachten. Ich lernte ab Ende März kontinuierlich ein bisschen für die Prüfungen, die Ende April und Anfang Mai dran waren. Am Prüfungstag war ich wirklich nervös. Je näher ich der Schule kam, desto aufgeregter wurde ich. Als ich dann im Klassenraum saß, wurde ich zum Glück ruhiger. Ich hatte nur ein Ziel: abliefern. Die Prüfungen liefen ziemlich gut. Als ich mit der Matheprüfung fertig war und sah, dass die »Mathe-Cracks« alle ihre Probleme hatten und noch schrieben, war ich überglücklich.

Als ich die Prüfungsergebnisse ein paar Wochen später bekam, wurde mein gutes Gefühl bestätigt: Ich hatte in Mathe eine 1 und in den beiden anderen eine 2.

Da manche nach der 10. Klasse die Schule verließen, gab es eine Abschlussfeier. Ich war, seitdem ich mich von 3,0 auf 1,9 verbessert hatte, zwei Jahre lang auf der 1,7 hängen geblieben. Mein Notenziel für den Abschluss hieß 1,5. In den letzten Schultagen vor der Abschlussfeier mussten wir unsere Klasse ausräumen. Ich trug mit ein paar Freunden irgendwas von A nach B, da kam auf einmal unsere alte Geschichtslehrerin zu uns, die auch Stufenleiterin war. Wir redeten ein bisschen belangloses Zeug, bis sie auf einmal sagte: »Ich habe gehört, Tim ist echt gut dieses Jahr.« Ich habe mir nichts dabei gedacht, weil ich die letzten Jahre mit 1,7 schon gut gewesen war. Dann fragte sie aber: »Wer, denkt ihr, sind die Besten aus dem Jahrgang?« Wir fingen an, ein paar Streber aufzuzählen, die immer so zwischen 1,1 und 1,3 lagen. Dann fragten wir sie: »An wen denken Sie denn?« Sie lächelte und zeigte mit einem Finger auf mich.

Ich kam erst mal gar nicht klar. Dachte sie wirklich, ich sei einer der Besten aus dem Jahrgang? Ich war schon gut, aber es gab in jeder der sechs Klassen unseres Jahrgangs (ja, meine Schule ist groß) immer noch ein oder zwei Streber, die deutlich besser waren als ich. Ich kam zu der Entscheidung, dass das ein Witz sein musste. Ich sagte: »Nie im Leben.« Sie kam einen Schritt näher und sagte: »Ihr wisst es nicht von mir, aber du wirst auf der Abschlussfeier zu den drei Besten des Jahrganges gehören.« Ich kam echt auf mein Leben nicht klar. Ich und zu den drei Besten gehören?! Nie im Leben! Aber eigentlich muss sie es ja als Stufenleiterin wissen.

Bis zum Tag der Abschlussfeier war ich mir nicht sicher, ob das alles ein Joke war oder ob ich wirklich dieses Jahr so krass gut war. Als ich in die Sporthalle kam, in der die Feier war, hatte ich aber das Gefühl, dass dies ein ganz besonderer Abend werden würde. Nach unserem Tanzbeitrag, bei dem jeder merken konnte, was für ein schlechter Tänzer ich bin, kam es endlich zu den Ehrungen. Das beste Mädchen und der beste Junge mit einem 1,2er-Schnitt wurden geehrt. Danach kam es zur Zeugnisausgabe. Mein Herz fing an, schneller zu schlagen. Meine Klasse wurde auf die Bühne gerufen und ich bekam mein Zeugnis in die Hand gedrückt. Nachdem wir alle schön für Klassenfotos posiert hatten, ging ich zurück zu meinem Tisch und öffnete das Zeugnis. Jetzt würde ich herausfinden, ob alles nur ein Joke war oder nicht!

Als ich die Noten sah, wurde ich plötzlich sehr aufgeregt. Da stand extrem oft »sehr gut«. War es vielleicht doch alles kein Witz? Ich nahm mein Handy heraus und fing an, den Durchschnitt auszurechnen. Dann traf es mich wie ein Schlag. Als ich die drei Zahlen auf dem Display sah, dachte ich, ich hätte mich verguckt. Das kann nicht sein! Auf meinem Handy stand eine 1,36!

Nachdem ich noch mal nachgerechnet hatte, fing ich an zu realisieren, dass es kein Joke war. Ich war nur ein Zehntel von dem besten Jungen entfernt (ein Dank geht an meine damalige Kunstlehrerin, die mir eine 3 gegeben hat). Als ich noch dabei war klarzukommen und versuchte zu checken, was gerade passiert war, kam die Stufenleiterin zu mir und sagte: »Herzlichen Glückwunsch, du bist der Drittbeste im ganzen Jahrgang.«

Das war echt krass. Um das zu verarbeiten, ging ich aus der Sporthalle und setzte mich auf eine Treppe. Während ich in den schönen Abendhimmel guckte, fing ich an nachzudenken. Vor meinem inneren Auge ließ ich alles, was in den letzten vier Jahren passiert war, Revue passieren.

Ich dachte zurück an den Moment, als ich auf meinem Bett in meinem Zimmer gesessen und mich entschieden hatte, unter allen Umständen besser in der Schule zu werden. Ich dachte an das unglaubliche Gefühl, das ich gehabt hatte, als ich realisierte, dass ich mich in einem Jahr um 1,0 verbessert hatte. Ich dachte daran, wie sich dadurch mein ganzes Leben verändert hatte. Ich dachte an meine Schwierigkeiten mit Pädagogik und DZLUR und wie ich in diesem Jahr den Fluch endlich bezwungen hatte. Ich dachte an den Tim, der ich geworden wäre, wenn ich nicht die Entscheidung getroffen hätte, mich zu verbessern. Ich dachte über den Tim von vor vier Jahren nach und wie stolz er auf den Tim von heute wäre. Ich dachte an die ganze harte Arbeit über die Jahre, die sich endlich ausgezahlt hatte. Ich hatte das Unmögliche möglich gemacht. Von einem 3,0er-Schüler hatte ich mich in vier Jahren um 1,6 verbessert und war der Drittbeste im ganzen Jahrgang mit einem Abschluss von 1,36.

Ich dachte: »Das ist nur der Anfang. In drei Jahren werde ich auf der Bühne mein 1,0er-Abitur-Zeugnis entgegennehmen. Das Leben, das vor mir liegt, wird einfach nur geil werden!«

PS: Ich weiß, dass ich in diesen Story-Kapiteln ziemlich stark über ein paar Lehrer hergezogen habe und fast gar nicht über die Lehrer geredet haben, die mir geholfen haben, da zu sein, wo ich heute bin. Abgesehen von meiner Grundschullehrerin, meinem Techniklehrer in der 5. Klasse und meiner Pädagogiklehrerin mag ich wirklich jeden Lehrer, den ich je hatte, sehr und bin dankbar. Ich möchte besonders meinen beiden Klassenlehrern danken, die mir in einer schweren Zeit mit vielen Problemen und vielen Konflikten als Mensch geholfen haben und nicht nur als Lehrer.

Alles ist möglich: Jeder kann ein 1,0er-Abitur machen

In den Interviews habe ich extrem viele Fragen über anwendbare Tipps und die Unterschiede zwischen durchschnittlichen und 1,0er-Schülern gestellt. Für mich war aber immer die letzte Frage die Allerwichtigste: »Denkst du, dass du dein 1,0er-Abitur deiner Intelligenz beziehungsweise deinem Talent oder deinen Lernstrategien/deinem Fleiß zu verdanken hast?«

Für mich war diese Frage wichtig, denn so schön es ist, wenn man gute Tipps bekommt – wenn die 1,0er-Schüler sagen würden, dass immer noch alles von Intelligenz und Talent abhängt, bringen die auch nichts. Ich erwartete, dass viele »Intelligenz« als größten Erfolgsfaktor nennen würden und vielleicht ein paar auch Fleiß und Strategien als wichtig ansehen. Ich konnte mir ehrlich gesagt nicht vorstellen, dass irgendein 1,0er-Schüler sagen würde, es hätte nicht an seiner Intelligenz gelegen, sondern an seinem Fleiß.

Doch genau das ist passiert: Eine deutliche Mehrheit gibt an, ihr 1,0er-Abitur wegen ihres Fleißes und Ehrgeizes erreicht zu haben und nicht wirklich durch irgendwelche angeborenen Talente oder wegen ihrer hohen Intelligenz.

»Es hängt nicht an der Intelligenz.«
Geschwister L.

»Ich bin auch kein Überflieger. Man muss es wollen!«
Maria J.

»Ich würde mich nicht als intelligent und schlau bezeichnen.
Es war mein Ehrgeiz, Motivation und Interesse
(welchen ich mein 1,0er-Abi zu verdanken habe).«
Femke L.

»Das Abitur sagt überhaupt nichts über Intelligenz aus!
Ich hatte viele Schüler in der Klasse, die deutlich intelligenter als
ich waren. Die Noten spiegeln nur wider, wie fleißig man ist.«
Mirjana S.

»(Ich habe mein 1,0er-Abi) vor allem wegen meinem Ehrgeiz
(bekommen). Jeder hat eine gewisse Grundbegabung in der Schule
und dann hängt es einfach davon ab, sich (anzustrengen),
die Sporen zu geben und über sich hinauszuwachsen.«
Maximilian L.

»Man muss nicht hochbegabt sein, um ein 1,0er-Abitur zu schaffen.«
Elisabeth D.

Glaubst du mir jetzt?

Es ist quasi für jeden absolut möglich, ein 1,0er-Abitur zu schaffen. Du musst nicht hochbegabt sein. Du musst nicht 24/7 lernen (das ist sogar sehr negativ). Du musst auch kein »Streber« sein, der keine Freunde hat, sondern kannst feiern gehen und ein ganz normales Teenagerleben genießen. Das Einzige, was zählt, ist, dass du ein paar der Tricks aus diesem Buch in der Schule und in deinem Leben anwendest, an dich glaubst, glücklich bist, ehrgeizig bist und alles gibst, um dein Traumabi in Realität umzuwandeln. Ich bin mir sicher, dass du es schaffen wirst! Ich möchte dieses Kapitel mit meinem Lieblingszitat aus den Interviews abschließen:

> *»Ich war nie ein Überflieger und habe jetzt ein 1,0er-Abi. Deswegen:*
> *Es ist alles möglich!«*
> Hannah Proussas

Videokurs

In diesem Buch ist nur ein Teil der ganzen Tipps aus den Interviews enthalten. Mir wurden so viele Tricks verraten, dass ich bei Weitem nicht alle in dieses Buch packen konnte, da der Verlag mir (aus gutem Grund) eine maximale Anzahl von Seiten auferlegt hat. Wer liest schon gern ein 500-Seiten-Buch? Außerdem ist mir ein großes Problem aufgefallen, nachdem ich ein paar der Tipps mit meinen Freunden geteilt habe: Am Anfang waren viele supermotiviert und haben die Tricks der 1,0er-Schüler angewendet. Aber nachdem sie einen Rückschlag hatten, haben sie sofort aufgegeben. Da ist mir aufgefallen, dass du für schulischen Erfolg nicht nur die richtigen Tricks brauchst, sondern auch die richtigen Personen um dich herum, mit denen du dich austauschen kannst, die dich motivieren, die für dich da sind. Da ich diese weiteren Tipps nicht mit ins Grab nehmen, sondern dir helfen möchte, dein richtiges Umfeld zu schaffen, habe ich mir überlegt, einen Online-Videokurs zu entwickeln.

Und was bringt dir das?

In diesem Videokurs werden in drei Videos pro Woche alle Tipps aus diesem Buch noch mal für dich anschaulicher und umfassender erklärt. Zusätzlich verrate ich dir die besten Tipps aus den Interviews, die alle nicht in diesem Buch stehen. Deine Erfahrungen kannst du auch in einem Social Network voll nur mit anderen Kursteilnehmern und 1,0er-Schülern teilen, um zusammen besser in der Schule zu werden. Dafür kannst du über meinen Video-Kurs einer kleinen persönlichen Gruppe mit anderen Kursteilnehmern beitreten, mit denen du dich bis zu deinem Abi gegenseitig austauschen und motivieren kannst. Wer weiß: Vielleicht findest du endlich Freunde, die auch daran interessiert sind, besser in der Schule zu werden und etwas im Leben zu erreichen.

Geh einfach auf einskommanullacademy.de, buche den PROBEMONAT und nimm die nächste Stufe auf dem Weg zu deinem Traumabi in Angriff!

PS: Mit dem Code »bucheinskommanull« erhältst du 10 Prozent Rabatt auf meine Premium-Pakete.

Schlusswort $tgx = \frac{\sin x}{\cos x}$

Am Ende des Buches möchte ich gerne noch eine Nachricht weiterleiten, die extrem viele 1,0er-Schüler den Lesern mitgeben möchten: »Ein 1,0er-Abi ist kein Muss!« Auch wenn es in diesem Buch vielleicht ein bisschen so rüberkommt: Ein solches Abitur ist überhaupt nicht die Norm. Natürlich solltest du alles geben, um deine Ziele zu erreichen. Aber wenn es doch nicht die 1,0 wird, sondern »nur« die 1,1 oder 1,5, ist das immer noch unglaublich gut. Jeder, der bei seinem Abischnitt eine 1 vor dem Komma stehen hat, kann unglaublich stolz auf sich sein. Auch wenn du eine 2 vor dem Komma hast, stehen dir im Leben noch fast alle Türen offen, wenn du nicht gerade Arzt oder Anwalt werden möchtest. Solange du alles aus dir herausholst, kannst du stolz sein. Egal, welchen Schnitt du am Ende bekommst.

Da du jetzt bei diesen letzten Zeilen des Buches angekommen bist, versprich mir, dass du direkt mit der kontinuierlichen Lernroutine anfängst und morgen in der Schule die ersten Tricks ausprobierst. Durch die Tricks in diesem Buch hast du wirklich alles in deinen Händen, was du benötigst, um alle Ziele in der Schule zu erreichen: Sei es jetzt ein 1,0er-Abitur oder mit weniger Anstrengung gute Noten zu bekommen. Jetzt musst du nur noch »deinen Arsch hochkriegen« und abliefern. Aber wenn du dieses

Buch bis hierher gelesen hast, bin ich mir ziemlich sicher, dass du dein Ziel erreichen wirst. Vertrau dir selbst, sei glücklich und liefere ab. Ich glaub an dich!

Danksagung

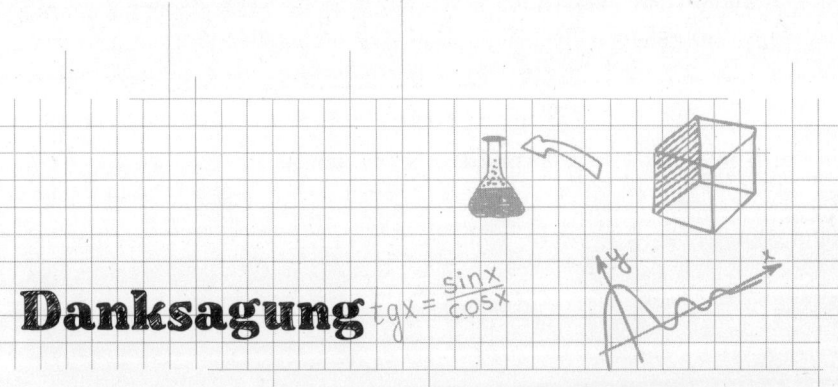

Ich hätte dieses Buch nie schreiben können ohne die Hilfe meiner Familie, die mein ganzes Leben an mich geglaubt hat. Besonders möchte ich auch meinen Klassenlehrern danken, die mich nicht nur als einen von Hunderten Schülern gesehen haben, sondern als Menschen.

Diejenigen, denen ich aber am meisten danken muss, sind die 1,0er-Schüler, die mir diese vielen unglaublichen Tipps und Tricks verraten haben und ohne die ich dieses Buch nicht hätte schreiben können.

Vielen Dank für eure Hilfe:

Jennifer Langenheim, Josephine Langenheim, Sarah Jordan, Mirjana Stojkova, Maximilian André Liebmann, Maria Jansen, Femke Luers, Helene Jöchel, Nadja Jahn, Elena Zimmer, Naemi Reuscher, Friederike Alts, Nils Rendel, Miriam Schmidt, Emma Wolff, Celina Kullmann, Kaja Sturmfels, Hannah Jochims, Sarah Tacke, Jule Kemmerer, Jule Hölscher, Lotta Kuhlmann, Hannes Schumacher, Andreas Stöckel, Mauricio Posner, Aleksandra Kruglova, Vinzent Bradatsch, Kimberly Ruhbach, Philipp Davydov, Daniel Johannes Jung, Merlin Maas, Carolin Hars, Ronja Hartmann, Hannah Dilling, Timo Märklin, Julia Gaal, Melina Dieskau, Sophia Küchle, Franca Neumann, Anna Zantis, Philipp Thissen, Marlene Wendlandt, Jannick Janssen, Melinda Luana Baulig, Johannes Wolf, Philipp Eckhardt, Sara Krämer, Magnus Küllmar, Jonas Falke, Jens Schmidt, Michelle Khanh Phan, Lena Fuhr, Henrieke Fischer, Felix Schwer, Katharina Waiblinger, Yannick Söll, Charlotte Lampe, Anna Lena Gerlach, Marcel Morris, Eric Kolberg, Patricia Preller, Mitra Hani, Jakob Nowicki-Koth, Marie Kröhn, Kristin Stroop, Lea Ebert, Hannah Proussas, Lorenz Vogel, Vinzenz A., Elisabeth D., Nadine K., Rebecca H., Susanne K., Jonas A., Alina M., Katharina B.

Und an alle, die nicht genannt werden wollten.

Ein besonderer Dank geht an:

MrWissen2Go (Mirko Drotschmann)
simpleclub (Alexander Giesecke & Nicolai Schork)
DorFuchs (Johann Beurich)
RedeFabrik (Benedikt Held)

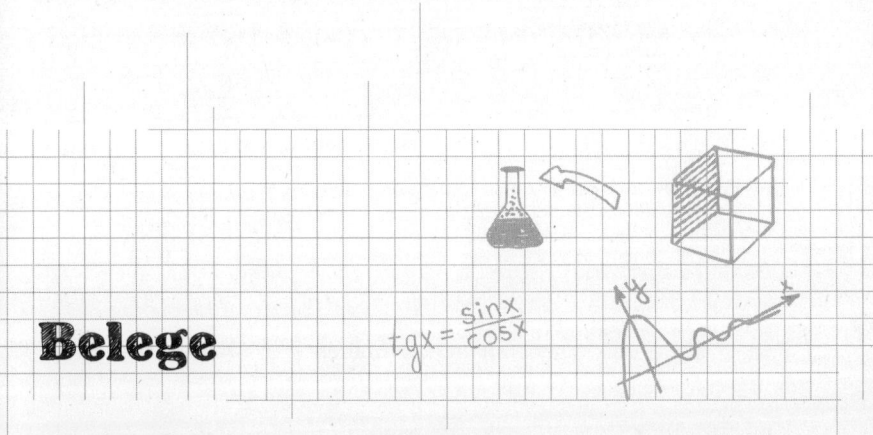

Belege

Motivation

Claire Eagleson Sarra Hayes, Andrew Mathews, Gemma Perman und Co-
lette R. Hirsch: *The power of positive thinking,* Behaviour Research and
Therapy, 2016

Sonja Lyubomirsky, Laura King: *The Benefits of Frequent Positive Affect,*
Psychological Bulletin, 2005

John Hattie: *Lernen sichtbar machen,* Schneider Verlag Hohengehren,
2014

Persönlichkeitsveränderungen zum 1,0er-Schüler:

L. S. Blackwell, K. H. Trzesniewski, Carol S. Dweck: *Implicit Theories of
Intelligence Predict Achievement Across Adolescent Transition: A Longitu-
dinal Study and an Intervention,* Child Development, 2007

Benjamin Gardner, Amanda L. Rebar: *Habit Formation and Behavior Change,* Oxford University Press, 2019

Charles Hillman, Kirk Erickson & Arthur Kramer: *Be smart, exercise your heart: exercise effects on brain and cognition*, Nature reviews neuroscience, 2008

Freunde

Nicholas A. Christakis, James H. Fowler: *The Spread of Obesity in a Large Social Network over 32 Years,* New England Journal of Medicine, 2007
John C. Weidman: *Undergraduate socialization: A conceptual approach,* in: »Higher Education: Handbook of Theory and Research«, Agathon, 1989
John Hattie: *Lernen sichtbar machen*, Schneider Verlag Hohengehren, 2014

Sitznachbarn

John Hattie: *Lernen sichtbar machen*, Schneider Verlag Hohengehren, 2014
Nicholas A. Christakis, James H. Fowler: *The Spread of Obesity in a Large Social Network over 32 Years*, New England Journal of Medicine, 2007
John C. Weidman: *Undergraduate socialization: A conceptual approach,* in: »Higher Education: Handbook of Theory and Research«, Agathon, 1989

Schulgesellschaft

B. Bradford Brown: *The extent and effects of peer pressure among high school students: A retrospective analysis*, Journal of Youth and Adolescene, 1982
Joseph P. Allen, Megan M. Schad, Barbara Oudekerk, Joanna Chango: *What Ever Happened to the »Cool« Kids? Long-Term Sequelae of Early Adolescent Pseudomature Behavior*, Child Development, 2014

Sabrina Golde, Lynda Romund, Robert C. Lorenz, Patricia Pelz, Tobias Gleich, Anne Beck und Diana Raufelder: *Loneliness and Adolescents' Neural Processing of Self, Friends, and Teachers: Consequences for the School Self-Concept*, Journal of Research on Adolescence, 2018

Lehrer-Schüler-Beziehung

Edward L. Thorndike: *A Constant Error in Psychological Ratings*, Journal of Applied Psychology, 1920

Neil Salkind, Kristin Rasmussen, *Encyclopedia of Educational Psychology*, Volume 1, Sage Publications, 2008

Frank W. Schneider, Jamie A. Gruman, Larry M. Coutts: *Applied Social Psychology*, Sage Publications, 2012

Mündliche Mitarbeit und Aufmerksamkeit

Linda Elder, Richard Paul: *The Role of Socratic Questioning in Thinking*, The Clearing House: Special Section: Teaching Thinking in the Secondary School, 2002

Joshua Breslau, Naomi Breslau, Elizabeth Miller, Kipling Bohnert, Victoria Lucia und Julie Schweitzer: *The Impact of Early Behavior Disturbances on Academic Achievement in High School*, Pediatrics, 2009

John Hattie: *Lernen sichtbar machen*, Schneider Verlag Hohengehren, 2014

Richtig Notizen machen und organisieren

Kenneth A. Kiewra: *Notetaking and review: The research and its implications*, Instructional Science, 1987

Elchanan Cohn, Sharon Cohn und James Bradley jr.: *Notetaking, Working Memory, and Learning in Principles of Economics*, The Journal of Economic Education, 1995

Vorträge und Referate

John Hattie: *Lernen sichtbar machen*, Schneider Verlag Hohengehren, 2014

Lernen

Gustav Keller: *Lerntechniken von A bis Z*, Hans Huber, 2015

Werner Metzig, Martin Schuster: *Lernen zu lernen: Lernstrategien wirkungsvoll einsetzen*, Springer, 2016

Prüfungen

John Hattie: *Lernen sichtbar machen*, Schneider Verlag Hohengehren, 2014

Nie wieder Prüfungsangst

Andrea Zaccaro, Andrea Piarulli, Marco Laurino, Erika Garbella, Danilo Menicucci, Bruno Neri, Angelo Gemignani: *How Breath-Control Can Change Your Life: A Systematic Review on Psycho-Physiological Correlates of Slow Breathing*, Frontiers in Human Neuroscience, 2018

John Hattie: *Lernen sichtbar machen*, Schneider Verlag Hohengehren, 2014